行政学叢書 ❽

行政改革と調整のシステム

牧原 出——[著]

東京大学出版会

Working Papers on Public Administration 8
Administrative Reform and the System of Coordination
Izuru MAKIHARA
University of Tokyo Press, 2009
ISBN 978-4-13-034238-4

刊行にあたって

日本行政学会の創立以来、『行政学講座』（辻清明ほか編、東京大学出版会、一九七六年）と『講座　行政学』（有斐閣、一九九四—九五年）が刊行された。私が編集代表を務めた『講座　行政学』の出版からすでに十余年の歳月が徒過してしまった。『講座』の刊行を終えたらこれに続いて『行政学叢書』の編集企画に取り掛かるというのが、私の当初からの構想であった。しかしながら、諸般の事情が重なって、刊行の予定は大幅に遅れ、とうとう今日にまで至ってしまった。

しかし、この刊行の遅れは、考えようによってはかえって幸いであったのかもしれない。一九九五年以来ここ十余年における日本の政治・行政構造の変化にはまことに大きなものがあったからである。一九九三年には自民党が分裂し、一九五五年以来三八年間続いた自民党単独一党支配時代は幕を閉じ、連立政権時代に移行した。そして政治改革の流れの始まりとして衆議院議員選挙が中選挙区制から小選挙区比例代表並立制に改められ、政党助成金制度が導入された。また一九八〇年代以来の行政改革の流れの一環として行政手続法や情報公開法が制定された。第一次分権改革によって機関委任事務制度が全面廃止され、地方自治法を初め総計四七五本の関係法令が改正された。「小沢構想」が実現に移され、副大臣・大臣政務官制度や党首討論制度が導入され、政府委員制度が廃止された。「橋本行革」も法制化され、内閣機能の強化、中央省庁の再編成、独立行政法人・国立大学法人制度の導入、政策評価制度の導入が行なわれた。さらに、総選挙が政権公約（マニフェスト）を掲げて戦う選挙に変わった。そして小泉内閣の下では、道路公団等の民営化や郵政事業の民営化が進められ、「平成の市町村合併」も進められた。

その一方には、公務員制度改革のように、中途で頓挫し先送りにされている改革もあるものの、憲法に準ずる基本法制の多くに戦後改革以来の大改正が加えられたのであった。したがって、この『行政学叢書』の刊行が予定どおりに十余年前に始められていたとすれば、各巻の記述は刊行後すぐに時代遅れのものになってしまっていた可能性が高いのである。

このたび、往年の企画を蘇生させ、決意も新たにこの『行政学叢書』の刊行を開始するにあたって、これを構成する各巻の執筆者には、この十余年の日本の政治・行政構造の著しい変化を十分に踏まえ、その上で日本の行政または行政学の前途を展望した内容の書籍にしていただくことを強く要望している次第である。

この『行政学叢書』は、巻数も限られているため、行政学の対象分野を漏れなく包括したものにはなり得ない。むしろ戦略的なテーマに焦点を絞って行政学のフロンティアを開拓することを目的にしている。一口に行政学のフロンティアの開拓と言っても、これには研究の領域または対象を拡大しようとするものもあれば、新しい研究の方法または視角を導入しようとするものもあり得る。また特定の主題についてより深く探求し、これまでの定説を覆すような新しい知見を提示しようとするものも含まれ得る。そのいずれであれ、ひとりひとりの研究者の目下の最大の学問的な関心事について「新しいモノグラフ」を一冊の単行本にまとめ、これらを連続して世に問うことによって、日本の行政学の新たな跳躍の踏み台を提供することを企図している。そしてまた、この学問的な営みがこの国の政治・行政構造の現状認識と改革提言の進歩発展にいささかでも貢献できれば、この上ない幸せである。

二〇〇六年三月

編者　西尾　勝

行政改革と調整のシステム　目次

はじめに

改革の政治における「行政の現実」

行政改革会議を主導し、二〇〇一年に発足した内閣制と省庁制の基礎を築いた首相橋本龍太郎は、会議の委員選任に際して、行政学者ではなく行政法学者を抜擢した理由をこう述べたという――「行政学は、行政の現実がどうであるかを研究の対象とするものであるが、行政の現実については、自分の方が良く知っている。しかし、法規範・法理論については、自分も自信が無いので、ここは是非、政治学者・行政学者よりはむしろ、憲法学者・行政法学者に入ってもらいたい」(1)。

なるほど、政治家としての橋本は、行政官ではなかった。にもかかわらず、橋本は「行政の現実」を熟知していると自負し、だからこそ自らの手で行政改革が可能である、と考えていた。つまり、省庁再編の成功の条件は、一つには「行政の現実」とは何か熟知していること、二つには行政の外部にいる政治的主体が推進者であること、の二点だというのである。周知の通り、二〇〇一年の省庁再編は、一九六〇年の自治省設置以来久しく変化のなかった省編成を全面的に刷新し、内閣制と省庁制を根底から変革した。このような行政改革を主導した橋本の実績を考えれば、その発言は一定範囲で妥当すると考えるべきであろう。

　そして、橋本の言う省庁再編の成功条件は、戦後日本の行政学の研究方法にもあてはまるように見える。行政学は「行政活動について考察する学[2]」として「行政の現実」とは何かを探究し、行政官の日々の業務から離れた視点に立って、行政改革に提言してきたからである。だが、橋本は、議員活動の早い段階から、行政組織のあり方に強い関心を寄せ、さらには重要閣僚としての経験を部厚く積んでいた。このような行政実務とぎりぎり接する地点から見通す「行政の現実」に対抗しうる枠組みを行政学者はいかにして持ちうるか――この問いこそ、行政改革会議が行政学に投げかける課題であり、より広く見渡すならば、日本の政治システムを大幅に変革した一九九〇年代の一連の統治機構改革が、行政を探究する諸学に新しく突きつける課題なのである。いうまでもなく、「行政の現実」を分析するのは、行政学だけではない。社会学の官僚制理論、経済学のゲーム理論、経営学の組織理論、現代政治分析、近代政治外交史など、各分野はそれぞれの方法で「行政の現実」に接近している。また、橋本が省庁再編に際して行政法学からの知見を重視したように、行政法学も法的な意味で「行政の現実」に触れている。これら諸学による「行政の現実」への分析が、どの程度急速に変化しつつある日本と世界の統治機構を捕捉しえているかが問われているのである。

　では、これらの諸学の中で、行政学は、この行政改革会議の発する問いにどう答えるであろうか。

　一つには、諸外国の行政に関する諸理論と制度の一端を理解し、これを日本の「行政の現実」と対置し、批判することである。戦後の多くの行政学者が、主としてアメリカやヨーロッパ諸国の制度を研究し、特に一九八〇年代以降は、これらの諸国の行政改革・政策過程を研究してきた。そこには、日本の「行政の現実」を把握するための素材が伏在していると考えられてきたのである。二つには、行政実務の現場に近い諮問機関・研究会、さらに場合によっては行政改革の推進部局に深く関与するといった経験を通じて、行政官から公式・非公式に得た情報を蓄積し、「行政の現実」を体得することである。これによって、従来の改革の経緯と当面の課題を了解し、適宜諸外国の理論や制度を念頭に置きつつ、具体的な改革案を提示できるというのである。

いずれも、そのときどきの研究水準と、政治状況の変遷の中で、行政学者が「現実」の一端と格闘しながら、手探りで獲得した方法である。特に第一点めについては、分析のための理論研究と実証分析を通じて、日本の「行政の現実」を認識することを目的とした研究が蓄積されてきた。しかしながら、これらの研究は、概ね現実に対して特定の視角から接近することにより、部分的な知見を提示するにとどまり、橋本の言う「行政の現実」を全体として説明するものではない。また、第二点めについては、理論化は全くと言っていいほどなされず、現在のところ、行政学者のオン・ザ・ジョブ・トレーニングの域を出ていない。つまり、従来の行政学は、一方で諸外国の理論のサーヴェイと散発的な事例研究を行い、他方で行政改革とあらば必ずしも明確ではない学問的根拠をもとに、事情通として提言・構想を発表してきた。その結果、理論研究は現場には無力となり、オン・ザ・ジョブ・トレーニングを積み重ねても学術論文にはならないという事態が続いたのである。

社会科学・関連諸学と行政学の「ドクトリン」

ところが、そもそも行政学の学説史上の起点では「行政の現実」と原初的な「理論」とが結びついていた。すなわち、各国の学説史を見渡せばわかるように、行政学とは、行政改革における調査活動とともに確立したディシプリンであった。過去に行政改革とりわけ大規模かつ全面的な行政改革が行われる場合、「行政の現実」を把握するために、実態調査が行われることが通例であった。このときの実態調査に関わった研究者やアナリストがその経験をもとに、改革終了後もさらなる実態調査と理論枠組みの構築を継続する。また、改革の結果としての報告書が、改革と直接関わっていない政治学、経済学、経営学、社会学などの研究者の関心をひき、そこからさらなる検討や分析が行われる。多様な学問的出自の理論を適度に融合しつつ、行政への分析が続けられる。欧米諸国では、いずれもこのような過程を経て、多くの理論が実態調査の中で併存するある種のフォーラムの形をとりつつ、行政学が確立していったのである。つまり、行政学はその出発点における理論と調査との相互交流を発展させたならば、むしろ一九九〇年代の統治機構改革に十分応答できるはずなのである。

だが、諸国の行政学は、包括的な行政改革が終了すると、半ば無自覚に改革の個別論点の結果を追跡することを自らの課題と決めこんできた。当初の改革の熱気が薄れれば薄れるほど、視野は個別化・矮小化せざるをえない。その結果、公務員研修などの行政教育や、国・地方の雑多な行政改善への継続的参与が、行政学の主たる研究のフィールドとなってきた。公務員倫理論、経営主義的改革、分権化改革など、諸国の行政学には共通した研究テーマが存在する。いずれもこうした学界事情から量産される研究である。だが、その多くは、具体的な各論にとどまり、理論的な精度よりは現場でのわかりやすさが優先されている。そのため、学知というよりは、良く言えば実践知であり、ともすれば標語の羅列に近い研究となりがちである。

そして、この種の実践知が理論的な洗練度を失いはじめると、本来他の学問分野に由来していた行政学理論の多くとは切り離されてしまう。結果として、行政学は、その出発点では全面的な行政改革を通じて、「行政の現実」と理論的考察とを結びつけていたにもかかわらず、以後の多くの研究は改革動向と無縁の理論に特化するか、没理論的な標語の羅列に陥る傾向にある。したがって、変化しつつある行政ひいては統治機構を分析するために、行政学は関係諸学の中でも、とりわけ豊富な知的基盤を持っていたはずだが、現在これを有効に組織化しえていないのである。必要なのは、これまで暗黙の内に行われてきた改革現場での体験を通じた政策提言と理論研究とを結びつけ、それにより、理論研究を積み重ねると自ずから現実適合的な政策提言を導出することができ、現場の経験が一定の方法を通じて理論に転化することである。そして、これを可能とするのは、行政に関する諸学の中でも、全面的な行政改革の中で諸理論を吸収した行政学がもっともふさわしいということができるであろう。

本書が目指すのは、この意味での行政学の再組織化であり、ひいては広義の行政研究の再組織化である(3)。そのためには、第一に、行政学が最も「行政の現実」に接近した行政改革に立ち返る必要がある。第二に、それら行政改革の言説の構造を制度的文脈の上でとらえなおさなければならない。そして第三に、改革の言説から中核的な概念を選びとり、これに集中的に分析を加える。いずれも、可能な限り、多くの国を比較検討しうるものであることが望ましい。そこで本書は、諸国の行政改革を見渡し、その言説の構造の中核から「調整」概念をとりだし、これに分析を加える。

「調整」という概念は、「行政の現実」において、多義的に用いられている。関係各方面の了解をとるといった広い意味から、市場の需給調整といった経済学に固有の意味まで様々である。またそれは、講学上の理論概念であったり、法律上の概念であったり、さらには政策提言の文書に登場する改革の標語であったりする。だが、このように多義的な意味をもつ「調整」という言葉は、いくつかの視角を設定することによって、分析対象たり得る概念となる。まず、従来あいまいに用いられてきた「調整」概念を、包括的に整理したり、厳密に定義するのではなく、そのあいまいさが現実に機能する制度的な場に着目する。概念の厳密さよりは、概念が機能する場の分析の精度を上げるよう努めるのである。次に、「調整」の改革が本来念頭に置いていた中央省庁間の「調整」に限定して理解し、国と自治体の関係など他の場合を除外することである。

そのため第一に、本書は、イギリス行政学で提唱されている「ドクトリン」という行政学理論に着目する。制度における「ドクトリン」とは、権力分立、議院内閣制などの統治機構の制度原理をも指すが、ここで念頭に置くのは、内閣機能の強化、地方自治体への権限委譲、資格任用制の整備など行政固有の改革構想である。これらの「ドクトリン」とは、通常理解されている意味での仮説と検証のための「理論」ではなく、実践的な提言と説得力とを特質とする。このような「ドクトリン」を「理論」と区別したイギリス行政学は、諮問機関として長い歴史をもつ王立委員会（Royal

Commission）の報告書に着目して、そこから「ドクトリン」を抽出した。諮問機関はイギリスに限らず、広く諸国の行政活動の中で活用されている。諮問機関での審議とその報告書に着目するならば、イギリスで見出された「ドクトリン」は、その他の国の行政にも作用していると考えられる。したがって、諮問機関の制度的特性を把握することで、「ドクトリン」の特性も把握することができる。本書は、「調整」を例として、このような意味で諮問機関と結びついた「ドクトリン」としての「調整」概念を分析する。

第二に、行政学で従来「理論」ととらえられてきたものを実践と説得のための「ドクトリン」ととらえ、行政学の「理論」を読み替える。行政学の「理論」とは、あいまいさと両義性をもち、政治状況の中で多義的に機能することを期待された「ドクトリン」の集積であり、それをどう読み解くかが行政学者の課題であるとみるのである。その際には、行政学の「理論」の土壌である重要な行政改革の報告書を、特定の政治状況の中で読み直し、それを再構成することが必要不可欠な作業である。

第三に、このように「ドクトリン」という概念を導入することによって、行政学を国際比較の中で位置づけなおす。諸国の行政学史は、諮問機関における「ドクトリン」としての「調整」を基礎に跳躍を遂げた。つまり、「調整」概念は、諸国の行政学を誕生させるための鍵概念であった。「調整」概念が検討される前の諸国の行政学は、漠然と行政活動を外部から眺めて散漫な提案を行うものにすぎなかった。しかし、行政活動についてほとんど初めて包括的な調査を開始した諮問機関は、諸々の実態調査の上に立って「調整」の必要性を提言した。その過程を通じて、「調整」概念を軸に、現実の行政活動についての情報が多様に蓄積された。ここに、行政学が学問として自立し、科学的な分析が発達する基礎が確立していく。この意味での行政学の原点にさかのぼって行政学を構築することが、行政の意義が急速に変化しつつある現在、不可欠なのである。よって本書は、行政学が固有の発達を遂げたアメリカ、オーストラリア、ドイツ連邦共和国をとりあげ、これらと比較しつつ、日本の行政学と行政実務における「調整」概念の特質を明らかにする。それによって、行政学の出発点に立ち返って、「行政の現実」を比較学説史の中からとらえなおすことが可能になるのである。

「調整」の「ドクトリン」を取り巻く制度としての内閣制・省庁制

このような三点に要約される行政学観によって、従来漠然と想定されていた行政学理論をさらに精細にとらえることもまた可能となる。本書が着目する行政学の誕生が、諮問機関での包括的調査にもとづいた理論化であるとすれば、そこでの理論とは「ドクトリン」の集積である。その生命は説得力であって、厳密さではない。したがって、そこには多少の矛盾や混乱が必ず含まれている。だが、従来の「調整」概念についての研究の多くは、この点を看過し、一層の理論化を目指した結果、類型のための整理に終わっている。「調整」が「ドクトリン」であることを宿命とする以上、これを精緻に整理して「理論」化する作業は、有意義な成果を生み出しえないというべきなのである。

よって、本書は、「ドクトリン」の生命である説得力が状況の産物であることを考慮しつつ、この状況への分析と「ドクトリン」の言説の分析とを、照応させながら進める。その際には、「ドクトリン」の分析を主導したイギリスの行政学者C・フッドが強調するように、同一の「ドクトリン」が繰り返されることに着目する。なぜ異なる状況で、同一の「ドクトリン」が繰り返されるのかという問いこそを分析の出発点とするのである。「ドクトリン」の繰り返しは、それを生み出す制度構造が行政の中に確固と根を下ろしているからである。日本の場合、近代以降繰り返された「調整」の「ドクトリン」は、内閣制・省庁制の確立とともに形成された。それは二〇世紀末の行政改革会議による改革過程をも根底から規定している。よって、繰り返される「調整」の「ドクトリン」がいかにして審議・検討されたかを歴史的に追跡することによって、日本の内閣制・省庁制の骨格を明らかにすることが可能となるのである。

本書は、この視角から分析する際に、一方で政治史の中に行政改革を位置づけ、他方で行政改革をそのときどきの行政組織法の諸原理の部分的改変ととらえる。これによって、一方で、「調整」を政治状況の中に位置づけ直し、他方で組織法の操作を基軸とする行政部内の個別的な「調整」の延長として、「総合調整」さらには「政治指導」をとらえる。つまり「行政の現実」とは、行政組織法の文法が、政治的意思決定を条件づけ、そこから改革の可能性を枠づけているとみるのである。したがって本書は、一方で、諸学の中でも政治史からみた行政へのアプローチを重視し、他方で、しばしば政治史学者が憲法理論に関心を寄せるのとは異なり、(4) 行政組織法が政治状況でいかに機能するかを、視野におさめる。いわば、政治史と行政組織法とを接合することに行政学独自の対象領域を見出そうとするのである。

まず第一に、行政学の確立を促した過去の全面的な行政改革とは、どれもが大規模な政策革新を意図した政治史上の画期であり、これを行政学の起源とする以上、政治史からの視角につき、十分自覚的でなければならない。しかも、全面的な行政改革は、一定の間隔を置いて繰り返し政治課題となる。そのため、一つ一つの行政改革をとりあげるときに、その歴史的文脈については十分自覚的でなければならないのである。

第二に、ここでいう政治史と行政組織法の接点に位置する中心的な概念こそ「調整」であった。政治から行政へトップダウンの「指示」が下されるという政治指導と比べて、行政部内の「調整」は通常ボトムアップの意思形成過程を指している。したがって、「調整」概念の分析は、行政の能動的側面とその限界とを明らかにする。また、「調整」のない政治方面からの「指示」が現実には機能しないことから、「調整」の可能性は、政治指導の可能性でもあり、「調整」概念の分析は、政治指導の限界をも明らかにする。つまり、「調整」とは、政治指導に駆動力を与える行政内部の作用なのである。この政治指導の中の「調整」を論じる際には、政治史からの視座が不可欠である。しかも、日本の場合、「調整」は本来は法概念ではなかったが、これが次第に法概念として定着する中で、諸々の慣行的な省間の交渉様式が組織法の中へ整備されていった。つまり、「調整」の作動する条件は、行政組織法によっても規定されている。よって本書は、政治指導の条件としての「調整」の分析であり、しかも行政組織法史からみた「調整」の制度化過程の分析を目指す。この双方を射程に収めうる学こそ、行政学の一つのあるべき姿と見るのである。

第三に、以上の手続を経ることで、本書は、しばしば多義的に用いられる日本の行政における「調整」の「ドクトリン」の骨格を、内閣レヴェルの「総合調整」の「ドクトリン」と、省間調整に関する「ドクトリン」の二つによって構成されてきたととらえる。その成立と変容を探るために、本書は、明治憲法制定時の内閣制度の成立から二一世紀の小泉・安倍内閣までを対象として、二つの「ドクトリン」がどのように確立し、それが現実の意思決定過程をどのように特色づけてきたのか歴史的に分析する。これら「調整」の「ドクトリン」は、「総合調整」と「協議」という二つの組織法上の概念を用いながらも、それを状況に合わせて定義しなおしてきた。改革の「ドクトリン」と組織法の現実での作動とに着目することによって、行政活動をその運用の場に即してとらえることが可能となる。それによって、何が「調整」を促進し、何が阻害するかを初めて精細に理解できるのである。もちろん、「調整」と呼ぶことのできる行政活動は、これら二つの「ドクトリン」に集約されるわけではない。だが、改革過程に繰り返し現れるこの二つの「ドクトリン」は、いかなる「調整」がもっとも必要とされているかを示しており、これらを骨格として行政内部の「調整」を再構成することによって、行政の作動形態を総体として叙述することが可能になる。しかもこの二つに対応する「ドクトリン」は諸国に見られるため、日本を事例としてそこから浮かび上がる行政の作動形態は、ある程度他国にも妥当するものと考えることができるのである。かくして、国際比較と歴史的パースペクティヴのもと、日本の行政における「調整」の改革構想の意義を正確に理解し、ひいては行政とりわけ内閣制と省庁制の基底的な構造を明らかにすることができる。つまり、「調整」の「ドクトリン」を措定することによって、制度の動態を規定する論理を再発見し、行政学の「理論」化を図ることが本書の最終課題である。

本書が、これら「ドクトリン」を読みこむ資料として着目するのは、行政改革のための諸資料である。とりわけ改革案を諮問された機関は、分析の重要な対象の一つであり、その議事資料・議事録は「ドクトリン」の宝庫である。加えて、「調整」の実態を視野におさめるため、部内資料、回顧録、オーラルヒストリーなども多用する。従来の日本を対象とした事例研究の多くは、「調整」をセクショナリズムに類する組織内紛争の処理ととらえ、「調整」の過程を、紛争とその終息と見る素朴な過程論にとどまっている。その最大の問題は、紛争の制度的背景についての理解が不足しており、さらには紛争当事者の意図や決定についての部内資料・回顧録などを詳細に収集して過程を分析する作業を欠落させている点にある。部内資料の公開が進んでいない一九八〇年代までは、行政部内についてはほとんど不可知であることが研究の前提であり、断片的な資料によって事例を大まかに構成することでも学術研究となり得た。しかし、資料の公開が進んだ九〇年代以降には、こうした研究水準は乗り越えられなければならない(5)。

以上の接近を可能にするには、諸外国の行政改革過程を詳細に検討し、また日本の行政改革を歴史的に検討するための、資料の収集と分析という作業が不可欠である。そのため本書では、行政学の観点からいわば「マルチ・アーカイブ・アプローチ」をとり、ここから収集した資料を歴史的に解釈するという方法をとる。諸国の資料館から行政学の観点にもとづいて資料を収集して相互に比較して枠組みを設定し、これを日本の近現代の行政に適用して、関連資料を収集し分析するには、諸外国の行政についての制度的理解と、日本の行政への政治史的な接近とを併用しなければならない。一見これは困難に見えるが、決して不可能ではないし、将来には多面的に発展可能である。特にＩＴ化によって、諸外国の文書館・図書館の資料検索が容易になり、場合によっては画像としてウェブ上にアップロードされるものも現れた。今後資料環境は激変し、多くの資料の収集が現在よりも格段に容易となるであろう。資料が洪水のようにあふれ出す前に、とりあえずの見取り図を示すことは、現在のような過渡期に生きる者の責務なのである。

本書の構成

本書は、大きく二つに分かれる。前半は「調整」の「ドクトリン」を抽出し、それをとりまく制度構造を把握することを目的に、諸国の諮問機関の審議と報告書に着目する。

まずⅠ章で、「理論」と区別された「ドクトリン」の内容について検討し、それのよって立つ制度的基盤を、半ば行政組織でありながら独立性を一定範囲でもつ諮問機関に見出す。行政学の母国とされるアメリカをはじめ、オーストラリア、ドイツ連邦共和国といった行政学が比較的発達した諸国では、諮問機関での審議の中で「調整」概念が発見されたことを契機に、「行政の現実」に立脚した行政学が登場した。これらから、「調整」概念とそれを報告書の主軸に置いた諮問機関に着目して、「行政の現実」と「調整」の「ドクトリン」の関係を分析するという視座を定める。

つづくⅡ章では、日本の諮問機関の制度的特徴を確認した後、第二次世界大戦後の諮問機関の審議と報告書に表れる「調整」の「ドクトリン」を抽出する。「調整」の「ドクトリン」として第一次臨時行政調査会と行政改革会議とで共通して、内閣レヴェルの「総合調整」の「ドクトリン」と、省間調整の「ドクトリン」とが現れていることにここでは着目する。こうした二種類の「調整」の「ドクトリン」は、主流ではないにせよ、アメリカ、ドイツ、オーストラリアでの研究文献にも見出すことができ、それらはある程度の一般性をもつため、分析対象として適切であることを確認する。

本書の後半は、日本の行政における「調整」を二つの「ドクトリン」の合成物ととらえた上で、それらの戦前における形成過程と戦後における変容過程を分析する。ここでは、二つの「ドクトリン」を軸に「行政の現実」を実証的に検討し、これらにもとづいて行政の骨格である「調整」活動が徐々に制度化されていく過程を追跡する。行政学よりは、政治学・政治史に関心をもつ読者は、Ⅱ章を一瞥した後、ここから丁寧に読んで頂いて構わない。

Ⅲ章では、この二つの「ドクトリン」が、内閣制と省庁制とを包括する制度構造から形成される過程を歴史的視野のもとで分析する。ここでは、一方で、行政を熟知した実務家による制度構想が、現実に内閣政治と省間調整とをどのように連動させたのかを追跡する。他方で、法概念としての「調整」がいかにして日本の行政組織に定着したかを明らかにする。

Ⅳ章では、まず戦後とりわけ五五年体制下の内閣制・省庁制のもとで、二つの「ドクトリン」がどのように作動したのかを事例に即しつつ一般化を図る。これによって、二〇〇一年の省庁再編までの行政における「調整」が何を意味したのかを探る。その上で、二〇〇一年の改革において、「調整」についての改革構想が、どのように制度として実現したのかを検証する。それによって、現在急速に変わりつつある行政の中で、いかにして「調整」が問題とされているかを把握することを課題とする。

なお、資料に即して分析する本書は、政治学者からは一見瑣末にみえる「調整」の政策事例を多数とりあげる。それは、「調整」が個別の合意の蓄積だからであり、「官邸主導」・「総合調整」と呼ばれる高度な政治判断に近い事例も、こうした瑣末な合意の上に成立するという側面を看過すべきではないからである。そしてまた、「行政の現実」を知っていると自認した橋本は、細かい行政実務を相当程度熟知していたと言われており、それは橋本に限らず、「調整」の制度設計に関わった井上馨、陸奥宗光、原敬、浜口雄幸、松井春生、岸信介、中曾根康弘、後藤田正晴らの政治家・官僚も同様であった。彼らの活動した領域を分析の対象とするには、こうした瑣末な事例にも踏みこまねばならない。しばしば政治学者が軽視する行政の問題は、歴史上の政治指導者にとって決して瑣末ではないからである。

I章　改革構想としての「調整」

1　「調整」の「ドクトリン」の国際比較

「調整」の「ドクトリン」とは、そもそも何か。それを検討する意義は何か。本章は、アメリカを中心に、一方でアングロ・サクソン諸国からオーストラリア、他方でヨーロッパ大陸諸国からドイツをとりあげ、行政改革の諮問機関の中から、「調整」概念がいかにして生成し、理論的に発展したのかを分析する。それにより、いかなる「ドクトリン」をとりまく言説が、いかなる制度の上に形成されたかを明らかにする。

この諮問機関から生成する「調整」概念は、これまで日本の行政学ではあまり真剣にとらえられてこなかった。だが、イギリスの行政学は、こうした素材を「ドクトリン」と位置づけることによって、アメリカ行政学の理論的影響から離れることに成功し、ヨーロッパの行政学を主導する役割を果たした。よって本章では、イギリス行政学が作り上げた「ドクトリン」の概念を検討し、歴史的伝統のある諮問機関での議論が行政学に反映されていく過程を跡づける。さらに、この諮問機関の伝統は、他のアングロ・サクソン諸国に伝播したため、それら諸国では、諮問機関を総体として見渡して改革の理論を比較検討することが、半ば当然視されている。いずれの国でも、改革の理論のうち、もっとも行政学の根幹に対して影響を与えたのが「調整」概念であった。このように、「ドクトリン」という行政学理論をもとに、特に諮問機関に留意し、比較することが第一の作業である。

しかし、以上の方法ではアングロ・サクソン諸国の中でしか比較を論ずることができない。日本の事例をこれと同一の地平で論ずるには、「ドクトリン」の他言語への翻訳という問題を無視し得ないが、英語圏の文献から構成された論稿は、この問題に応答できないからである。したがって、本章では、アングロ・サクソン諸国以外にとりあげる比較対象として、ドイツ連邦共和国の行政改革を分析し、そこでの「調整」の「ドクトリン」を抽出する。こうして、アングロ・サクソン諸国と、ドイツでの「調整」概念の生成と発展の構図を描くことによって、日本の行政における「調整」の言説を分析するための枠組みを設定することが目指される。

2　行政学の思考様式——政策案・諮問機関報告書・学術論稿

「ドクトリン」の概念

戦後イギリスを代表する行政学者の一人であるA・ダンサイアは、社会科学の「理論」と政府の

「政策」との間に、「ドクトリン」という論理構成物を位置づける。その定義とは次のようなものである。(1)

〔「ドクトリン」とは〕「理論」と「政策」の中間に立つ観念のセットである。「理論」が環境のある部分を説明する試みであり、「真理」ないしは理解へ至る唯一の目的にもとづき、すべての観察を相互に整合化させるためのものとすれば、「政策」は、環境のある部分に対する意図の表明であって、環境内での諸々の行為を始動し導くために設計され、変化を推進ないしは抑制する目的にもとづき、すべての行為を整合化させるためのものである。そして、「ドクトリン」は、両にらみである。それは、暫定的な仮説とされた理論よりは「暴露された真実」として立ち現れる。それは何がなされるべきかを示すが、政策についての単なる道具主義からというよりは、あたかも必然性から生じたかのように示すのである。アクターの「ドクトリン」は問題視されない「理論」から導かれる。そして「政策」は「事実」たらんとした「ドクトリン」から導かれるのである。

ダンサイアによれば、通常想定されているように「政策」は「理論」によって構成されるのではない。「ドクトリン」という「問題視されない理論」によって、諸々の行為を誘導しようとするものが「政策」だというのである。このような「政策」の背後にある、いわばもっともらしい「理論」が

「ドクトリン」である。これを抽出するために、ダンサイアは、統治機構の全面的変革期において一貫した改革の論理が存在するか、という問いを立て、そのための分析素材として、改革の処方箋を記した複数の政府諮問機関の報告書を用いる。(2) それらの内容を検討した結果、経営主義的な改革の「ドクトリン」が共通して存在すると結論づける。つまりダンサイアによれば、一方の極に法案などの形態をとって実務の中で作動する「政策」があり、他方の極に学術的な論稿に結晶した「理論」がある。両者の中間には、諮問機関報告書という「政策」立案のための基本文書に記載された「ドクトリン」があるというのである。こうして、文書の形式としても、論理の質としても、さらには発表媒体としても、「政策」・「ドクトリン」・「理論」は区別されることになる。

イギリスの伝統的な行政学から出発し、第二次世界大戦後の行政学界を主導したダンサイアは、当初から理論と実践の関係において自覚的であり、そこから政府諮問機関に注目してきた。たとえば、行政概念を広く諸文献から採取・比較した著書『行政（*Administration*）』は、一九世紀の用法から、公務員制度改革に関するいくつかの諮問機関報告書の用法を論じた後に、理論的な著作における行政概念を分析している。(3) このようなダンサイアの諮問機関報告書への目配りは一九九九年に発表された行政学史の回顧においても、学術研究のみならず諮問機関報告書もとりあげている点で、一貫していると言えるであろう。(4)

この回顧の中でダンサイアは、イギリスの伝統的な行政学は理論に対して「敵対的」であったが、近年理論化が進んだと指摘している。これに従えば、諮問機関報告書への着目は、理論化の遅れとなる。だが、後に、レトリック論とJ・ベンサムのフィクション論を介して、「ドクトリン」は理論化されることとなる。それを試みたのは、当時オーストラリアに居を構えていたイギリスの行政学者C・フッドであった。[5] フッドによれば、伝統的に行政についての観念と考えられてきたものは、「理論」というよりはむしろ「ドクトリン」であったという。確かに、第二次世界大戦後、R・ダール、H・サイモンら行動主義政治学を掲げる論者によって、「ドクトリン」の「理論」化が図られたが、こと行政学に関する限り、その成果は部分的成功にとどまった。分析枠組みの設計による行政の活動の評価よりは、行政についての言説とその受容にこそ研究対象としての沃野が広がっているというのである。フッドは、一九世紀以降のイギリス・アメリカの行政学史を回顧して、「ドクトリン」の意義をこう述べる。[6]

はたして〝大臣責任制〟や〝政治行政分断論〟のようなドクトリンは現実に対する貧相な叙述にすぎず、啓蒙主義への反対者の悪意ある利益（ベンサム主義的議論）に資するに過ぎないと片付けてしまうべきなのか、またはたしてそれらは、たとえ誤った叙述であるとしても効用をもつかどうかという別の尺度から評価されるべきなのか、といった問題について、いくらか混乱した議論が存在してきた。確かに、行政の生活は実際いかなるものであるかということについてのあらゆる証言に抗して、前にあげた二つのドクトリンのようなアイディアが持続して現れたり、その再創造が繰り返されたりすることこそが、それらが何らかの必要に答えていることを示しているのである。

そして、フッドは［表I－1］のように行政の「理論」と行政の「ドクトリン」とを整理する。「理論」が、理解と説明を目的として、体系的な方法によって検証されるのに対して、「ドクトリン」は説得力をもとに受容されることを目的とし、メタファーや部分的な例示などによって主張されるというのである。

ダンサイアと同様、フッドも、政府諮問機関の報告書を素材に用いて、「ドクトリン」の受容について検討している。だがその視野はより広汎である。ダンサイアがイギリスに限って議論を展開したのに対して、フッドの場合は、一九八〇年代イギリスのサッチャー政権による行政改革を「新公共管理（New Public Management：NPM）」として定式化し、これが国際的な趨勢となっていることを摘出することに主眼をおいており(7)、イギリス、アメリカ、オーストラリアの代表的な行政改革の諮問機関報告書をとりあげている(8)。そこでい

表I－1 「ドクトリン」と「理論」

	ドクトリン	理論
主たる対象または焦点	影響力の行使	理解
試金石	規範的説得	説明力
「問い」	言説とその受容の結合	制度設計とパフォーマンスの結合
「証明」の方法	創造的な曖昧さ 対称性 メタファー 公益として提示される私益 選択的な例示 懐疑の一時的停止	事例の体系的な分析 （「ハード・データ」）

出典） Christopher Hood & Michael Jackson, *Administrative Argument*, p. 16.

かなる「ドクトリン」が用いられているかを検討したのである。

フッド自身は、その後リスク管理への言説分析の中で、人類学者M・ダグラスによる文化理論からみたリスク論に大きく影響を受け[9]、やがてNPMの言説の分析へと関心を移していく。そのため、従来の日本の行政学はフッドの行政理論に関しては、NPMとの関連で触れるか、そこで再解釈された文化理論に着目してきた[10]。だが、ダンサイアからフッドに至る行政学理論の発展において、まず着目しなければならないのは、第一に「理論」と「ドクトリン」の識別であり、第二に「ドクトリン」の生成する言説の場としての諮問機関への着目である。

そもそも、ダンサイアとフッドの着眼点は、政策領域を横断する形で諮問機関をとりあげ、その報告書内容に分析対象を絞りこんだことであった。その結果彼らは、諮問機関報告書の独自性を、「理論」と「政策」とを媒介する「ドクトリン」を含んでいる点に見出したのである。「理論」・「政策」・「ドクトリン」の三種類の言説の差異は、それに対する受容の態様の差異から導き出されるが、とりわけフッドが強調するのは、これまで「行政学理論」と考えられてきたものは、科学的ではないために「理論」として不完全であるのではなく、政策に転化するために準備され、受容されることを目指す「ドクトリン」であるため、あいまいであったり、相互に矛盾したりするように見えたにすぎないことである。したがって、それを一層精緻に定義するよりは、現実への効果を再検討することこそが求められるというのである。

イギリスにおける諮問機関の伝統

このような「ドクトリン」を制度的文脈から位置づけ直すならば、まず諮問機関報告書と学術論稿とが区別され、前者は「ドクトリン」を、後者は「理論」を扱うと考えることができる。これに法律を核とする制度形態をとる「政策」を加えるならば、「理論」・「ドクトリン」・「政策」という三種類の論理構成の区別は、学術論稿・諮問機関報告書・(法) 制度の三つの素材の区別に対応している。従来は、学術論稿＝理論が (法) 制度＝政策に転化するととらえられていたが、ダンサイアとフッドはこれを諮問機関報告書によって媒介しようとしたのである。言いかえれば、行政学の「理論」は、大学の研究室で純粋培養されるのではなく、諮問機関という場で生成されることが多いということになる。

確かに、イギリスの行政実務においては、行政府が設置する王立委員会 (Royal Commission) に代表される調査 (inquiry) を目的とする諮問機関の歴史は古く、中世後期、チューダー朝からスチュアート朝初期、ハノーヴァー朝のそれぞれに国王の設置する調査委員会が活用されており、これを近代の王立委員会の前史と位置づけることが多い。[11] だが、現代にみられる王立委員会のように、社会改革のための調査委員会が積極的に用いられたのは一八三二年のホイッグ政権以降である。[12] 設置数についてみると、一九二〇年代までは一〇年単位でみると二〇以上の設置数であるが、一九三〇年代以降は二〇以下の設置数で推移している。[13] 省庁において設置される委員会 (departmental committee) も含めると、現在では、新規立法の制定過程資料として、この種の委員会報告書に着目することが一般的な分析手法となっている。[14]

そして、このようなイギリス固有の諮問機関の伝統は、植民地統治を介して他のアングロ・サクソン諸国にも伝播していった。アメリカでは、大統領または議会が調査機関ないしは諮問機関を設置することによって、政策の立案と執行を精査する伝統が生じた。さらに、コモンウェルスに属して総督による統治のもとに服するカナダ[15]、オーストラリア[16]、ニュー・ジーランド[17]といった諸国でも、同様の王立委員会を設置する伝統が継承されていった。[18]しかも、こと行政学に関しては、アメリカでもオーストラリアでも、包括的な行政改革のための諮問機関が、政府機構への詳細な調査を通じて、行政学を飛躍的に発展させたのである。

イギリスにおける諮問機関への着目は、以下の特徴をもつ。第一に、初期の研究として、一九三〇年代に発表され始めた事例研究である。ただし、これらはあくまでも個別事例の叙述にとどまるものであった。[19]

第二に、制度的分類作業である。第二次世界大戦後初期の公法学者による研究は、イギリスの政府機構の特徴として、独任制と並んで合議制の委員会が広く残存している点をとりあげ、諮問、調査、交渉、立法、行政、精査といった諸機能に応じて「委員会」を分類する。[20]また、政策過程に委員会を位置づけた上で、その役割を分類する研究も登場する。この場合は、委員会の設置、審議過程、報告書の影響などが分析される。[21]

第三に、知識社会学から、諮問機関における調査活動に対する社会科学の貢献を強調し、調査活動自体が社会科学の制度化を意味したものと位置づける研究がしばしば現れた[22]。

そして第四に、報告書を個別領域での政策革新のケース・スタディとして位置づける研究である。たとえば、コモン・ローのみならず制定法を重視し、改革志向を強くもつロンドン大学から生まれた法律雑誌 *Modern Law Review* では、当初から重要な政府諮問機関の報告書を重要判例と並んで評する慣行がある。

第五に、報告書を意思決定の素材として利用する研究である。たとえば、公共部門の経営に長く携わったG・ヴィッカースは、独自の概念装置である「評価（appreciation）」による意思決定を説明する際に、王立委員会での議論と報告書を主要な事例にとりあげている[23]。また、分析方法は全く異なるが、マルクス主義的な言説分析研究の中には、法と秩序についての諮問機関の報告書を素材に、政府の治安政策についての言説とそこから引き出せる権力イメージを摘出するものもある[24]。

このように、他国と比べて諮問機関の歴史が古いイギリスでは、研究動向は全体として歴史的経緯に重点を置き、接近方法も個別に言及するか概括的に分類するかのどちらかであった。ダンサイアがイギリスに限って議論を開始した「ドクトリン」論は、こうした系譜に制約された分析であった。これに対して、フッドの「ドクトリン」論は、アングロ・サクソン諸国の諮問機関の伝統を、国際比較へと発展させるために定義し直したものであった。すなわち、フッドは、諮問機関の提言内容の分析に着目し、その分析方法の有用性を、アメリカ、オーストラリアなどと比較して強調することによって、new public management という「行政学」の研究対象を新しく設定したのである。事実、フッドが最初に提起したnew public managementという改革手法への呼称は、比較行政上の概念として、また国際機関における各国への改革提言における嚮導概念として、以後諸国で採用されていった。イギリス行政学産の概念が国際的に受容されたことは、イギリス行政学がかつて優勢であったアメリカ行政学から自立した証左となるであろう。

このようなフッドによる「ドクトリン」の定式化は、行政学の自己確認作業として極めて斬新なものである。だが、そこにはいまだ克服すべき理論的課題がある。それは、フッドが言説の受容の態様に着目したにもかかわらず、英語を母国語とするアングロ・サクソン諸国の文化的特性に制約されている点に集中的に表れている。

第一に、フッドがもっぱら念頭に置く国が、コモン・ローの法的伝統あるいはウェストミンスター・システムの政治的伝統の影響が強い国々であった。オーストラリア、カナダ、アメリカは、法ないし政治制度の起源を、程度の差こそあれイギリスに有しており、それぞれの差異はもちろん重要ではあるが、共通性もまた大きい。NPM改革は、そうした制度的基盤の上に共通の手法として導入されたという点を看過することはできないのである。

第二に、フッドは終始英文の文献を通じて「ドクトリン」を分析するために、「ドクトリン」の翻訳の問題をとりあげていないが、言説の受容に力点をおくならば、言説を構成する言語の差異は、受容の差異をもたらすはずである。英語圏に端を発する改革の「ドクトリン」は英語で表現されており、非英語圏においては外来語として表現される外来の「ドクトリン」である。これを受容する過程は、外来語としての英語を自国の言語に翻訳する過程を含んでおり、英語圏とは異なった軌跡を描く。フッド自身は、NPMとドイツの官房学とを比較することで論稿を締めくくり、非英語圏の議論をも視野に収めようとしているが[25]、厳密に受容の態様を問題にする際には、各言語文化固有の外来語の翻訳と受容についての言及は不可欠のはずである。

第三に、以上からフッドの研究方向は、各国の差異に着目するよりは、「ドクトリン」の論理形式上の共通性や反復性におかれた。そのため、全体として英語圏における「ドクトリン」の存在を間接的に例証したにとどまっているのである。

「ドクトリン」の国際比較の分析視角

したがって、フッド以前の研究動向の上にフッドの「ドクトリン」論を置いた上で、日本の行政を分析する際には、以下のような接近方法をとることが有意義である。

第一に、フッドの言及するイギリス、アメリカ、オーストラリアに加えて、日本と法・行政面で制度的親近性の強いドイツをも比較対象とすることである。これによって、イギリスを起源とする王立委員会の伝統を相対化し、機能面から諮問機関を相互に比較することが可能となる。

第二に、その際には各国ごとに諮問機関の制度類型を整理した上で、全面的な行政改革を行う諮問機関の位置づけを明らかにする。ここでは、一方で諮問機関の組織としての特徴を整理し、他方でこれにいかなる社会科学の分野が政策提言に寄与していったかを概括的に検討する。双方の観点から、全面的な行政改革を行う諮問機関の性格づけが可能となるのである。こうした行政改革に関する諮問機関として具体的には、アメリカの「行政管理に関する大統領委員会」、オーストラリアの「オーストラリア政府行政に関する王立委員会（RCAGA）」、ドイツの「政府及び行政改革のためのプロジェクトグループ（PRVR）」、日本の第一次臨時行政調査会・行政改革会議をとりあげ、それぞれが各国の行政学理論の発展を加速したことをまずは明らかにする。

第三に、それらの諮問機関の報告書が共通して、「調整」概念を主要な「ドクトリン」に含んでいることに留意し、この「ドクトリン」としての「調整」概念が、政策提言においていかに機能したか、また行政学の「理論」化に対していかなる影響を与えたかをそれぞれ検討する。

以上のように、「調整」という概念が機能する場として、「理論」―「ドクトリン」―「政策」という概念を区別した上で相互関係を明示し、「ドクトリン」を支える制度としての諮問機関に着目した上で、その機能を比較し、さらに「ドクトリン」の中の「調整」概念の位置を見極める。これによって、行政学をその思考様式の出発点に立ち返って検討する作業が可能となるのである。

3 「調整」の「ドクトリン」の成立――アメリカ

アメリカにおける諮問機関の特徴

アメリカでは建国期から大統領より諮問を受けて審議・調査を行う「大統領委員会（presidential commission）」が設置されており、しばしばイギリスなどの王立委員会と比較対照されて、代表的な諮問機関の制度として論じられてきた。[26] 特に一九二九年に発足したフーヴァー政権以降、大統領委員会による政策革新が見られるようになると、諮問機関についての制度的分類が試みられ、政策教育のための事例としてもとりあげられてきた。[27] また同時代から見て重要な報告書を発表した委員会については、その報告書を素材にした特集が様々な雑誌で組まれてきたのである。[28]

そもそもアメリカの連邦政府における諮問機関は、大統領委員会に限らず、Advisory Council の名称をとる審議会や、省庁間委員会としてのタスク・フォースなどの機関をはじめ、各省においても様々な専門委員会が存在しており、[29] それらを対象とした類型化がまずは行われた。たとえば、古典的な研究として、C・マーシーは、大統領による設置権限をもとに七種類の類型を提示した。[30] すなわち、法律の適切な執行を監視するための大統領固有の権限にもとづいて設置される委員会、大統領が各省長官の助言を求める権限にもとづき各省長官が集団で大統領に助言する「内閣委員会（cabinet committee)」、陸・海軍の長としての大統領が設置し軍人によって構成される委員会、戦時ないし国家非常事態において解釈上拡張された大統領の権限にもとづいた委員会、外交の責任者としての大統領権限にもとづいて助言者を任命して組織する委員会、議会からの特定の授権によって大統領が設置する委員会、議会からの包括的な授権によって大統領が設置する委員会、である。これは大統領への助言機関に対する諸研究の中でもっとも広い範囲を対象にした類型化である。

以後の研究は、単一であれ複数であれ、特定の委員会の事例研究から委員会の特性を分析するものと、悉皆的な研究を行うものとに二分される。まず、前者の事例研究についてみると、政治学研究において委員会の類型化の基礎を築いたのは、T・ウォラニンである。ウォラニンは、トルーマン政権からニクソン政権第一期までを対象に、インタヴューを大規模に行って、委員会の設置過程と審議過程のパターンを分析した[31]。ウォラニンは、以前の研究が、大統領委員会の定義を明確に行っていない点を批判して、(一)法制化された団体であること、(二)大統領に助言を行うこと、(三)委員は大統領によって直接選任されていること、(四)一時的に設置されたものであること、(五)少なくとも委員のうち一名は公表されていること、(六)報告書が公表されていること、の六つの定義を示した。これは、大統領の諮問に応答するという局面を可能な限り厳密にとらえた研究であり、以後の研究の出発点となった。

ウォラニンの研究の特徴は、委員会の分析意義を証明するために、成功例を強調した点にある。だが、ちょうどウォラニンが研究を進めた一九六〇年代から七〇年代初頭の時期は深刻化する都市の貧困問題への対処が連邦政府の政治課題となっており、この種の社会問題には、しばしば大統領委員会が設置されたが、問題の根本的な解決には至らない事例が多く見られた[32]。よって、同時代から注目された個別の委員会への事例研究が登場した。M・リプスキーらによる都市暴動への対処として設置された大統領委員会の研究は、その代表例である[33]。これらのモノグラフを踏まえ、D・フリトナーは、学園紛争、人口増、薬物対策、ポルノグラフィといった社会問題を対処しようとした大統領委員会を分析し、それらから浮かび上がる失敗要因に焦点を当てた[34]。

以上のような個々の委員会を対象とした事例研究が行われたのは、悉皆調査を行うためのデータベースが存在しなかったためである。だが、一九七二年の連邦諮問委員会法（Federal Advisory Committee Act：FACA）が、連邦政府に委員会の活動につき情報開示するよう規定したことによって、委員会への悉皆的・体系的な接近が可能になった。よって、一九八〇年代以降の研究は、諸々の委員会を悉皆調査した上で、これを分析するものが主流となっていく。FACAを制定する背景は、第一に連邦政府の諸々の諮問機関が、支出理由が曖昧なまま設置・運営されている点で非能率であるという批判、第二に特定の利益集団が委員会の決定に不当な影響力を与える可能性があるという批判であった[(35)]。したがって、ここで対象となるのは、大統領委員会のみならず、省庁レヴェルで「設置または運営されている（established or utilized）」諮問機関を総体として含むものであった[(36)]。それらのリストは年次報告書上に公開された。これが研究面でのデータベースとなったのである。

以後の多くの研究は、報告書に掲載された委員会を総体として分析し、利益集団の影響力を測定している[(37)]。だが、近年では、特に大統領委員会をとりあげて、委員会を通じた政治構造の分析に関心を持つ研究も登場し始めている。A・B・ゼガートは、従来焦点を当てられてこなかった対外政策の大統領委員会の特性を明らかにするため、レーガン、ブッシュ、クリントン大統領時代の四九六の委員会をとりあげて、全体的な傾向を分析した[(38)]。そこでは、フリトナーの研究が傍論的に提示した委員会の類型が、能動的な委員会と受動的な委員会という軸を設定していることに着目して、次の三類型を提示した。第一には、国民に向けた政策課題の設定に影響を与える「課題設定型委員会（Agenda Commission）」、第二にもっぱら政府職員に情報を提供することを目的とした「情報提供型委員会

(Information Commission)」、第三に政治的反対勢力の構成を変化させることを目的とした「政治勢力再編型委員会（Political Constellation Commission)」である。たとえば、情報提供型委員会は、内政よりは外交分野で活用され、外交分野の中でも、国際経済よりは安全保障の領域で多数設置されているという。こうしてみると、イギリスと比べた場合、アメリカにおける諮問機関研究は、早い段階で制度的類型論を脱して、社会科学の諸方法にもとづいて分析されてきたと特徴づけられるであろう。

このようにして、アメリカにおいて、諮問機関は政府の政策を体系的に示す文書を作成する機関として注目され、研究対象となってきた。その中でも本節は、比較的古い時期の諮問機関であり、フッドが「ドクトリン」の例としてとりあげた、一九三六年に設置された「行政管理に関する大統領委員会（President's Committee on Administrative Management)」を検討する。なぜならば、この委員会の報告書をもとにして一九三九年に大統領府が設置されることによって、「調整（coordination)」概念は行政改革の中核概念と観念され、第二次世界大戦後になると諸国の行政改革の「ドクトリン」を構成する概念として普及し、これをもとに諸国の制度を素材にした行政研究が発達していったからである。つまり、この大統領委員会は、「調整」概念を中心に、諮問機関報告書・その結果としての行政改革・行政学理論の三つを堅固に結びつけることによって、学としての行政学を体系化することに成功した。これはまた、他国で同様に「調整」を中核概念とする行政改革が試みられたときのモデル・ケースとなっているのである。

行政管理に関する大統領委員会

「行政管理に関する大統領委員会」はアメリカ行政学で触れないものはないほど重要な諮問機関であり、すでに一次資料を利用した複数のモノグラフが発表されている。だがそれらは、委員会での報告書作成以後の議会における法案審議過程に着目する傾向にある。[39] これに対して、「ドクトリン」の成立過程を検討する本節では、委員会での審議過程を再構成することによって、大統領委員会が「ドクトリン」を形成するに至った経緯を抽出する。

委員会は、F・ローズヴェルト大統領が、都市行政の実務家L・ブラウンロー、政治学者のC・メリアム、都市行政研究者のL・ギューリックの三名を委員に任命することで、一九三六年三月二〇日に公的に設置された。三委員の下に、行政学者を中心にさらに二六名の調査員が組織され、委員会の指示に従い調査に当たることとなった。調査員は、連邦政府の業務について、関係者へのインタヴューなどを通じた現状把握の上に立って、個別の報告書を作成していった。他方で、この間、委員の内ブラウンローとメリアムは、国際行政学会に出席するため渡欧しており、調査員の報告書をもとにした本格的な審議は九月以降に進められた。

委員会の『日誌（*Journal*）』によれば、九月以降報告書が最終的に大統領に提出された一月九日までの間に、九月に二回（九～一一日、二三～二七日）、一〇月に四回（三～四日、一〇～一一日、一六～一八日、二三～二四日）、一一月に二回（一三～一五日、一七～二一日）、一二月に五回（二日、九～一〇日、一一～一三日、一六～一八日、二〇～二三日）、委員会が開催された。[40] 委員の内、ブラウンローとメリアムはシカゴに、ギューリックはニュー・ヨークに住んでいたため、委員会は首都ワシントンやニュー・ヨークで随時開催された。また、報告書にもとづいた立法が最終的に議会を通過するのは一九三九年であり、委員会は議会対策のため、報告書提出後も随時開催されたのである。

この過程のうち、報告書作成作業に焦点を当てると、八月に調査チームの長であったJ・ハリスからアウトライン原案が示された。その後の委員と調査チームとの懇談を受けて、一一月五日にブラウンローにより報告書のアウトラインが作成された。一一月一四日、ブラウンローとギューリックは、大統領選挙に再選されたばかりのローズヴェルトと懇談し、報告書内容についての確認を求めている(41)。その上で、委員間でのクロス・チェックを経て最終的に報告書が作成されたのである。

後にブラウンローは、報告書の目的を三点に整理している(42)。第一に、政府における「総合管理(over-all management)」機関を特定し、これを行政府に統合する。第二に、「総合管理」と関連しないすべての機関を、政府内の省のいずれかに集中させる。第三に、大統領と行政府を実際上も理論上も、立法府に対する責任を持って政府の業務遂行にあたらしめる。すなわち、ホワイトハウスのスタッフを拡大強化するとともに、人事、財務、計画の三機能について、大統領の統制に服する機関によって運営されることが提言されたと見たのである。

結果として、編纂された報告書は、委員による報告と調査員の調査報告書との二部構成になった。委員会報告では、ホワイトハウス・スタッフ、人事管理、財務管理、計画管理、行政機構改革、議会への行政責任について、それぞれ項目が立てられている。また、調査員による報告書は、これに沿う形で、連邦公務員制における人事管理、財務統制、会計検査院、独立規制委員会、省庁の内部管理、連邦出先機関の組織管理、公企業と独立監査機関、規則制定権、行政立法を主題としている。ここでは、調査員のすべての調査結果が掲載されたわけではなく、内容に応じて取捨選択された上で、重要と判断されたものが報告書へ添付されたのである。

すでに述べたように、この委員会での検討の直接的な帰結は、一九三九年に結実した大統領府の設置である。委員会の報告書は、並行して審議していた上院の委員会とこれを支えたブルッキングズ研究所の強い反発を招き、結果として一九三七年に提出された改革法案は翌一九三八年には廃案とされることが決定された。ローズヴェルトは三九年に議会との交渉を経た上で改革法案を成立させたのである。

だが他方で看過できないのは、以後の行政研究への多大な影響である。ブラウンロー自身、この委員会で数多くの実態調査がなされ、その一部が以後の行政研究の基盤となったことを指摘している[43]。委員会の調査に参加したS・ウォーラスも、調査結果に基づいた著書において同様の指摘をしており[44]、ニュー・ディール期に急速に変容を遂げた連邦政府機構への実態調査が、新しい行政研究を量産した契機となったことは明らかである。

さらに行政学の学説史上しばしば指摘されるように、大統領委員会での審議は、提出後の一九三七年七月に公刊された、ギューリックを編著者の一人とする『管理科学論集』によって理論的に発展させられた[45]。この書物は、後に古典的組織理論を集大成したものと位置づけられるが、ギューリック以外の論者の論稿はすべて、すでに他で発表された論文の再録である。そして、ギューリックによる冒頭の論文“Notes on the Theory of Organization”は、委員会が報告書を最終的に確定していた一九三六年一二月にメモランダムとして準備され、これを再訂した上で公表されたものと記している。また、書き下ろしと見られるギューリックのもう一つの寄稿論文である終章“Science, Values and Public Administration”は、一連の議論の集大成とも言えるものである。

審議過程の『日誌』上は、ギューリックが現在見られるような内容のペーパーを提出した形跡はない。また、委員会報告書にしても、調査員の報告書にしても、抽象度の高い組織理論ではなく、具体的な業務の調査と提言を議論している。その点で、大統領委員会自体は『管理科学論集』に見られる議論を特に重要視してはいない。しかし、組織の長の行政管理機能としてギューリックが唱えたPOSDCORB（Planning, Organizing, Directing, Coordinating, Reporting, Budgeting）の原型と見られる次の記述が無署名のペーパー上に存在する。(46)

> Administrative management is made up of the following elements: planning, organizing, delegating, staffing, directing, controlling, coordinating, budgeting, spending, and reporting.

この表現は、紛れもなくギューリックの論文におけるPOSDCORBの説明箇所に継承されているとみるべきであろう[47]。したがって、『日誌』に記録されるほど重要な論点としてではないにせよ、『管理科学論集』掲載の論文に近いペーパーをもとに、この問題が委員会の中で検討されていたのであろう。だが、ペーパーが、具体的な制度設計の文脈で大統領の行政管理機能をこのようにまとめたのに対して、ギューリックは組織管理論の一般原則としてこれを整理して、POSDCORBという造語の中に位置づけた。したがって、委員会での具体的な議論と、その成果である大統領府の設置は、ギューリックの編著書によって、より一般的な見地から整理されたと言うことができる。ダンサイアの表現を用いれば、報告書の「ドクトリン」とその成果としての「政策」は、『管理科学論集』によって、社会科学の「理論」としての外観を与えられることとなった。ギューリックの一見散漫な論稿は、委員会での審議とあわせて読むことによって、その意義を把握することが可能なのである。

この「理論」には、組織管理の一般原則という支柱が与えられていた。それを表す概念こそが「調整（co-ordination）」であった。「調整」概念は、『管理科学論集』のほぼ全編を貫く概念であるが、行政管理に関する大統領委員会報告書では、さほど頻用されていない[48]。しかし、以後のギューリックや[49]、他の論者は、管理活動を叙述する際に、意識的に「調整」概念を活用し始めた[50]。このような大統領委員会との相補的な関係の結果として、「調整」概念を軸としたギューリックらの『管理科学論集』は、アメリカ行政学の主要な思潮を生み出したのである。

アメリカ行政学における「調整」の「ドクトリン」の国際化

このように、後に古典的組織理論と呼ばれるようになる理論を、「ドクトリン」と位置づけて、同時代の諮問機関との関係から読み解くならば、第二次世界大戦後にアメリカ行政学が急速に国際的影響力を持つに至った理由を見出すことができる(51)。

まず第一に、近年の「社会科学」の制度化に関する知識社会学研究に従うならば、近代ヨーロッパにおいては、一八世紀末から一九世紀はじめを境に理論上の転回が生じたこと、その結果、伝統的な道徳哲学から政策学が分化し始め、一八八〇年代以降、経済学、社会学などが「社会科学」を標榜するようになったこと、そして第二次世界大戦を経て、アメリカ合衆国を中心に「社会科学」の専門職化が急速に進行したことが、ほぼ了解事項とされている(52)。こうした「社会科学」の中で、アメリカ行政学は、今なお公務員倫理理論を重要な研究領域とする点で道徳哲学の残滓をもち(53)、政策提言を大学外の機関が担う点で専門職化が進展していない分野である。むしろ、アメリカ行政学の特質は、道徳哲学を保存しながらも、行政改革を中心とする政策提言を通じて政府への影響力を保持しようとした「ドクトリン」としての性格にある(54)。

第二に、にもかかわらず、これまで日本ではギューリックの所説を「古典的組織理論」の典型とみなしてきた。しかも、後述するように、これを批判したH・サイモンが、行動主義を鮮明に宣言したため、あたかもギューリックの所説が未成熟な社会科学の「理論」であるかのようにとらえる傾向にあった。しかし、ギューリックの主著は、政府諮問機関であるブラウンロー委員会への提出資料であり、「ドクトリン」そのものである。また、大学のみならず調査機関に籍を置き続けたギューリックは、そもそも改革志向と実践志向が極めて強く、一貫した理論体系を保持しようと努める大学研究者とはおよそ異質の人物である。したがって、その所説の変化は、状況への適応そのものと考えるべきである。

第三に、一九三七年の大統領委員会報告書の公表、三九年のアメリカ行政学会の組織化、四一年の第二次世界大戦への参戦という一連の事件を経つつ、アメリカ行政学は、一九世紀末とは異なる二〇世紀の政治社会に適合的な行政理論を確立していった。本来的に大学研究者のみならず調査機関の職員としての顔を持ち合わせたギューリックは、この戦争の時代に適用可能な理論を模索し、状況への批評に近い論稿を発表し続けた研究者の一人であった(55)。ブラウンロー委員会で提唱された「調整」概念は、後のアメリカにおけるこの概念の適用過程をも射程に含めるならば、アメリカの行政実務と結びつきつつ確立した行政学を体現する概念であったと見なければならず、これを分析することによって、アメリカ行政学の性格をより具体的に明らかにすることができるであろう。

以上のような行政学史への理解をもとにすると、「調整」の「ドクトリン」の後継理論が国際比較をも視野に入れつつ形成されることによって、第二次世界大戦後のアメリカ行政学が形成されたという構図を明確に描くことができる。

第一の系譜が、P・アップルビーが主唱した政治行政融合論である。アップルビーは、「調整」活動を含めた政策決定を一連の過程としてとらえ、そこでは行政と政策決定が明確に分離されないことを強調する。その際、彼は政治行政融合論の先駆者として、初期のグッドナウの著作に加えて、行政管理に関する大統領委員会を支えたブランウンロー、メリアム、ギューリックがそれぞれ融合論を認めていることを傍証に据えているのである。[56] 以後、政策決定過程研究は、叙述的な事例研究の蓄積として発展していくことになる。

そして、第二の系譜が、サイモンによる古典的組織理論批判である。組織理論の純化を図るサイモンは、『管理科学論集』をとりあげ、そこで主張された命令一元化の原則、統制範囲の原則を、内容的に曖昧であり、相互に矛盾する「諺」にすぎないと厳しく批判し、厳密に定義された仮説の設定とその検証によって組織現象を解明することを主張した。[57] C・バーナードの影響を受けたサイモンは、古典的組織理論の「組織」概念を、複合組織、組織均衡の観点から厳密に定義された命題へと再定式化する。[58] その上でさらに、組織についての命題を列挙し、それへの科学的検証を行うことを提唱した。結果として導き出されたのは、「プログラム」の束として把握された組織観である。すなわち、組織構成員は、行動欲求・動機・意欲を持つと同時に、限界のある認知能力を備えているとまずは想定される。その上で認知限界内で事務処理を行えるように、状況定義を類型化し、状況定義に適合的な情報のみを入力する。このとき行為選択肢の探索とさらなる考量を省略するものが「プログラム」であり、これが組織の意思決定の単位となるのである。ところが他方で、プログラムにおさまりきらない紛争現象も組織には起こりうる。サイモンはJ・マーチ、H・ギュッコウとの共著の中でこれを「プログラムの故障」と呼んだ。[59] この問題は、特にギュッコウによって、第一次集団とそれ以外の組織構成員との間の紛争として把握され、分析が続けられた。[60] 以後、これは組織間関係論として発達していく。[61] こうして、古典的組織理論における「調整」概念は、「プログラム」の設計と「プログラムの故障」としての紛争研究へと発展していったのである。

第三の系譜として、アメリカ行政学を支えた人的集団として、ヨーロッパなかんずくドイツから迫害を受けた移住者が少なからずいたことである。[62] 結果として、アメリカ行政学にヨーロッパの研究者が流入するようになると、アメリカとヨーロッパの比較行政研究が発達する。彼らの一人であるF・M・マルクスは、次のように述べている。[63]

> 行政学においても他の分野においてもアメリカの論文や著作が量ばかりでなく、質においてもきわめて注目すべき地位を獲得した。(中略) このように知的分野においてアメリカが飛躍的に発展を遂げることができたのは、主として公費で科学研究を助成するという、すでに第二次世界大戦中から実施されている画期的な政策のためである。しかしヨーロッパ地域から、とりわけこの数十年の政治的な抑圧から逃れるために、多くの人々がアメリカに移住し、それがアメリカの教育と研究を刺激したということも忘れてはなるまい。

マルクスは、アメリカ行政学において、省庁 (department) 概念を「省庁体系 (departmental system)」として定義し、ドイツにおける官庁 (Behörde) 概念の訳語として、この概念の重要性を強調した。そして、この「省庁体系」の重要な要素として、「調整」概念を位置づけた。[64] そこでは、一九三九年の大統領府設置を象徴的事件と位置づけ、その前後にかけて「調整」概念の重要性が高まったことが強調されており、明示的に「行政管理に関する大統領委員会」を学説史上に位置づけている。さらにマルクスは、戦後ドイツに帰国し、そこでアメリカ行政学の動向についてドイツ語圏に紹介する役割を担った。これは、行政法学の影響力の強いドイツにおいて、行政学を発展させる一つの契機となった。行政学を起点に一般社会学を構築したN・ルーマンの初期の著作に上述の文を寄稿したのは、マルクスの戦後ドイツの行政学ひいては社会科学への強い影響を物語るものであろう。

かくして、「調整」の「ドクトリン」に端を発する以上の三系譜が渾然一体となったものが、第二次世界大戦前後のアメリカ行政学であった。[65] この豊かな知的水脈を背景にしたからこそ、アメリカ行政学は、戦後世界の行政学に強い影響を与えていったのである。

しかしながら、理論面での豊穣さはそれだけで、他国に直接影響を与えるわけではない。アメリカにおいて古典的組織理論が、諮問機関報告書と結合したことによって理論的にも、改革の現場においても影響力を発揮したように、アメリカ行政学は各国での政府諮問機関での調査・審議を通じて影響力を拡大した。

まず、諮問機関報告書を契機に「調整」概念をバネにした行政学理論が結晶化したのは、「行政管理に関する大統領委員会」が、報告書以外に以下のテクストを産出したからである。第一に諮問機関内部での審議について議事記録を作成した。第二に公聴会などでヒヤリングを行った。第三にワーキング・グループを設置して調査を実施し、鑑定書・資料を作成した。第四に、調査結果の一部を報告書に添付した。こうした多種多様のテクストを通じて、理論についての論争が多層的に進められていく。それによって行政学理論が構築されていった。同様に、他国でも大規模な諮問機関が、その発する多様なテクストとともに行政学理論を構築していく。そのときに、アメリカ行政学の古典的組織理論が特に参照されたのである。

アメリカと同様にコモン・ローの法的伝統に属するオーストラリアや、それとは法的伝統を異にするドイツや日本でも共通して、大規模な諮問機関の設置と審議がなされており、これに参画した研究者に着目して行政学理論の動向を整理すると、諮問機関での審議によって行政学理論が飛躍的に発展していく過程を検出することができる(66)。よって以下では、戦後のオーストラリアとドイツ連邦共和国で時代を画する代表的な諮問機関と位置づけられたＲＣＡＧＡとＰＲＶＲをとりあげて、これらを機に両国でいかにして「調整」概念が展開されたかを検討する。二国をとりあげるのは、以下の共通点がみられるからである。

第一に、両者はアメリカ行政学の影響から出発した。すなわち、古典的組織理論の「調整」概念を受容した上で、それを自国の制度に適用したのである。

第二に、ＲＣＡＧＡとＰＲＶＲはともに、行政改革の画期であっただけではなく、そこに参画した行政学者の理論的跳躍によって行政学の画期ともなった。確かに、両者は現実の行政改革に充分な成果をもたらしたわけではない。しかし、それらは、以後の両国の行政改革を規定する報告書を公表し、それによって学界の理論動向に大きく影響を与えたのである。

第三に、アメリカと同様に、オーストラリア、ドイツではともに、諮問機関報告書の評釈の伝統が確固として存在する。オーストラリアでは、イギリスの伝統を継承して、州政府・連邦政府でそれぞれ王立委員会法が制定されて、委員会の設置手続と構成をそこで規定し[67]、重要諮問機関については行政関係雑誌等がしばしば論評している[68]。またドイツにおいては、重要な諮問機関報告書は、行政関係雑誌において論稿の主題とされており、中でも雑誌 *Verwaltungsarchiv* が、Verwaltungspraxis という項目で、しばしば重要な諮問機関報告書をとりあげ解説と論評を加えている。両国では、諮問機関の発する多様なテクストに対して、それを外部から批評する場が機能しているのである。

よって、以下では、アメリカ行政学の両国における受容過程に留意し、そこでの戦後における代表的な全面的行政改革をとりあげ、諮問機関での審議が「調整」概念にいかなる位置を与えたのかに着目しつつ、検討していく。

4 「調整」の「ドクトリン」の受容――オーストラリア

オーストラリアにおける諮問機関の特徴

第二次世界大戦後、「調整」概念は英語圏ではアメリカの影響を受けつつ、多様に用いられていく。そして、この受容過程を鮮明に表すのは、オーストラリアにおいてであった。その理由はイギリスと比較した場合に明白である。

第一には、イギリスの行政学が、全体として理論志向に懐疑的であり、「調整」概念を厳密に定義した理論構成に消極的であったが、オーストラリアではこの概念の国際比較と事例研究を通じて、理論化を積極的に試みていた。

第二には、一九七〇年代に成立したウィットラム労働党内閣下で、本格的な政府機構の再編が検討された。委員長の名をとり「クームス委員会」とも称された「オーストラリア政府行政に関する王立委員会（Royal Commission on Australian Governmental Administration：RCAGA）」は、後述するドイツの「政府及び行政改革のためのプロジェクトグループ（Projektgruppe für Regierungs- u. Verwaltungsreform：PRVR）」と同様、連邦政府に対して調査を行った上で提言を発表した。ここでも省組織とその「調整」が重要な調査事項となったのである。

第三に、オーストラリアが少数の州からなる連邦国家であったことである。ウィットラム内閣の首相アドヴァイザーとして政策革新を進めたP・ウィレンスキーは、連邦で労働党内閣が崩壊した後、ニュー・サウス・ウェールズ州で成立した労働党内閣に参画し、前述したようにフッドが分析対象とした「ウィレンスキー委員会」報告の作成を主導した。このように、オーストラリアでは、連邦と州双方で相互に影響を与えあいながら、改革が進行したのである。

オーストラリアにおいて、諮問機関を通じた政策革新は近年の現象である。オーストラリアの諮問機関に対する代表的かつ包括的な研究は、P・ウェラーらによる一九七八年と一九九四年に発表された二つの論文集である(69)。後者の冒頭で、ウェラーが一九七八年以降、諮問機関が急速に発達したと述べたように、戦後永らく連邦政府において諮問機関は不活発であった。初めての労働党政権であり、従来の政策の包括的な転換を図ったウィットラム内閣がこれを活用した後、保守系内閣・労働党内閣にかかわらず、歴代の内閣はこれを政策決定の道具として位置づけたのである。

もっとも、オーストラリアにおける諮問機関の伝統は、ニュー・サウス・ウェールズ、ヴィクトリア、タズマニアなど、一九世紀の植民地政府による委員会の設置にまでさかのぼる。当初、連邦政府が成立し、自治権が付与されてから第二次世界大戦までは、連邦政府は調査のために、もっぱら王立委員会を設置した。そして、一九七二年に成立したウィットラム労働党内閣以降、労働党政権・保守系連立政権にかかわらず各内閣の設置する調査機関の数は激増する。だが、設置する王立委員会はわずかであり、多くの調査機関は王立委員会以外の形式をとっていた。設置数から見ると、建国から一九六九年までの間に王立委員会は九〇、その他の調査機関は七三設置されたが、一九七〇年以降二〇〇五年までの間に王立委員会は三八しか設置されていないのに対して、その他の調査機関は四四二設置されている。転機となったウィットラム内閣であり、一九七二年から七五年までのウィットラム内閣は総計八六の調査機関を設置した。この傾向は後も継続し、一九七五年から八三年までのフレーザー内閣は九二、一九八三年から九三年までの間のホーク、キーティング内閣は二〇一、二〇〇五年までの段階でハワード内閣は八一の調査機関を設置している[70][71]。一九三〇年代にイギリスで「調査委員会(commission of inquiry)はイギリス議会制の部分をなしている」と指摘されたのと同様に[72]、現在ではこれらはオーストラリアの統治機構の一部となっているのである。

利益代表、情報収集、調査分析、専門的観点からの政策提言といった機能に関して、オーストラリアの諮問機関は、イギリス、アメリカのそれと異なるところはない。だが、調査機関を、行政の不祥事に対して原因究明を図る審理機関、政策課題についての実態を調査する調査機関、政策の基本方針を助言する助言機関の三種類に分けた場合、審理機関には法律家が委員に起用され、しばしば一名のみで委員会が構成される場合があり[73]、オーストラリアの特徴となっている。

これら諮問機関の中で、オーストラリアの行政史において特筆すべき諮問機関こそ、RCAGAである。というのも、第二次世界大戦後のオーストラリアにおける政府の行政機構と運営に対する初の包括的な調査と提言によって、以後の行政改革の端緒となるとともに、行政研究を飛躍的に発達させたからである。

RCAGAの審議過程

一九七二年に戦後初めて労働党内閣として成立したウィットラム内閣は、一九六〇年代に問題視されていた政府機構の再編に着手した。改革は、労働組合の反発を排して、党コーカスでの審議と、ウィットラムの私的アドヴァイザーの助言をとりいれつつ、議員を委員に加えた王立委員会の設置によって進められた。これがすなわち、一九七四年六月に発足したRCAGAである[74]。

その諮問事項（Terms of Reference）は、第一に、オーストラリア政府の省庁、制定法によって設置された公的団体（statutory corporation）その他の機関の目的、機能、組織、管理、ならびにオーストラリア政府の行政と政策についての主要な調整機関、第二にオーストラリア公務員制の構造と管理、を主たる対象としているが、労働組合に配慮して郵便と電信を対象からはずすことが明示された。[75] また、委員には、首相の経済アドヴァイザーであり、戦後復興省次官、オーストラリア準備銀行委員長を歴任したH・C・クームスを委員長として、首相府次長のP・H・ベイリー、法学部教授のE・キャンベル、労使関係の専門家であったJ・E・アイザック、事務系公務員労働組合統合委員会事務局長P・マンローの五名が選任された。さらに委員会には五二名のスタッフと、事務局長、特別補佐官、調査部長、広報部長らとからなる事務局（Secretariat）が附置され、審議の補佐に当たった。[76]

委員会は、発足後七月から一一月まで、議会議員、公務院（Public Service Board）、省庁幹部、財界人、大学研究者と非公式の会合を重ねて、調査項目をしぼりこんだ。その上で、一一月以降翌一九七五年八月まで、オーストラリア全土で公聴会を開催した。意見を陳述した人数は三五六人でその口述記録は三二五〇頁に及ぶものとなった。並行して、委員会は複数の行政サーヴィスの現場を視察した。さらに、委員会は行政機関、市民団体、個人などからの七五〇を超える意見書を受理した。

また、委員会の活動として特筆すべきは、調査活動である。民間企業、研究機関などから選任されたコンサルタントに、職業公務員も協力した調査チームによって、内部文書の渉猟、インタヴューなどによる調査が行われた。プロジェクトは五〇以上あり、調査対象も、人事管理、労使関係、研修、市民との接触、情報活動、大臣とアドヴァイザー、調整・統制・調査、組織発展、非省庁組織など多岐にわたる。さらに、特別の政策領域として、科学、能率、健康・福祉、組織再編、経済政策について委員を長とするタスク・フォースが組織され、調査が行われた。各タスク・フォースでは、委員の中から割り当てられた責任者が提言作成作業を進めた。

調査結果をもとに、委員会は、一九七五年六月より、ディスカッション・ペーパー、タスク・フォースのワーキング・ペーパー、報告書を公刊し始めた。当初の予定では、一九七五年の内に最終報告書を提出することとされていたため、これら調査結果を総合しつつ、報告書の作成作業が進められた。しかしながら、一九七五年末の「憲法危機」で作業はいったん中断した。すなわち、従来行使されるとはみなされていなかった憲法上の規定にもとづいて、ウィットラム首相が総督から解任され、ウィットラム内閣が崩壊したのである。つづくフレーザー保守系内閣は、一度完成した報告書を、新方針のもとで再検討することとなった。このときすでに事務局は縮小されており、最終段階ではフルタイムの委員二名によって修正が進められた。他方、政府側では、委員会の提言を政府部内で調整するために設置された部局に三名の職員が配置されて、報告書提出以前にフルタイムの報告書執行部局を発足させるよう各省折衝が続けられた。結果として、一九七六年六月に首相府内に正式に執行部局が設置され、一ヶ月後の一九七六年七月二二日に報告書は発表された(77)。

報告書は四八一頁にわたる大部のものとなり、資源の能率的使用、大臣と行政、行政と議会、行政とコミュニティ、出先機関、人事行政、重要政策課題（経済政策、科学政策など）、調整と統制、の諸項目について調査結果が要約され、提言が列挙された。全体にわたる主題として、まず能率概念の定義がなされ、その上で、中央政府、出先機関、人事行政の各主題ごとに検討がなされる。その上で、政策課題がとりあげられ、最後に全体にわたる組織機構上の論点の一つとして、「調整と統制」が分析されているのである。さらに四巻の付録として、これら各項目に対応したより詳細な調査結果が掲載されている。そして、これとは別に、機密資料を除いた内部文書、諸機関等の提出文書、調査結果として発表されたリサーチ・ペーパーがマイクロフィッシュの形態で発表されたのである。

それでは、この報告書は、いかにして実施に移されたのであろうか。首相府内の執行部局では、設置後報告書提出までの一ヶ月間に、報告書の提言項目を実施するために振り分けを行った。第一に、カテゴリーAとして、政策面・立法面での重要性から閣議で審議される案件である。第二に、カテゴリーBとして、省庁部局の所掌を画定する規則（administrative arrangement order）に関わるため、首相によって決定される案件である。第三に、カテゴリーCとして、現在進行中の調査に関わり、この調査報告書が提出されるときに検討に付される案件である。第四にカテゴリーDとして、単一またはいくつかの省庁のみに関わり、それら省庁に対応をゆだねうる案件である。第五に、カテゴリーEとして、省庁手続に関連し、全省庁か公務院に対応をゆだねうる案件である。報告書は、「内閣は原則として報告書の主要提言を了承し、委員会の提言をしかるべき対応への指導的枠組みとしつつ、提言の背景にある原則が有効となるよう行動する」ことを指示していたが、首相府はこれよりは現実的な対応をとることとしたのである。

このカテゴリーごとに分けて検討するという方針は、改革案を決定するための政府機構内閣委員会とそこで審議される原案をあらかじめ検討する関係省庁委員会で審議され、了承された。以後の提言の実施過程は、実施可能なものから逐次審議するという方針のもとに進められた。たとえば、主要提言の半数が属するカテゴリーAについては、全体の中から最初に内閣に送付する提言が拾い出され、各案件について、そのための可能な制度改革の選択肢を附されたペーパーをもとに、関係省庁委員会と内閣委員会で検討されていった。一九七八年一二月には首相の演説の中で、これらについて法案制定を進めることが公約されたのである。(78)

この結果、提言の内容は一定範囲で実現を見たが、提言の中核部分ではなく、むしろ周辺部分こそが実施可能であり、かつ実現を見たとする評価が一般的である。オーストラリアの諮問機関への評価尺度として、B・ストーンは三類型を提示する。第一には、公正な助言機関であり、政策領域へ提言することが主たる目的となり、その成功は提言が実施されるかどうかで判定される。第二には政治的道具であり、政党間競争を与党に有利に誘導することが主たる目的となり、その成功は効果的にアジェンダを設定・操作できたかどうかで判定される。第三には解釈機関であり、政治システム全体に対して分析を施すことが目的となり、その成功は政府活動が社会において果たす意義を伝達し得たかどうかで判定される。ストーンによれば、RCAGAこそ、この第三の類型に属しているとされる。確かに、その直接的な影響は大きくなかったが、公論に訴えこれを形成した教育効果、専門家による分析と提言の価値を認めたこと、制度と政策への長期的な影響、の三点において、「解釈機関」として成功を収めたというのである。(79)

ＲＣＡＧＡ以降のオーストラリアにおける行政学理論と「調整」概念

ＲＣＡＧＡの報告書に対するオーストラリアの代表的な行政学者数名のコメントを受けて、行政学者のＬ・ペレスは、これらのコメントが「オーストラリア政府の調整能力に大きく関連付けられている」と指摘した上で、その理由を次のように述べている(80)。

報告書の主要テーマそれ自体が、国家目的の達成には効果的な調整技術を採用する必要があることとなっている。そして、最高度に一般的に言えば、ＲＣＡＧＡは、組織内であれ公務員制度全体であれ、調整を行政の本質とみる評者の長大な系譜に連なっているのである。

ここでいう「長大な系譜」とは、いうまでもなくアメリカの行政管理に関する大統領委員会とギューリックの組織理論を起源としている。だが、それのみならず、オーストラリアの行政学において「調整」概念への注目は早くから始まっていた。ＲＣＡＧＡはこれら二つの「系譜」の上に立ち、さらにそれらを一層発展させる役割を果たした。

ＲＣＡＧＡ設置以前のオーストラリアの行政学においては、「調整」の概念と活動は早くから研究対象であったが、それは次の四つの特徴を帯びていた。

第一に、理論的には、ギューリックやサイモンなどアメリカ行政学をもとに概念が組み立てられており、その内実自体は深く議論されていない[81]。オーストラリアの行政研究は、アメリカ行政学理論を前提としつつ、イギリスを起源とする制度を他のアングロ・サクソン諸国と比較することによって発展してきたからである。

第二に、「調整」概念は専ら連邦政府の内閣制度との関係で把握されたことである。オーストラリアでは、二〇世紀初頭の連邦政府の発足以来、憲法上内閣については規定のないまま、慣行を形成しつつ運用してきたが、第二次世界大戦を契機に、内閣制度の整備が進行する。たとえば、一九四〇年に従来閣僚のみが出席していた閣議に、首相府長官が出席するようになる。そして、内閣で決定すべき事項が拡大する中で、一九五〇年にはイギリスに倣って個別事項ごとに関係閣僚によって構成される常任あるいは臨時の内閣委員会が導入された。同時に首相府が政策事項に本格的に関与して政府全体の「調整」を所掌するようになり、その結果として政策事項についての首相への助言機能をも強めていった[82]。こうして、第二次世界大戦前後の内閣制度の改革は、それに対する行政学界からの注目を促したのである。その結果、内閣、内閣の補佐機構、大蔵省[83]、公務院[84]などによる政府機構全体の「調整」に次第に関心が寄せられた。RCAGAの諮問事項が、「中央（central）」による「調整」と表現したのは、この一連の改革にもとづくものである。

第三に、行政学からの内閣制度への研究は、内閣委員会への着目を起点に、それを補佐する省庁間委員会との間の機能分担、さらには大臣レヴェルの「調整」と官僚レヴェルの「調整」との関係へと対象を拡げた[85]。こうして、内閣制度の研究は、政官関係の研究を促した。また、オーストラリアの内閣委員会はイギリスのそれをモデルにしたものであるが、イギリスの内閣委員会の実態は一九九〇年代に至るまで公開されず、歴史資料において断片的に言及されるのを除いて行政学研究は進まなかった。(86)これに対して、オーストラリアでは、発足後の内閣委員会制度はすぐに研究対象となり、内閣の施策や首相府の再編過程などを対象に、歴史的事実を積み上げた制度研究が主要な潮流となっていったのである。

第四に、行政史研究の上に組み立てられたことである。一般に初期のオーストラリア行政学は、制度上の母国であるイギリスの行政史の上にオーストラリアの制度を位置づけるとともに、同時代のイギリスの制度との差異を確認することを議論の出発点としてきた。(87)初期の「調整」概念についての論稿が、冒頭で一六六四年のイギリス政府における「調整」事例を取り上げた上で、その延長上に現代オーストラリア政府における「調整」問題を位置づけているのは、オーストラリア行政学界の研究姿勢を象徴的に表すものである。(88)

こうした制度的・歴史的研究においては、「調整」概念の定義よりは、現実の「調整」活動の複雑性が強調される。たとえば、公務院を対象にした実務家による論稿では、労働省との間では労働調停制度の所管をめぐって、大蔵省との間では給与政策をめぐって、首相府との間では共管する公務員法のもとでの大臣・公務院関係の「調整」をめぐって、それぞれ多様な交渉を行うことから、「調整」は、複雑な制度構造の上で「行政過程に参画する心のありよう」であると結論づけられるのである。(89)

以上の系譜の上に立って、RCAGAは「調整」を重要項目の一つとして、実態調査を行い、調査報告書を作成・公表していった。その特徴は、「調整」概念を理論的に深化させるのではなく、連邦・州政府の活動についての事例研究を通して、「調整」概念の適用可能な範囲を指示したことである。RCAGAの報告書は、前半部でとりあげた中央政府及び内閣、人事行政、重要政策課題の項目中の経済政策のそれぞれと重複する機構として、「調整と統制」の章の中で、内閣制度、大蔵省、公務院をとりあげて、「調整」・「統制」の視角から検討し直した。内閣については、従来ほとんど実態の明らかでなかった省庁間委員会への調査を前提に、これと内閣委員会・閣議との関係の強化が提言された。大蔵省・公務院については、能率の観点から特に委員会が推奨する事前の政策評価をさらに発展させた上で、予算編成と長期のマクロ経済政策に参画するよう提言された。

このような活動が行政研究に与えた影響は、第一に、連邦政府を対象とする実態調査の蓄積であった。特に従来明らかではなかった「調整」活動についての調査に従事した研究者は、後に省庁間委員会[90]、大蔵省[91]などに関するモノグラフを発表していった。またRCAGA以後、オーストラリアでは、一方で、一九七〇年代後半の大蔵省から予算編成部局を分離する改革や、一九八〇年代の外務省と産業省の統合に代表される「巨大省庁」への再編など[92]、省庁再編があいつぎ、他方でNPMの改革に本格的にさらされていく[93]。こうした急速な中央政府の変革を行政学が追跡し、これに分析と評価を加える素地が、RCAGAによって作られたのである。

第二には、州政府を対象とする研究の簇生である[94]。州に共通して州政府内の「調整」力が強化される傾向が見られたが、ヴィクトリア州では他州と比べて分権的性格が強いために調整省庁の設置は既存省庁の強い抵抗にあったのに対して、ニュー・サウス・ウェールズ州では伝統的に調整省庁の権限が強い上に、労働党政権による急進的改革が進行し、「調整」力の強化は著しかった。また、サウス・オーストラリア州では非公式の人的ネットワークが「調整」の役割を果たしたことが指摘されている。(95)

第三にはさらなる「調整」概念への理論的検討である。もちろん、RCAGAの調査の中で、理論的な検討が萌芽的に行われており、それらはリサーチ・ペーパーとして発表されていた。ペーパーは、委員会での審議に資するよう構成されており、「調整」概念の一般的用法について検討したM・フォレストは、「行政的調整（administrative coordination）」、「消極的調整（negative coordination）」という省庁間「調整」に特にあてはまる概念類型を提示している。(96) また、P・エスラーは、フォレストの報告やいくつかの先行研究をもとに、委員会に送付された諸行政機関からの文書中に言及されている「調整」制度の抱える問題を、個別に整理している。(97) その上で、提言すべき点として、政策形成過程における省庁からの内閣提出議題の早期化と提出資料の標準化、大蔵省のマクロ経済政策担当部局と財政担当部局の分離、公務院による各省への統制権限の縮小を列挙している。(98)

以後の「調整」についての事例研究は、このような調査結果をさらに発展させようとしている。たとえば、オーストラリア連邦・州政府、イギリス中央政府への事例研究を蓄積しているM・ペインターは、一方で自ら行った州政府への分析結果をもとに、(99) 他方でペレスによる「利益」と「原理」の概念的区別を前提にして、(100) 中央からの「調整」の「原理」について考察を加えた。(101) ペレスによれば、組織内紛争への解決手段は、「利益」と「原理」を対置させることであるが、近年の改革潮流は、「利益」を体現する組織を強化する反面、「原理」を体現する組織が脆弱なまま放置されていることとされ、特に専門性と能率性とを「原理」とする公務院の強化が課題とされる。しかし、ペインターは、中央からの「調整」の「原理」を、手続的価値による「調整」と高度な政治的価値のための「調整」とに区別し、本来の政策調整とは前者を指すと主張する。中央に必要な職務とは、この手続的価値を全行政機関に浸透させることであって、必ずしも自らが調整権限を発揮して行政機関を統制することではないという。そのため、公務院、大蔵省、首相府といった中央の調整機関の権限低下が問題ではなく、そういった機関が諸々の手続手段を適宜利用して政策決定をなすよう内閣に助言することができるかどうかによって「調整」の「原理」の発展が左右されるというのである。

さらに、クイーンズランド州の内閣府で勤務経験を持つ行政学者のG・デイヴィスは、主としてペインターの業績を踏まえ、「調整」を「政府内の手続的手段によって達成される政治的価値」と定義した上で、「調整原理」として、政治、政策、行政それぞれの「調整」の次元を区別した。理論的には、一九七〇年代以降のアメリカで注目された組織の所管の重複の機能・逆機能を分析する「リダンダンシー」を実証的に研究した潮流や[102]、ドイツとイギリスの行政学界交流の産物であるビーレフェルト・プロジェクトの成果を視野に入れつつ[103]、一九八九年にクイーンズランド州で発足したゴス内閣下の政府内調整を分析するとともに[104]、国際比較をも試みている[105]。

以上のように、RCAGAでの調査を契機にオーストラリアの行政学は、連邦・州双方に対する実証的な研究を発展させた。その一つの核は「調整」概念であった。確かにオーストラリアの行政学における「調整」概念は充分に独創的な「ドクトリン」を作り上げたとは言い難い。だが、諮問機関が行政学を飛躍的に発展させた事例である点で、そこにはアメリカ、ドイツと共通する行政学史の特質を見出せる。後述するように、この視点こそが、日本の行政学を再検討する際に有用なのである。まず、アングロ・サクソン諸国との比較の中でたえず自らを位置づけているため、アメリカ、イギリスの諸制度を近接比較の中で把握することが可能である。次に、アメリカ、イギリスの行政学と比べて、ドイツなどヨーロッパ大陸諸国との比較に積極的であるため、日本とアングロ・サクソン諸国とを比較する際の手がかりを得られる。かくして、これまで日本ではＮＰＭとの関係でもっぱら言及されてきたオーストラリアは、比較行政学の肥沃な土壌なのである。

5 「調整」の「ドクトリン」の翻訳と受容――ドイツ連邦共和国

ドイツにおける諮問機関の歴史と類型

アングロ・サクソン諸国の諮問機関と比較すると、ドイツにおける諮問機関は別個の歴史的文脈に属しており、政治文化の差異によって類型と機能も大きく異なる。特に顕著な差異は、王立委員会を基本型とするアングロ・サクソン諸国とは異なり、ドイツには諮問機関の制度面での基本型が存在しない点である。したがって、分析焦点は特定の諮問機関制度ではなく、接近方法に応じて設定され、諮問機関としては統一的な像を結ばない。

そもそもドイツにおいて、社会科学の制度化と実用化は、アメリカと比べて大きく遅れをとった[106]。一九二〇年代に、アメリカでは、C・メリアムを中心とするシカゴ学派、ブルッキングズ研究所の設立、社会科学調査会（Social Science Research Council）の誕生によって、社会科学の制度化が進行する。他方、二つの大戦によって体制がめまぐるしく変化した大陸諸国なかんずくドイツでは、政策提言能力をもつ組織と政府との安定的な関係を構築することができず、一九五〇年代になるまで社会科学は停滞した。ここでは、一九六〇年代になってアメリカの社会科学をモデルに諮問機関を通じた社会科学の政策への導入が図られたのである。

この六〇年代以降の社会科学の発展過程の中で、もろもろの社会的アクターの政策提言（Politik-beratung）機能が重視され、それと関係する限りで諮問機関がとりあげられてきた。政策提言自体は、補佐機構としてのスタッフ、公的研究機関、大学、民間シンクタンクなどの多様な主体による活動を含んでおり[107]、あくまでも諮問機関はその中の一つにすぎない。しかし、経済政策や教育政策など、特定の諮問機関が継続的に設置されて政策案を提言するものについては、早くから注目された[108]。また、一九六九年の議会改革によって、連邦議会が専門家を委員に選任する諮問機関 Enquete-Kommission を設置できるようになったため、民主主義と専門性との関係を検討する政治学的な視角からはもっぱらこの委員会がとりあげられた[109]。イギリスなどの王立委員会との比較では、この種の委員会が対象となってきたのである[110]。

それでは、ドイツにおける諮問機関にはいかなる特徴があるだろうか。まず、法制度論からは、独任制と区別された合議制への類型論が蓄積され、その中の一つとして諮問機関が位置づけられてきた[111]。伝統的には、行政府に設置される諸々の合議体としてAusschuss、Beirat、Gremiumなどの名称をもつ機関が存在するが、これらの名称と機関は、何ら機関の性格との関係はないという[112]。だが、社会科学を通じた政策提言機能の重要性が増すにつれ、公法学の枠内で「組織社会学的・動態的アプローチ」から[113]、諮問機関の類型化が試みられるようになる。このアプローチをとる公法学者のE-W・ベッケンフェルデは、学者を中心に委員が構成される「科学的諮問機関」、専門的性格の強い「専門機関」、行政機関の代表者によって構成される「行政的機関」、利益集団を統合する「利益機関」の類型に整理している[114]。近年の研究として、T・グロースは、合議体を行政組織の操縦構造の一環としてとらえ、委員選定の形態を機関の正統化とした上で、それを類型の基準に置き、市民が委員として参加する「多元的機関」、専門家が専門的見地から委員として参加する「専門的機関」、個々の行政組織の代表が委員に選任される「協同機関」の三類型を提示している[115]。

このような諮問機関は、一九六〇年代を通じて増加傾向にある。実数を調査した研究によると、一九六五年段階の連邦政府においては、五〇のBeirat、三五のKommission、二〇のAusschussを予算項目上確認できたという[116]。総数の変化としては、一九六二年に九一、一九六五年に一四六、一九六九年に二〇三、一九七〇年代半ばに三五八と増大傾向にあると指摘されている[117]。以後の経年的なデータはないが、一九九〇年代については、連邦合議体議席法にもとづいて連邦政府は、連邦政府に関する全合議体の議席に占める男女比についての報告書を発表しており[118]、その中で諮問機関（Beiräte und Sachverständigenkommissionen）を含めた合議体の全数調査を行っている。そこでの調査は各省の報告に基づいているため統一的な基準によるものではないが、一九九〇年には一八九、一九九七年には一二七、二〇〇一年には一二五、二〇〇五年には一一八という諮問機関数が報告されており[119]、ほぼ同数で推移していると見ることができる。

以上から、ドイツにおいては、アングロ・サクソン諸国における行政府に設置された諮問機関に制度的に対応する諮問機関を、一括して議論することはきわめて困難であるため、同水準の比較は不可能である。以下の行論に必要な範囲で要約すると次の諸点を指摘することができる。

第一に、そもそも民主主義の伝統が弱いドイツにおいては、諮問機関は専門家の体制化であり、閉鎖的な内部での審議は自由な市民間の討議の場である「市民的公共性」と切断されたテクノクラシーにすぎないとみる見解が伏在していた[120]。特に専門家の政権参加は、一九六六年のキージンガー内閣以降SPDが政権に参画することによって飛躍的に強化されたが、この時期にちょうど学生を中心とした抗議行動が高揚しており、運動の中で叫ばれた管理社会批判は、政策提言にも向けられた。この管理社会批判に対抗するため、専門家による政権参加は、社会科学の発展を掲げることによって正当化されたのである[121]。

第二に、諮問機関の位置づけが曖昧であった。多くの諮問機関は必ずしもその報告書の公表義務を持たず、世論と密接に関係づけられていなかった。さらに、アメリカ、イギリスなどのように、諮問への報告を、政策決定機関が十分尊重するものとは考えられてこなかった[122]。一九三六年に行政学者の

F・M・マルクスがアメリカ政治学界に戦間期のドイツの「調査委員会（Commissions of Inquiry）」を紹介したときには、一九七〇年代のオーストラリアでいう提言と結びついた調査ではなく、社会調査（inquiry）を行う委員会を専ら対象としていた[123]。アメリカの「行政管理に関する大統領委員会」と同時代のドイツでは、提言機能が必ずしも高くなかったことがうかがえるであろう。

第三に、以上の伝統とは別に近年では、諮問機関を実態に即して解明しようとする研究が登場し始めている。公文書館で公開された議事録をもとにした歴史研究や[124]、実務家を交えた共同研究の中で審議の実態や事務局との関係などを詳細に記述する研究[125]が発表されている。実態に即した行政学研究の発展がアメリカ、イギリスよりも遅れているドイツでは、むしろ今後の研究の蓄積によって、それらの国々と同水準で諮問機関を比較することが可能となるのであろう。

ドイツの行政改革とＰＲＶＲ

一九九一年に公刊された『国家学・行政学年報』は、当該研究領域の水準を示すテーマとして「調整」を選び、組織と調整、都市計画、政府間関係等を素材に、研究状況を俯瞰している[126]。このように、戦後のドイツ連邦共和国においては、アメリカの社会科学の影響を受けつつ、行政学（Verwaltungswissenschaft）が発展していった[127]。この際に「調整」概念は、外来語の Koordination として理論的発展を刺激する概念となっただけではなく、行政組織内のみならず、連邦制、さらには社会全体の誘導（Steuerung）において用いられるようになる。つまり、日本でいう「調整」よりも広い概念として用いられている。[128]

ドイツ語では、「調整」に該当する固有の言葉は、Abstimmungであった。これに対して、アメリカの社会科学で発展したcoordinationは、Koordinationとドイツ語風に置き換えられる。つまり、ここでは概念の翻訳と受容の問題が現れたのである。

元来、法律学の影響が強いドイツの行政研究では、この外来語としてのKoordinationを受容する際の指標は、組織法令にこの言葉が採用されたかどうかであった。たとえば、一九六八年に出版された論稿では、Koordinationが用いられる例が予算書などに見られるが、執務規則については連邦政府でも、各省共通執務規則でもこの言葉が用いられていないことに言及している。[129] また、一九九一年の段階でも、ラインラント＝プファルツ州、シュレスヴィッヒ＝ホルシュタイン州の政府執務規則を除けば、法律・執務規則にも規定されていないと指摘されている。[130] 連邦各省共通執務規則では二〇〇〇年の改正で、この概念が本格的に登場するようになっている。[131]

さらにドイツの行政学は、このようなアメリカの社会科学に影響を受けつつ、ドイツの統治機構に即して「調整」概念の適用を考察することによって、独自の概念を作り上げた。並行して、たえずアメリカから最新の経営学・行政学の「調整」概念が流入する中で、この独自概念は彫琢されていった。つまり、この過程は、「ドクトリン」が「理論」へと転化する事例なのである。こうした「ドクトリン」が形成されたのは、一九六〇年代の政権交代期に連邦政府の本格的な再編のために設置されたプロジェクトグループ（Projektgruppe für Regierungs- u. Verwaltungsreform：ＰＲＶＲ）の調査活動に依っている。

ドイツの行政改革史において、ＰＲＶＲは行政組織に対して最初に本格的な科学的調査を行った諮問機関として位置づけられる。したがってそれは、同時代のアメリカからはアメリカの行政管理に関する大統領委員会に比すべきものとして論じられていた[132]。

この機関の設置は、キージンガー内閣が掲げた行政改革のために、一九六八年九月に設置された内閣委員会を起源としている。内閣委員会の設置後一二月に省庁間プロジェクトグループとしてＰＲＶＲが設置されたのである。そもそもＣＤＵとＳＰＤの大連立政権であったキージンガー内閣は、六七年の不況に対応するため、首相府に初めて「計画部」を設置し、計画化の推進を主たる政策課題とした。これにはＳＰＤのＨ・エームケと彼を補佐するＳＰＤ作業グループが大きく関与しており、作業グループの中心には、後にＰＲＶＲの調査を主導することになる政治学者のＦ・シャルプがいた。

設置後の活動は三期に分けられるのが通例である[133]。第一期は、一九六九年秋に予定されていた総選挙までに報告書提出を完成させるため、課題を絞りこんで提言作成を進めた時期である。結果として六九年に第一報告書が提出された。第二期は、総選挙後、ＳＰＤがＦＤＰと連立を組んで戦後初めて首相を輩出してから、新しく調査を進めた時期である。改革のための内閣委員会が再設置され、それに即応してＰＲＶＲにも新しい調査課題が付託された。結果として七二年にＰＲＶＲは二つの報告書を提出した。第三期は、一九七三年にＰＲＶＲを再編し、省の内部組織についての調査を委託された作業グループが、詳細な実地調査を行って、調査報告書を作成した時期である。これは一九七五年末

図Ⅰ-1　PRVRの組織構造

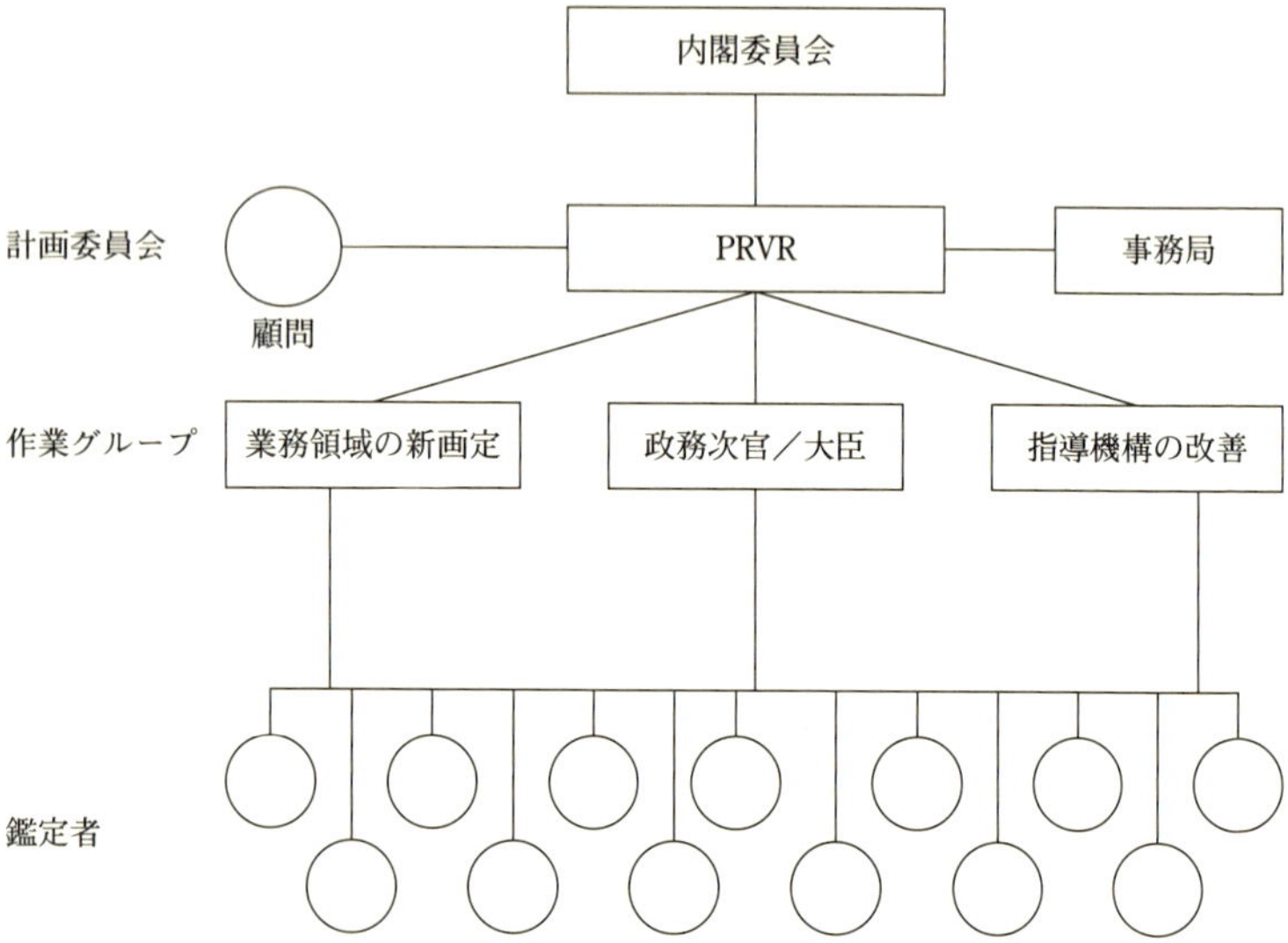

出典）Projektgruppe für Regierungs- und Verwaltungsreform beim Bundesminister des Innern, *Erster Bericht zur Reform der Struktur von Bundesregierung und Bundesverwaltung*, August 1969, S. 1.

の解散まで続けられた。この間、交通省、農務省などについての調査結果が作成され、さらに省庁外の組織についての提言が、第四報告書として解散前の七五年にまとめられたのである。

PRVRは当初、［図Ⅰ-1］のような組織構造をとっていた[134]。図の作業グループは、作業内容に応じて変化していくが、全体としての構図は変わらないものと考えられる。これは形式的には内務省に属するが、実質的には内閣委員会の指揮下におかれている。もっとも、委員会は総計八回しか開催されておらず、現実には、委員長ポストを占めていた首相府の指揮の下で調査を続けていた。

委員は内閣委員会の委員である大臣

に対応した各省の官僚であり、当初の段階では、首相府・内務省から二名、連邦参事院及び州事項省、財務省、法務省、経済省、科学研究省から一名ずつの計九名であった。政権が大連立内閣からSPD・FDPの連立内閣へと交替した後の第二報告書作成過程においては、省再編に伴い、首相府、内務省、法務省、国防省、経済財務省、教育科学省から八名の委員が派遣されている。これに加えて、多数の研究者が鑑定者として鑑定書をまとめ、また実質的な調査活動に従事した。さらに、国内外のシンクタンクに調査を依頼し、報告書を提出させている。したがって、PRVRそれ自体は民間人が委員となる諮問機関ではなく、省庁間委員会であり、アメリカの組織名称になぞらえれば、省庁間タスク・フォースに近い[135]。結果として、一九七五年末に解散するまでに、約四〇の鑑定書が提出され、それらの一部は報告書に添付されて発表された。

PRVRの報告書は、一九六九年八月、一九七二年二月、一九七二年一一月、一九七五年一一月に提出されている[136]。第一報告書は、限定的な内閣制度改革の一環として、業務領域の再確定、大臣・政務次官制度、指揮のための装置改善の三テーマに沿って調査が行われた上で、それぞれが報告書の一部を構成している。六九年の総選挙後には、民主化、優先的政策の実現、構想的・将来指向的政策の条件構築という広範な調査課題が設定され、拡大されたプロジェクトグループによって調査が進められた。一次資料にもとづいてPRVRを分析したW・ズュースによればPRVRの調査活動として、もっとも根本的かつ実践とは離れた形であったという。その結果必ずしも省庁からは歓迎されない審議経過となったため漸次対象を具体化する必要に迫られた。そして第二報告書では、省庁間・省庁―

中央スタッフ間の業務の移管による省庁の負担軽減について提言がなされた。また第三報告書では、プログラム予算に伴う省庁再編について提言がなされたのである。

七二年の二報告書の提出後、PRVRは、交通省[137]、農務省[138]から委託を受けて、個別の省庁の組織編成について検討を続けた。このうち、後に詳しく検討するように、シャルプは交通省の調査を主導している。そこでは、より現実的配慮を優先させて、企画部門の軽量化を説いた。後述する多方向的な交渉による「調整」を指す「能動的調整」による意思決定を導入した場合、大量の情報処理を必要とするため、かえって利益集団の政治力に振り回されたり、社会環境の変動への対応が困難になるためとされたのである。

PRVRの理論的意義

確かにPRVRの報告は、必ずしも充分な改革の成果へと結びついてはいない。だが、PRVRは、一つにはその後の諮問機関報告書の範型となり、二つには、その後の行政研究を飛躍的に進歩させた。なぜならば、プロジェクトグループの事務局に属した官僚と調査に従事した行政学者とが、論稿を発表して報告書の理論構成の普及に努めたからである。

まず、ドイツの連邦・州の省庁編成において、PRVRは先駆的な改革構想として位置づけられている。たとえば、一九八〇年代の州レヴェルの省庁組織改革を提言したものとして知られるバーデン＝ヴュルテンベルク州の行政改革では、諮問を受けた委員会は、PRVRの調査に関与したH-U・デアリエンに調査を委託しており、[139] 委員会自体の報告書もまた、ＰＲＶＲの報告の延長上で論評されている。[140]

次にＰＲＶＲの理論的意義とは、ここでの議論と報告書が行政学研究の跳躍板となったことである。[141] とりわけその理論構成が、ＰＲＶＲの主導者であり、これを機に法学から政治学へと研究の軸足を移しつつあったＦ・シャルプによって構築され、以後継続的に展開された点を指摘しなければならない。従来の政治学・行政学ではシャルプの「調整」論は、その公刊された著書・論文を通じて議論されるにとどまっていたが、コブレンツの連邦公文書館はＰＲＶＲ関係の文書の整理を終えており、その中にはシャルプの調査結果がほぼ網羅されている。以下では、それらからＰＲＶＲの調査と並行したシャルプの「調整」概念の構築過程を整理する。[142]

シャルプが本格的に「調整」を検討し始めたのは、ＰＲＶＲの第一報告書に寄せた参考資料においてである。[143] ここでは、州政府における意思決定過程が調査され、「調整（Koordination）」と「統合（Integration）」という対概念によって、それらが整理される。「調整」は、相互の妨害を避ける目的で個々の決定と既存の政策プログラムとを相互に同調させることと定義され、「統合」とは、総合的な上位目的を考慮して互いに支援し、補強しあうプログラムとされる。ともに政策過程においては、計画の細部を確定する段階での政府諸機関の活動と位置づけられており、「調整」は調査対象のすべての州で観察されたのに対して、「統合」は長期計画の前提とされるか、中央スタッフがすべての部署の決定過程に対して横からマトリクス的に関わる場合にのみ見られる。よってこれは、ヘッセン州

表Ⅰ-2 「調整」と「統合」

政府の職務	「首長」(中央スタッフ)の職務	構造的前提(組織,手続,人事)
激化した政治的紛争の規制	首長のための情報獲得 紛争の予想 介入	全政治領域からの情報(省庁,州議会,政党,団体) 首長の協力者の政治的同定 機能的地位
現行の政策プログラム(立法と重要な個別決定)	調整,政策プログラムの定式化と監督	情報, 「対抗省庁」 長期計画の局面への参与(多面的な関係省庁とともに) マトリクス的経営
政策プログラムの長期計画化	問題の探求,総合計画, 優先順位づけ, 調整, 統合, 政策評価	中央の計画スタッフ 問題発見的スタッフ 組織スタッフ 財政計画スタッフ 中央情報システム 調整委員会

出典) Fritz W. Scharpf, "Stellung und Führungsinstrumentarium der Regierungschefs in den Bundesländern," S. 272, in Projektgruppe für Regierungs- u. Verwaltungsreform, *Anlagenband: Erster Bericht zur Reform der Struktur von Bundesregierung und Bundesverwaltung*, August 1969.

では体系的に機能するよう保障されており、ハンブルク都市州では特別の調整機関は制度化されていないが、事例に応じて持続的にマトリクス的に関与する仕組みの中で機能しており、ノルトライン・ヴェストファレン州のスタッフ組織にこの機能は付与されていないという。両概念の概括的な関係は［表Ⅰ-2］として要約されている。

この資料執筆後、シャルプは、R・マインツ、F・ナショルドら組織社会学者とともに、一九六九年末から鑑定者としてだけではなく、鑑定者の選出や基本文書の作成についても、プロジェクトグループに対して非公式に助言する役割を担った(144)。これと並行して、シャルプ自身は、マインツとともに連邦省庁の意思決定過程について、文書収集とインタヴューによる調査を行った(145)。

調査は多岐にわたるが、一方ではシャルプの組織した研究者集団による叙述的な事例研究が詳細に進められ、他方では、こうした事例研究のもとで「調整」の理論化を図るための方法論の検討がなされた。

連邦公文書館に所蔵された資料のうち、特にシャルプが関わった調査に絞って検討してみると、まずシャルプは、対外経済防禦法の制定、一九六九〜七〇年の欧州議会の財政権限拡張、一九六八年から七二年の交通政策プログラム、連邦言語局の設置という四つの政策決定過程を分析するプロジェクトを主導した。[146] ここでは、連邦政府外の社会集団などのアクターを交えた決定過程の叙述をさらに一般化する際に、紛争からの合意形成の手段として「調整」に焦点が当てられている。次に、連邦政府の局レヴェルを事例として、「プログラム開発」の組織的条件を探るための調査研究がなされた。[147] これらの調査を通じて、シャルプは「能動的調整（die positive Koordination）」と「受動的調整（die negative Koordination）」という対概念を次第に構築していったのである。[148] 両概念は最初に首相府計画局長のR・ヨヒムゼンによって言及されたものであるが、[149] シャルプは六九年の報告書で提示した「調整」と「統合」をそれぞれの調整様式に対応させ、それを経営学の「調整」類型と重ね合わせた。さらに、社会全体の能動的な制御のために、政府内の「調整」様式の類型を拡張したのである。

加えて、シャルプは二つの「調整」概念を現実の省庁再編構想へと結びつけるための方法的準備に着手した。[150] そこでは、組織の所掌する政策領域を測定するための指標とクラスター分析などを用いた分析方法とが整理されている。

図Ｉ－2　能動的調整と受動的調整

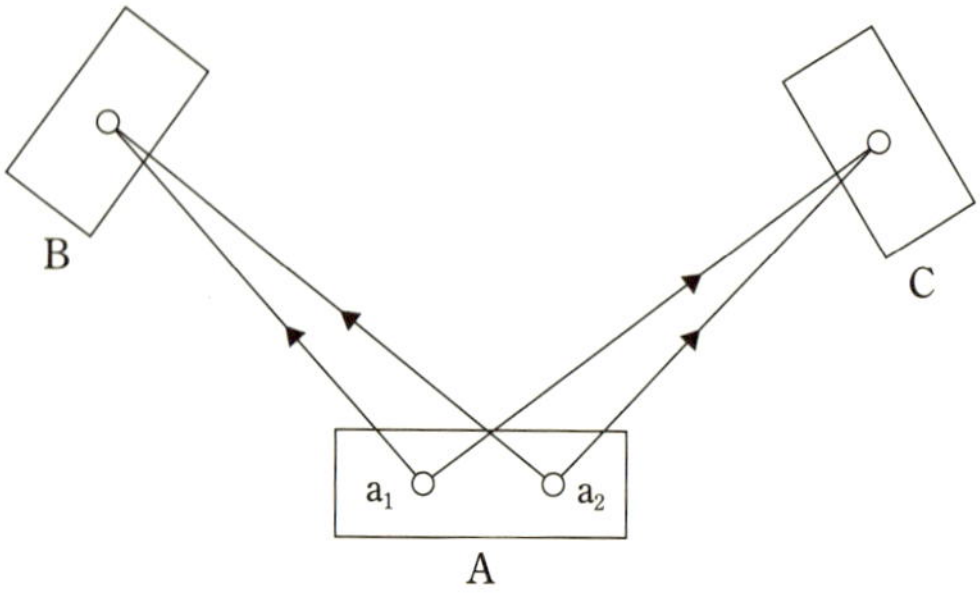

受動的調整

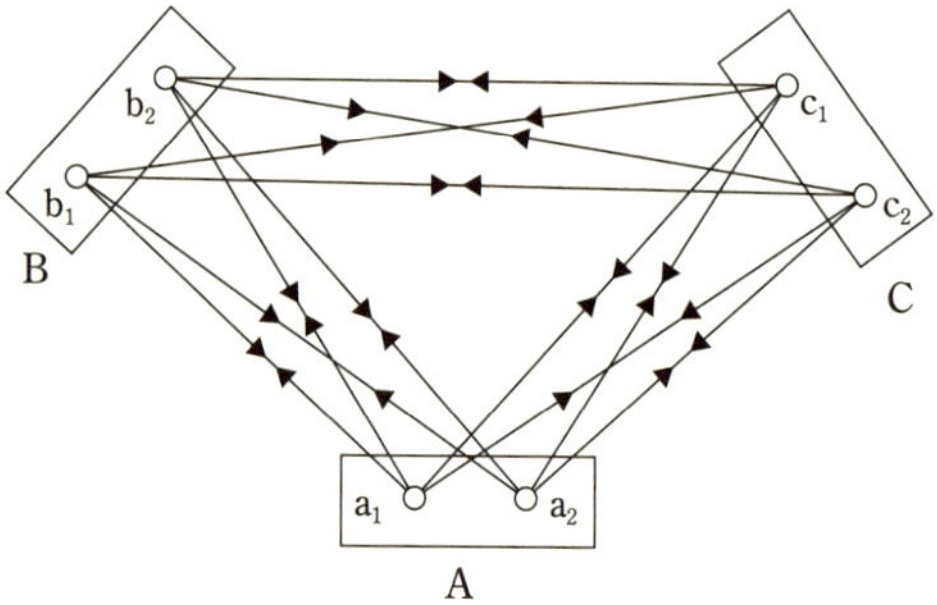

能動的調整

出典）　Fritz W. Scharpf, *Planung als politischer Prozeß*, S. 90ff.

以上の作業は一九七三年に発表されたシャルプの著書上で、ＰＲＶＲの報告書を引用しつつまとめられた。[151] そこでは、［図Ｉ－2］のように、従来の省の事務手続が各課の堅固な管轄範囲を前提にして、起案課が関係課と個別的かつ一方的に協議を申し入れて同意を獲得していくに過ぎない点をとらえて「受動的調整」と呼んだ。法務省による法令審査の仕組みや、高速道路整備計画策定における内務省・農務省の関与がこれにあたるとされる。他方、「能動的調整」は、原案に対する関係省が非協力のまま意思決定に関わるため、漸進的改革しか生じないといった「受動的調整」の弱点を克服するために、総合計画の策定などに見られるように、関係課の管轄範囲を統合したプロジェクトグループを組織し、集中的な審議を経て省横断的な政策を立案するものである。以後、現在に至るまで、この概念を組み替え、ゲーム理論によって再構成するといった理論化作業がシャルプの研究の重要な柱を構成するに至る(152)。

かくして、ＰＲＶＲは、公法学の影響を受けて規範論や概念類型論が中心であったドイツの行政研究に対して、現実の組織の作動を分析した上で提言を行うという方法を本格的に導入した。以後ドイツの行政学においては、中央省庁を叙述する際に、シャルプの枠組みが通例として用いられていく(153)。

さらに、この「受動的調整」・「能動的調整」の対概念は「調整」過程の分析にしばしば応用された。たとえば、ＰＲＶＲの調査に参画し、次第に環境政策に関心を移していったＥ・ミュラーは、環境政策の分析に際して、この概念を軸に省庁間紛争とそこでの「調整」の質を分析している(154)。その事例研究は一九六九年から八二年までであり、環境省の設置以前の段階であって、内務省、農務省などの環境担当部局・職員を中心に環境政策が立案される。こうしたドイツの環境政策は、石油危機前は「攻撃的」であり、石油危機後は「防衛的」であったと特徴づけられる。前者では環境政策の制度設計が進んだが、後者では環境政策に敵対的な他省との慎重な合意形成が不可欠であった。各々の局面において、環境担当部局と他の部局との権限配分の状況に応じて、「調整」の態様は異なる。たとえば環境担当部局が政策形成を主管して進める場合に、「攻撃的」局面では、環境担当部局と他部局の間に

「受動的調整」が作動するのに対して、「防衛的」局面においては、社会団体などの批判や支持の度合いに応じて各省内の環境保護部局は「能動的調整」を採用しうるという。

確かに、シャルプ以前にも「調整」概念を行政研究に導入しようとする試みは存在したが、[155] シャルプによって分析概念としても規範概念としても、ドイツの省庁の制度的実態に即した「調整」概念が構築され、これは以後の諸研究がこの問題領域に接近する際の基礎概念となった。つまり、アメリカ、オーストラリアと同様、ドイツにおいても諮問機関における調査を契機に「調整」概念が注目され、それが行政学研究を発展させたのである。

6 「ドクトリン」の生成と変容としての行政学

本章では、「ドクトリン」を「理論」とも「政策」とも区別し、「ドクトリン」の生成する場として、大学などの研究機関とも行政機関とも区別される諮問機関に着目した。諮問機関は、政府からの諮問事項を検討する合議体であり、概ね民間人または行政官によって構成される。これは調査と審議を経て報告書を政府に提出する。この調査と審議の過程に行政学者が加わって、行政改革案を提言する場合、「調整」概念がそれぞれの国の制度的性格を帯びつつ構築され、独自の行政学を生み出していったのである。

つまり、第一に制度論の伝統の上に立って、独任制と区別された合議体の特質が抽出される。第二に行政改革を諮問された合議体としての諮問機関は、社会科学にもとづいた実態調査を多角的に行う。

第三に政策過程の中におかれた諮問機関は何らかの形で報告書を提出する。第四にその報告内容が審議や報告書の公開を通じて、また関係者が論稿を公表することによって、学界または世論と結びついて新たな「ドクトリン」へと転化していく。これらの一部は、事例研究などで検証され、「理論」としての論理的一貫性を整えていく。「行政学」とは、こうした「理論」とその周囲に存在する「ドクトリン」を包括する言説である。行政組織、諮問機関、シンクタンク、大学といった諸制度をゆるやかに連結する言説が、論者により濃淡を帯びつつ体系化が図られてきたのである。

以上の各国に共通した「ドクトリン」の生成過程——すなわち「行政学」の発展過程——は、そのまま日本にも見出せる。次章以下では、この手続を経て抽出された「調整」の作動形態を分析することによって、日本の行政における「調整」を比較の下に置くこととしたい。

Ⅱ章 戦後日本における改革構想としての「調整」

1 日本の諮問機関の制度的特徴

欧米諸国同様、戦後日本でもまた「調整」の「ドクトリン」が、行政学を飛躍的に発展させた。本章は、まず日本の諮問機関の制度的特徴を歴史的に整理し、その上で、太平洋戦争後の行政改革史を全体として俯瞰しつつ、「調整」の「ドクトリン」を抽出し、それを他国と比較することで、日本の「調整」の「ドクトリン」の特殊性と他国との共通性とを検討する。

戦後の日本においては、行政改革を検討する諮問機関は、占領後の数次にわたる行政審議会、第一次臨時行政調査会、行政監理委員会、第二次臨時行政調査会、数次にわたる臨時行政改革審議会を通じて半ば継続的に設置された。本章は、こうした諮問機関の継続的な設置を見渡した上で、本格的に「調整」概念を用いて改革案を提出した諮問機関を二つとりあげる。一つは、一九六四年に意見書を提出した第一次臨時行政調査会であり、もう一つは一九九七年に最終意見を提出した行政改革会議である。この二つの諮問機関は、三〇年という時間差があるにもかかわらず、内閣レヴェルの「総合調整」と、省間の「調整」とを並行して改革対象としている点で共通する。二つの諮問機関から摘出される「調整」の「ドクトリン」は、日本の行政機構についての「調整」の基本的な「ドクトリン」とみることができるのである。

政府が何らかの合議体を設置して、そこに懸案を諮問して報告を求める諮問機関の歴史は、明治維新後、官僚機構がいまだ政策形成能力を十分に具備していない段階から始まっている(1)。一八八五年の内閣制度発足以降も、内閣・省庁組織が、その付属機関に対して政策立案のために諮問を行っており、昭和期になるとこれらは「各種調査会」・「各種委員会」などと呼ばれ、行政整理の度に不要の機関廃止が実施されてきた。しかしながら、これらの規模、委員構成、諮問の形態は雑多であり、「各種調査会」・「各種委員会」の基本型は制度上存在せず(2)、学説上明快に整理したものも存在しなかった(3)。さらに満州事変後国民経済の総動員による戦争準備が進み、岡田啓介内閣の内閣審議会とその事務局としての内閣調査局、第一次近衛文麿内閣の企画院とこれに関係する審議会など諸々の総動員関係審議会の設置によって、諮問機関の政治性がきわめて強固になるにつれて、その基本型はますます不分明になった。その点で、第二次近衛文麿内閣の下で進められた官界新体制運動にもとづく委員会・調査会の整理は、基本型を模索する試みでもあった。すなわち、審議調査の職務が終了したもの、他の委員会と職務が重複しているもの、設置当時の意義が喪失したもの、長期にわたって開会していないもの、関係各庁の関係官によって組織される委員会を廃止するという方針のもと、[4] 二七〇余りあった委員会・調査会のうち、一七五が廃止されるという内容で一九四〇年一一月に閣議決定され、廃止対象となる委員会等はすべて公表されたのである。[5] だが、太平洋戦争下の戦時体制と敗戦による占領体制のもとで、諮問機関はさらなる設置を続けた。戦後一九五〇年に四九年段階では総計三五二あった諮問機関が、一八四に縮小された。[6] 同方法の調査とは言えないので、単純に数値の比較はできないが、太平洋戦争をはさむ激動の一〇年間に総体として諮問機関数が増えたであろうことは想像に難くない。このときの整理では、裁判的な機能をもつもの、試験検定的な機能をもつもの、評価等鑑定的機能をもつもの、類似する性質のものはそれぞれ廃止・統合し、官吏のみを委員とするもの、民間の意見聴取を行うものは廃止するものとされた。これもまた、審議会の何らかの基本型を抽出する試みであった。

もっとも、戦後の国家行政組織法の制定によって、戦前と異なり、諮問機関には新しい標準が設定された。すなわち同法第八条に規定された「審議会又は協議会（諮問的又は調査的なもの等第三条に規定する委員会以外のものを云う。）」が、諮問機関の中核的な制度と位置づけられ、[7] これに類似する制度機構があわせて検討されるという形をとった。第三条に規定される「委員会」は行政庁として自ら国家意思の決定を行う機関を指すので、諮問的性格を持つとはみなされていない。

八条機関としての審議会が制度的検討の対象となったのは、第一に、その濫設を抑制し、審議会を整理することで行政の簡素化を図る必要にたえず直面したからである。そして第二に、国家行政組織法制定当初は第八条では審議会等を法定することが規定されたのに対して、現実には法律にもとづかない諮問機関が多用されたためである。一方でこれらの法制化が国会から求められたが、他方で政府側からは審議会を政令で設置可能とするよう国家行政組織法を改正することで、非公式の諮問機関の濫設を抑制しようとしたのである。

審議会の濫設防止の方針は、戦後幾度となく打ち出され、［図Ⅱ-1］に示されているように、一九七七年の一括整理法によって、二一〇ほどに限定された。他方、審議会の法制化の再検討については、第三次鳩山一郎内閣下の第三次行政審議会の中から浮上し、第一次臨時行政調査会意見を契機に、審議会を法律又は政令で設置することを規定した国家行政組織法改正案が国会に提出された。最終的に一九八二年の第二次臨時行政調査会第三次答申にもとづいて翌八三年に国家行政組織法改正案が国会で可決・成立する。これによって、政令によって審議会を設置することが可能になったのである。

最初に審議会の政令による設置を認める国家行政組織法案が国会に提出されたのは、第三次行政審議会の答申にもとづいていた(8)。法案が撤回された後、参議院内閣委員会は、法律によらない懇談会を廃止するよう主張し、岸信介首相、林修三内閣法制局長官に答弁を求めた。答申では、法律で設置された審議会は合議体として意見をとりまとめるのに対して、法律によらない懇談会は個々の委員の意見を個別に聞くものであり、報告書をとりまとめるものではないとされた。以後一九六〇年代半ばまで参議院内閣委員会は、各省から設置法改正案が提出されるたびに、法律によらない懇談会をとりあげて法制化するよう迫って法案提出を牽制した。そして、第一次臨時行政調査会が政令による審議会設置を認めるよう提言すると、六六年には国家行政組織法改正案が国会に提出された。この規定を含

図II-1　審議会等の設置数の推移

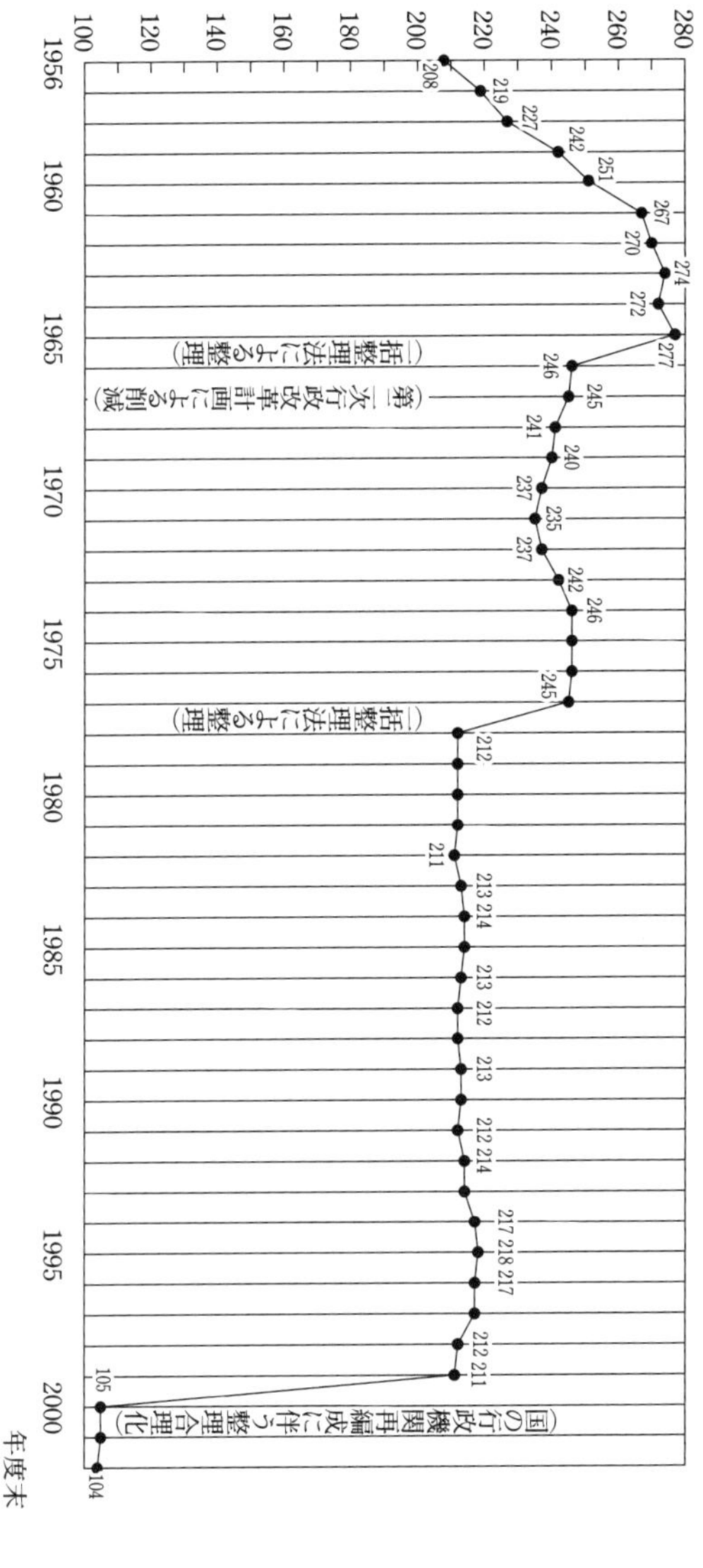

出典）http://www.soumu.go.jp/gyoukan/kanri/pdf/satei_01_03_04.pdf（2007年5月10日アクセス）

む法案は七〇年代前半の第六八、七一回国会にも提出された。いずれも国会を通過せず、先述したように制度改正の実現は八〇年代まで待たねばならなかった。

また、第一次臨時行政調査会は、審議会等を政策の調査審議を行う「諮問（調査審議）機関」と、法の公正な適用のため行政官庁の意思決定に参加する「参与（審査・決定）機関」に分類し、諮問機関の分類軸として、①行政部外に関連する事項を所掌するものか各府省の施策に関する事項を審議するものか、②政策立案に関するものか利害調整に関するものか、という区別の軸を立てた。また参与機関の下位類型としては、許認可等の行政処分に関するもの、試験検定・懲戒等に関するもの、行政処分に対する異議申立・訴願等に関するもの、準司法的作用を営むもの、が列挙された(9)。確かにこれらは機能的な区分ではあるが、参与機関の類型は機関の例示にすぎず、理論的に明確に整理されているとは言い難い。だが、こうした実態調査を契機に学界から審議会論が本格的に提起されるようになったのである(10)。このうち諮問機関には政治学・行政学が着目し、参与機関には行政手続の観点から行政法学からの研究蓄積が進むこととなった(11)。行政改革が政治課題として意識され始める一九八〇年代以降は、諮問機関の政治的重要性が次第に高まって現在に至っており、以下ではこの種の審議会等に着目して論調を整理していく。

まず、一九七〇年に経済企画庁、科学技術庁、通産省がそれぞれ独自のシンクタンク設置構想を打ち上げ、自民党内からも「シンクタンクに関する有志議員による懇談会」がシンクタンク設置を提言する。このいわゆる「シンクタンク元年」に噴出した諸構想は、経済企画庁を窓口にして整理され、田中角栄内閣下で国土庁設置と並行した総合研究開発機構に結実した。シンクタンク構想の噴出はこれと類似する政策形成機能をもつ審議会への関心を高め、地方自治体の審議会と比較しつつ国の審議会を分析するという論調が本格的に登場し始めた[12]。

さらに、一九八〇年代になると、中曾根康弘内閣の政策決定への批判として審議会論が活発化するようになった。第一には、鈴木善幸内閣下で中曾根が行政管理庁長官として設置を主導した第二次臨時行政調査会が、第三次答申（一九八二年七月三〇日）で審議会の政令での設置を認めるよう提言したため[13]、これに沿う形で国家行政組織法が改正された。第二には、第二次臨時行政調査会の答申にもとづいた国鉄・電電公社民営化を典型とする政策決定過程への批判である。第三には、靖国懇など私的諮問機関として中曾根首相が設置した諮問機関が、内閣の施策に即した答申を提出するかのように見られたことである。したがってこの時期には、審議会・私的諮問機関の設置よりも、運用に対して批判が投げかけられる傾向が強かった[14]。一つには国会審議を形骸化するという批判であり、二つには委員の人選や事務局による審議の誘導など、中立的なはずの審議会が内閣・省庁による意思決定を正統化している点への批判である。結果として一九九七年に設置された行政改革会議の最終意見は、政策審議の審議会の原則廃止を打ち出し、パブリック・コメントによって代替すべきことを提言した。審議会の存置については省庁側に説明責任が求められたのである。［図Ⅱ-1］の通り、法定の審議会は、二〇〇一年の省庁再編に伴い一〇〇ほどに半減した。もっとも小泉純一郎内閣下では、内閣官房・内閣府に諮問機関が多数設置されており、政策審議の審議会そのものの制度上の意義は減退せずに現在に至っている。

2　第三次行政審議会と第一次臨時行政調査会

戦時体制・占領改革下の「調整」概念と第三次行政審議会での検討

太平洋戦争中の行政改革を評して行政法学者の佐藤功は、戦時体制のもとではもっぱら垂直的な命令関係を表す「統合」が改革の標語として多用されたことを指摘している[15]。これに対抗する意図をこめて、行政学者の辻清明は戦時期の内閣に「統整」力が欠如していると主張し、その原因を議会による政治統合の不備に求めた[16]。確かに戦後初期に、省庁編成を平時に復帰させるための本格的な機構改革を目標とした臨時行政機構改革審議会の報告書では、行政機構の「簡素化」「分化及び純化」と並んで、「統合化」という項目を立てて、現在の内閣府にあたる総理庁の強化を提言している。「調整」よりは「統合」こそが改革の課題であった。

しかしながら、戦時期に制定された官制や戦後の各省設置法は、組織の権限または事務内容を表す際に、「総合調整」・「調整」という文言を用いており[17]、とりわけ戦中・戦後にかけて内閣に設置された機関の多くが「総合調整」を任務とするという規定をもっていた。これらは新憲法体制にともなう行政機構の整備の中で整理され、一九四九年の国家行政組織法並びに各省設置法の整理以降、総理府の任務に「総合調整」を規定するほかは、原則として各省の調整関係事務は「調整」または「連絡調整」と規定するよう統一が図られた。

このように、戦後の行政機構の確立と占領終結に際して、「調整」は、まずは組織法上の概念ではあり、改革をめぐる言説の中で使用されてはいたが、アメリカの行政管理に関する大統領委員会、オーストラリアのRCAGA、ドイツのPRVRのように、改革課題を象徴的に表す概念になってはいなかった。組織法が、行政改革においては「政策」にあたるとすれば、改革課題を指示する概念こそ「ドクトリン」である。つまり、占領終結の段階では、「調整」は「政策」であっても、「ドクトリン」を構成する概念ではなかったのである。しかしながら、保守合同による自民党結党を契機として、第三次鳩山内閣が推進した行政改革以降、「調整」が改革の主たる標語として登場するようになった。一九五五年一二月に審議を開始した第三次行政審議会は、翌年二月二三日に「行政制度の改革に関する答申」を提出する。そこでは、「トップ・マネージメントの機構改善」を標語として、政務次官の増員、総理府総務長官の設置など各省幹部職の増設を提唱し、人事の「総合調整」として、人事院廃止と総理府人事局の設置、「各省予算概算の調整」として予算閣僚委員会の設置、「貿易振興に関する関係各省間の政策の審議調整」を担当する貿易閣僚委員会の設置をそれぞれ提言した。これらは、三月に「行政制度改革要綱案」として閣議了解され、四月には法案にまとめられて国会に提出されたが、継続審議に附され、一九五七年の岸内閣の下で国会通過を図る法案に絞って審議を行い、可決・成立したのである。

この過程では、「調整」そのものの不備が直接問題とされてはいないが、アメリカ経営学の「トップ・マネージメント」を導入したことに表れているように、古典的組織理論が明確にとりいれられており、それは必然的に「調整」を改革課題とする処方箋を打ち出すこととなった(18)。すなわち答申の中では、長の補佐機構として、内閣総理大臣に対しては総理府総務長官を、大臣に対してはその補佐たる政務次官と「事務次官補」を設置し、さらに閣僚委員会を増設して省庁間調整に従事するという体制が提言され、調整機能の強化が図られていたのである。成立した法案の諸項目中で特に重要なのは、内閣官房に「閣議に係わる重要事項に関する総合調整」事務を規定し、これまで「総合調整」機能を有していた総理大臣官房の事務が「連絡調整」に変更され、総理大臣官房に属していた参事官・審議官の多くを内閣官房に移したことである。ここに、内閣官房を中心に「総合調整」が図られることが法令上宣言されたのである。

第一次臨時行政調査会『意見』における「調整」概念

このような内閣における「総合調整」機能の強化は、さらに一九六〇年代に包括的な行政改革を試みた第一次臨時行政調査会（以下では「第一臨調」と呼ぶ）の最初の検討課題となった。一九六二年に、第二次世界大戦後のアメリカの「行政府組織に関する委員会（Commission on Organization of The Executive Branch of the Government)」にならい、超党派的な「臨時診断機関」として国家行政組織法第八条にもとづいて総理府に第一次臨時行政調査会が設置された。これは特定の諮問事項をもたず、みずから他の行政機関に資料の提出を求め、運営状況を調査できるものとされた。機関の構成は、行政実務家や労組・経済団体の代表者、行政学者などからなる七名の委員の下に、二一名の専門委員を配し、さらに行政法・行政学などの研究者を中心に、行政機関出身者を含めた七〇名の調査員をおいている。専門委員で構成される四つの部会がそれぞれ、行政の総合調整及び予算会計に関する問題、行政事務の合理的配分に関する問題、行政運営及び公務員に関する問題、首都行政の問題を調査・審議し、最終的に総論と一六の各論からなる『意見』が一九六四年九月に提出された。第三次行政審議会と第一臨調双方の委員であった行政学者の蠟山政道は、審議方針として「大きい問題として内閣を取り上げる。内閣の問題が決まれば、各省段階のトップ・マネジメントの問題を取り上げる。これが最高管理機構の問題であり、行政事務の合理的配分の問題である」と位置づけ、「このような『基本的問題』を早急にやらないと、行政事務の能率化の問題など他の問題がこれに関連してくるので結論を出しにくくなる」と主張した[19]。この結果、第一臨調では、まず第一部会として内閣の機構を検討する部会が設けられ、これを主軸に問題の調査を進めようとしたのである。

もちろん、行政に対する包括的な調査を試みた第一臨調では、蠟山の構想に沿って整然と調査が進められたわけではなく、各部会がそれぞれ独自に調査を進めて、『意見』を作成していった[20]。その結果、内閣の機能に関する改革意見では、「総合調整力」を強化するため、内閣府の設置をはじめとする補佐機構の強化が提言されたが、「調整」についての他の『意見』内容との相互連関は必ずしも明確ではなくなった。したがって、調査会での審議を終えた後に蠟山は、調整の概念の意義が不明確であり、「日本では『調整』の正しい意味が何んであるか、を考えずに散漫にこれを使用しているのである。これが行政問題の解決に当っての一つの障害をなしているのである。すなわち、調整機能の重要性がはっきりしないのは、論者によってその意味するところも異なり、従ってお互いに何を論議しているのかわからないでいるからであろう」と回顧している[21]。

しかし、「意見書を全体として把握し、そこにおいて従来の行政理論の基本的論争点がいかに処理されているかを探る」という「調査会意見書の体系から距離をおいた視座」をとる行政学者の西尾勝は、意見書の全般にわたって基調となっている中心概念は行政の「総合化」ないし「総合性」であり、これをさらに具体化した概念が「企画」と「調整」であるととらえ、概念の綿密な検討を行った[22]。つまり西尾は、本書でいう「ドクトリン」の整理を先駆的に試みたのである。よって、以下では多岐にわたる『意見』内容に対して、西尾の論稿に依拠しつつ再整理を試みることにしたい。

西尾は、両概念の用法を対象に、もっとも頻度の高い用法をとりあげて分類を図った。まず、「企画」については、施策を状況の変動に適応させること、長期的展望を持つため調査分析し予測すること、施策間の総合性を確保すること、の三つに要約される。つづいて、「調整」については施策間の総合性の確保、業務担当者間の意見調整のための「コミュニケーション」手続の確保の二つに要約される。その結果、〔図Ⅱ-2〕のように、両者は施策間の総合性について重なり合うとされる。

さらに西尾は「理論上はもとより事実においても」組織としての意思決定の中にコミュニケーション手続を不可欠としないとする命題を導入する。例としてあげられるのは、企画部門が単独で計画を立案し、作業部門に「命令」する場合である。こうして、企画部門における権限の集中は、コミュニケーションの削減と比例関係に立つ。

つづいて、最終案の内容の明細度はこれと独立した尺度となるとして、［表Ⅱ-1］のように、権限の集中度と内容の明細度から四つの類型を立てる。集中度も明細度も高い「計画調整」は、企画部門が具体的な計画を作成して、実施部門を強力に統制する場合である。また集権的な企画部門が計画を作成したとしても、その明細度が低く実施部門に広汎な裁量が与えられている場合は「企画調整」とされる。他方、集中度が低いが明細度が高い「調整計画」は、予算編成のように、実施部門が明細度

図Ⅱ-2　企画と調整の概念

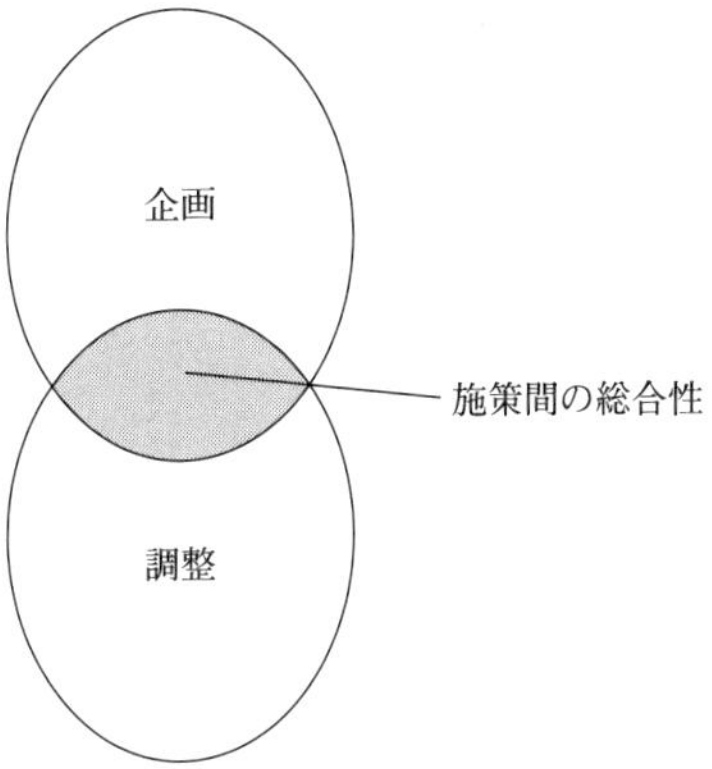

出典）西尾勝「企画と調整の概念」，2 頁.

表Ⅱ-1　企画と調整の概念

0　集中度→　100

↑明細度		
	調整計画	計画調整
0	調整	企画調整

100　←参与度　0

出典）西尾勝「企画と調整の概念」，4 頁.

の高い計画を作成し、これを積み上げて調整する過程で全体の計画を作成する場合である。集中度も明細度も低い「調整」は、客観的な調整基準がない場合であり、重複の排除か恣意的な権力的調整になるとされる。

この枠組みの第一の特質は、第一臨調の当初の調査課題であった内閣レヴェルの「調整」と、各省レヴェルの「調整」とを同時に視野に収めたことである。この視点は、第一臨調のための予備的検討として、法施行段階の調整問題を扱った「共管競合事務」のために行われた行政監察の中では、明確に自覚されていた。つまり、「各省庁の重複競合行政については、内閣の統轄のもとにこれを速やかに総合調整しうるよう、そのための組織及び運営方式の基準について、基本的に再検討を加える必要がある」と指摘されていたのである。[23] だが、『意見』はこの視点を採用せず、問題の根源を「人事制度のあり方」に求めるにとどめ、内閣の「総合調整」に解決を求めてはいない。これに対して西尾は、第一臨調発足段階の課題認識に立ち戻り、省庁レヴェルの個別事項ごとの調整を、「調整」のクラスターに位置づける。共管競合事務がその例であり、調整ルールが定められておらず、特定の調整機関に権限が集中していないものとされる。反対に、調整機関に調整権が集中し、そこで精細な調整案が策定される場合は、「計画調整」と位置づけられる。計画部門が実施部門とコミュニケーションをとることなく、詳細な計画案を策定する場合がこれにあたるのである。このような「計画調整」は概ね内閣ないしは総理府における政府全体を対象とした調整活動を指す。

第二の特質は、四つの類型を集中度または参与度、明細度という軸の上で連続的なものととらえていることである。『意見』自体は、「調整」の手法を断片的に提案しているに過ぎないが、西尾はあえてこれを二つの軸の上で連続的な関係として整理しようとしたのである。〔表Ⅱ-1〕の前提として、西尾は〔図Ⅱ-3〕、〔図Ⅱ-4〕のように、もろもろの「調整」手法をグラフ上にプロットしているからである。

第三の特質は、機構論と手続論との視点から分析されていることである。ここでは、企画と調整の両概念について、その共通部分としての「施策間の総合性確保」と「調整」固有の要素としてのコミュニケーション手続との要素に区分し、その関係に分析焦点をあてていく。総合性を保つには、コミュニケーション手続を「内部化」するか、施策の廃止によって手続そのものを不要にするかが選択肢となるとする。これはすなわち、総合性のもと、機構論と手続論とを同時に考察の対象とすることを意味している。したがって、「企画」概念については、

図Ⅱ-3　企画権の集中度と担当者の参与度

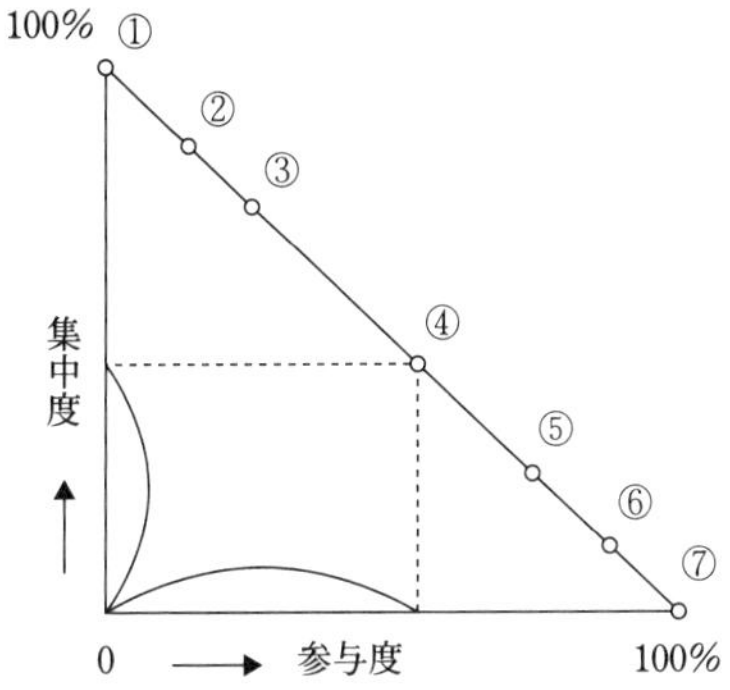

① 企画部門は独自の力で計画を作成し，この計画を各部門に break down する.
② 情報提供のみ担当部門に依存する.
③ 計画作成過程で，担当部門が意見を述べうる.
④ 企画部門が方針を提示し，これに基づいて担当部門が案を作成し，これを積上げ調整する.
⑤ 担当部門作成の案を積上げ，事後的に調整する.
⑥ 個別事案毎に，必要に応じて調整する.
⑦ 企画部門がなく，担当者間の完全に対等な連絡調整.

出典）図Ⅱ-3，Ⅱ-4ともに西尾勝「企画と調整の概念」，3頁.

図Ⅱ-4　企画の明細度と企画権の集中度・担当者の参与度

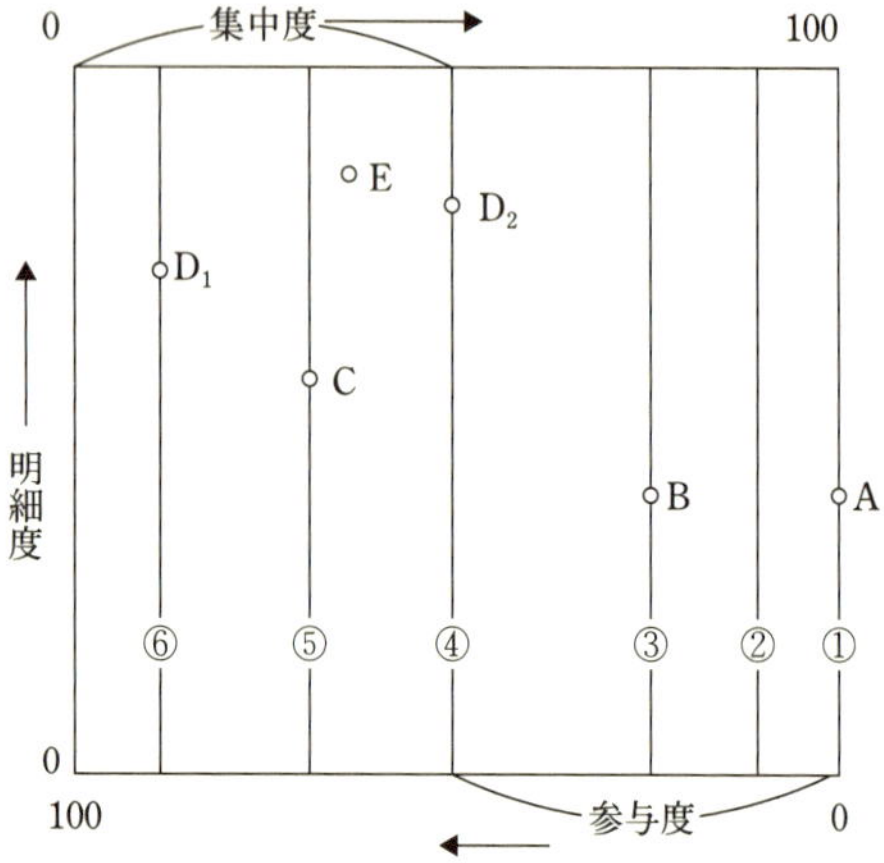

設置を提言した内閣府の第三者機関と、科学的調査及び定文化を形式的要件とする計画の制度化とがとりあげられる。前者が機構論であり、後者が手続論である。また「調整」概念については、機構論としての「総合調整機構」と、手続論としての共管競合事務に関する『意見』の分析が行われるのである。

以上の特質を確認した上で、「調整」に関する西尾の概念の分析を検討したい。西尾は明確に「調整」概念こそ「意見書が最も意を用いた」と指摘し、「企画」よりも「調整」概念に分析の焦点を当てている。[24] ここではまず省レヴェルの「調整」すなわち共管競合事務について検討を行い、『意見』に掲げられた事例を［表Ⅱ-2］のように整理している。ついで、［図Ⅱ-5］のように、「意見書が最も苦労し」たと見る「総合調整」の機構の全体像を整理している。つまり、［表Ⅱ-1］の「調整」と「計画調整」とが、それぞれ分析されていることとなり、この軸こそを、日本の行政改革を貫く軸とみているのである。

第一に、共管競合事務について、『意見』は、総論として［表Ⅱ-2］であげた事例に触れた上で、個別分野として特に港湾における通関関連行政、貿易関係許認可事務、経済外交、経済協力行政について節を割いて詳細に検討している。これらは概ね二省間で行われる調整である。そして『意見』は共管競合事務の廃止・事前協議の連絡調整行為への変更によるコミュニケーション手続の縮減を説いているが、西尾は一方で手続としては「協議や合議の形で相手方の同意を得ること」が制度化としては徹底していることを指摘しつつ、他方でここでは協議ルールが存在しないために恣意的な運用のも

図Ⅱ-5　内閣レヴェルの総合調整

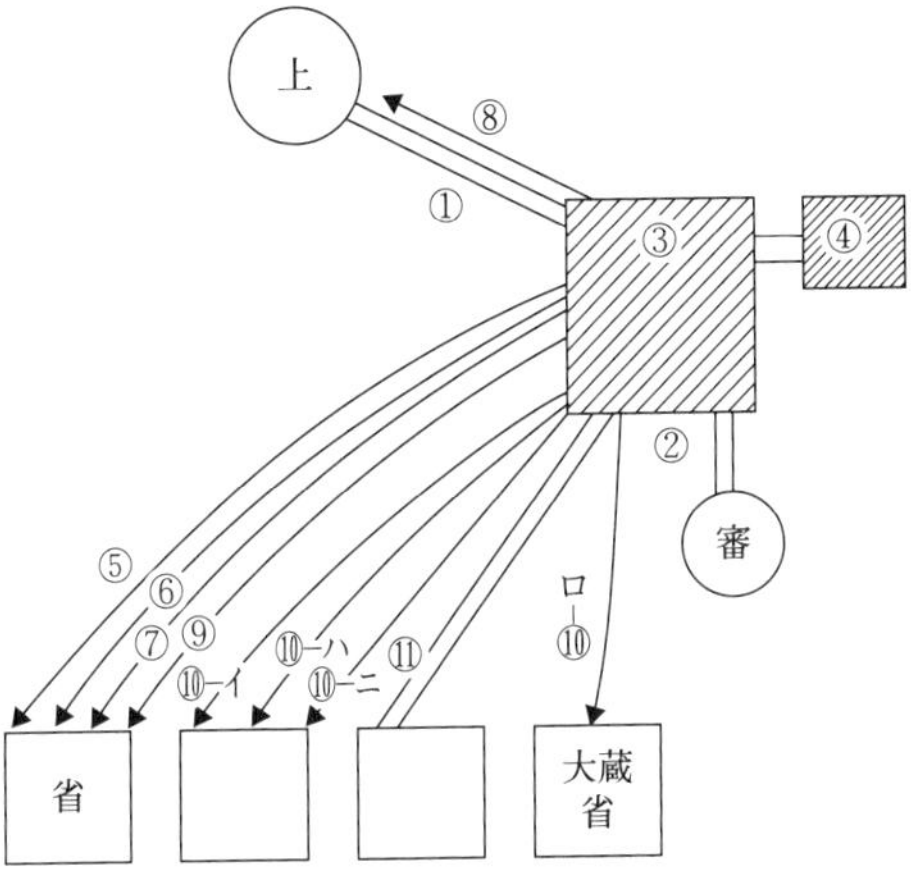

① 上位機関との直結
② 各界の意見の集中
③ 優秀な人材の集中
④ 独自の調査機関の付置
⑤ 資料の収集権
⑥ 助言，勧告権
⑦ 報告を求める権限
⑧ 上位機関の指揮監督権の発動を具申する権限
⑨ 計画の企画立案権
⑩ 予算との結合
　イ．一括計上，移し替え
　ロ．認証，見積り方針
　ハ．調査費の所管
　ニ．協議権
⑪ 技術援助，研修

出典）西尾勝「企画と調整の概念」，10頁.

表Ⅱ-2　共管競合事務の類型

		権限配分の型	対象	目的	主管省	行政内容	行政行為	連関
事例1	軌道事業に関する各種の許認可	共管	同	異	複	同	単	
事例2	標準外決済にかかる輸出の承認	事前協議	同	異	複	同	単	
事例3	農林・運輸両省の行う漁船の検査・登録	関連競合	同	異	複	同	複	
事例4	農林・運輸・建設3省の行う海岸保全行政	関連競合	密接	同	複	同	複	地域性同時性
事例5	厚生・建設・農林3省及び文化財保護委員会の行う景勝地	関連競合	同	類	複	類	複	効果の重複
事例6	大蔵・農林・厚生3省の行う通関関連諸検査	関連競合	同	異	複	異	複	時間的接続

出典）　西尾勝「企画と調整の概念」，9頁．

とにさらされやすいと述べる。

第二に、内閣レヴェルの「総合調整」については、［図Ⅱ-5］のように、調整権限を整理すると、第三者機関が審議会をもち、上位者の内閣と直結しつつ、各省に調整を働きかけるという構図をとっていることが基本的な方式とされる。もちろん、これは「最小公倍数」であり、機関によってどこに重点を置くかが異なるという。

確かにしばしば言われるように、第一臨調の『意見』で提案された諸事項は実現しないまま、調査を行うにとどまった。だが、西尾の分析に見られるように、これを機に政府内の「調整」についての本格的な分析が開始された。もっとも、これらの分析の多くは、そのときどきの行政機構改革にあわせて何らかの分析を新たに行うものがほとんどである。(25) したがって、本章では、まず西尾による第一臨調の分析を整理し、「調整」の「ドクトリン」の要素を摘出し、次節以下ではそれを行政改革史に適用することで、諸報告書の枠組みを再検討することにしたい。

西尾の分析では、機構論と手続論とが分析視点となっているものの、両者は連関するものととらえられ、明確に区別されていない。それは〔図II-3〕、〔図II-4〕に表れているように、権限の集中度と関係者の参与度とがトレードオフの関係に立っているからである。だが、権限関係は機構論そのものであるが、関係者の参与度とはコミュニケーション手続の束をどう質的に定義するかという問題に還元できる。そもそもコミュニケーションは非公式の「ゴシップ」を含めれば、どこまでも拡散するのは、現代組織理論を基礎にしたH・サイモンらの『行政学』ですでに主張されていることであり[26]、参与度は公式か非公式かでまったく異なった評価となりうる。したがって、これは企画段階で内部化できるかどうかという軸のみで議論することはできない。

よって、機構論と手続論とは次元の異なる論理であるとすると、〔表II-1〕の横軸は本来二つの軸で説明されるべき座標平面を一次元に無理矢理投影したものととらえざるをえない。むしろ、一方に集中度が高く、参与度が低い内閣における「総合調整」があり、他方で集中度が低く、参与度が高い二省間で行われる調整としての共管競合事務があるが、これらは連続的なものではなく、別個の類型ととらえる方が現実適合的な解釈であろう。その理由は、共管競合事務を「行政の現実」の中から抽出する論理と、内閣の総合調整を「行政の現実」の中から抽出する論理が全く異なるからである。前者は、まずは諸々の事務を整理されないまま列挙した上で、処方箋としては事務を廃止するか、手続を整備するかという手続論として議論する。後者は、もっぱら内閣の政治指導の下で「総合調整」の機構を新設した上でその手続を問題とするという論理で構成されるのである。

西尾がこのようないささか無理のある整理を行ったのは、「ドクトリン」を何らかの首尾一貫した「理論」へと洗練すべきであるという発想に立っていたからと思われる。しかしながら、その結果、この枠組みは「ドクトリン」としては改革への説得力を失い、「理論」としては成り立たなくなってしまった[27]。このような混乱を回避するには、本来的に矛盾とあいまいさを抱えこんでいる「ドクトリン」を論理として一貫させることに精力を傾注するのではなく、それが政治・行政の現実の中でいかに説得的に機能したかを明らかにすることである。そこで、まず問われるべきは、「総合調整」と共管競合事務それぞれに関する二つの「ドクトリン」が、改革の「ドクトリン」として再登場するときの提言内容と制度的文脈を検討することである。以下では、行政改革会議を素材にこれを分析することにしたい。

3 第二次臨時行政調査会と行政改革会議

第二次臨時行政調査会・第一次臨時行政改革審議会の「総合調整」

第一次臨時行政調査会が提示した内閣の「総合調整」という「ドクトリン」と、二省間調整としての共管競合事務における「調整」の「ドクトリン」は、以後の行政機構改革を規定する主要「ドクトリン」となった。次章でさらに論ずるように、これは明治以降の日本の中央政府の行政機構を貫く制度構造を背景にした「ドクトリン」なのであるが、本章ではこのことの例証として、一九九七年に最終報告を提出した行政改革会議が、同様の「調整」の「ドクトリン」を掲げていることを明らかにし、フッドが性格づけたように、「ドクトリン」が繰り返されていることを示したい。

第一次臨時行政調査会以後、諮問機関を通じた全面的な行政機構改革は一九八一年に設置された第二次臨時行政調査会（以下「第二臨調」と呼ぶ）によって再び開始された。第二臨調は一九八三年に最終答申を提出してその任務を終えるが、さらなる改革の推進のために臨時行政改革推進審議会が三次にわたって設置されて、改革を続けた。また、一九九〇年代には、地方分権推進委員会による分権改革や、行政改革委員会とその後継諮問機関による規制緩和の検討など、個別分野の改革が進展したが、これらの流れを受けて第二次橋本龍太郎内閣は省庁再編を掲げて一九九六年に行政改革会議を設置した。この最終報告を受けて二〇〇一年に新しい省庁の体制が発足した。こうして、第二臨調以降は、全面的な行政機構改革のため、ほぼ継続的に諮問機関が設置されて改革案が審議され、答申のうち実現可能なものから実施されていったのである。

だが、「調整」についての第二臨調の特徴は、これを「総合調整」に集約して審議したことである。第二臨調は、一九八二年七月の第三次答申において、「内閣機能の強化」の一環として、「内閣総理大臣の指導性の強化」を図るために、「補佐・助言機能の強化」、無任所大臣制や関係閣僚会議による「内閣の総合調整機能の強化」、「内閣官房の充実強化」、「内閣総理大臣官邸機能の強化」を提案している。さらに、人事・組織による調整のため、総理府人事局と行政管理庁等を統合して「総合管理庁」の設置を提言し、「計画による総合調整機能の強化」のため、国土庁・北海道開発庁・沖縄開発庁の統合を提言した。[28] 最終答申は「政府全体としての総合調整機能の強化の観点」から提言を行ったと総括しているが、[29] その結果、提案されたのは、内閣官房の強化、総理府外局の統合、閣僚会議の活用にとどまったのである。これらを具体化するために、第一次臨時行政改革推進審議会（以下「第一次行革審」と呼ぶ）は、「行政改革の推進方策に関する答申」において、関係閣僚会議の機動的開催、外政調査室の設置を眼目とする内閣官房の室の再編、対外関係処理のための行動ルールの確立を提案した。ここでも、対外関係処理に関する外務省と他省庁との連絡体制の整備を除けば、内閣レヴェルの調整を検討するにとどまり、省間の調整についてはほとんど検討されなかった。[30]

このように閣僚会議、内閣官房、総理府外局による「総合調整」に提言が限定されたのは、省庁の所管を不動のものとした上で、改革を構想したからである。第一次行革審の「行政改革の推進方策に関する答申」（一九八五年七月二二日）は「社会の発展に伴う行政需要の複雑多岐化の中で、各省庁による行政の機能分担（いわゆる「タテ割り」行政）は高度化せざるを得ず、そのため行政の総合性を確保する調整機能の強化が一層必要となってきている。臨時行政調査会答申は、このような認識の下に、当面の総合調整機能強化方策を提言した」と述べる。[31] つまり、「タテ割り」の効用をまずは認めた上で改革を構想するというのである。したがって、この第一次行革審は、「調整」について、次のような考えを前提に置いた。[32]

我が国では、行政の総合調整は、各省庁とりわけ総合調整官庁による省庁レヴェルの調整努力を前提とし、内閣総理大臣及び内閣により最終的に確保される仕組みになっている。したがって、行政における総合調整機能を強化するためには、各省庁なかでも経済企画庁、科学技術庁等の総合調整官庁が、全政府的視野に基づき、その体制の見直しを含め調整機能を活性化することが必要である。

こうして、第二臨調とその後継機関であった第一次行革審では、省の所管には触れず、また「省庁レヴェルの調整努力」を各省について詳細に検討することもせず、もっぱら閣僚・内閣官房・総理府外局の強化を「総合調整の強化」と呼んで、これを改革するよう主張するに留まった。ここからは、第一臨調のように省庁間の所管の重複を改革対象とする提案は出されないのである。

このように「総合調整」に関心を限定して「調整」の問題を考える傾向は、同時代の研究文献にも見られる。行政管理研究センターは、一九八〇年と一九八七年に「総合調整」に関する委託研究を行っており、ともに行政学者が寄稿している[33]。だが、前者では内閣または内閣の補佐機構による調整のみならず省庁間調整にも強い関心が示されているのに対して、第一臨調、第二臨調、第一次行革審の意見書・答申を分析した後者の諸論稿では、「総合調整」に関心が限定されている。さらに、第二臨調の議事録を渉猟して改革過程を分析した毛桂榮の論稿もまた、「総合調整」を対象としている[34]。これらが一九八〇年代から九〇年代の論調であった。

行政改革会議の審議

しかしながら、問題への接近方法は一九九〇年代に少しずつ変化しはじめた。その最初の契機は、一九九四年に最終答申を提出した第三次行革審であった。行革審という名称の審議会としては最後の答申であり、規制緩和についての審議と答申に重点が置かれたが、「総合的な政策展開が可能な行政システムの構築」をも提言している。そこでは、不徹底ながら、「大くくり省庁体制」の「イメージ」として省庁再編が提案され、「総合調整機能」として、内閣総理大臣の指導力強化、無任所大臣・担当大臣制の活用など内閣機能の充実・強化、内閣官房の活性化などが提案された。加えて、「各省庁段階の調整」として、「個別省際問題等の改善事項」を列挙し、一般原則としては「各省庁間調整ルールを閣議決定する」こととした。ここでは、第一臨調と同様、内閣レヴェルの総合調整だけではなく、二省間調整について個別具体的に検討する方式がとられた。その点で、第二臨調から第一次行革審にかけてみられたような「総合調整」に特化した改革とは、方向性が異なるのである。

第三次行革審は、中間報告から最終答申へと審議を進める途中で、宮沢喜一内閣から細川護煕内閣への政権交代が生じ、その提言については特に細川首相が関心を示した規制緩和以外には、一部の省際問題で対応がなされたにとどまった。[35] しかし、この検討は、政権に復帰した自民党政権下で設置された行政改革会議に継承されたのである。行政改革会議は、一九九六年一一月二一日に橋本内閣により設置された。同年一〇月の総選挙で中央省庁の整理再編が各党の公約に挙げられており、選挙後の連立与党の政策合意が、省庁再編を含む「霞が関大改革」を実施することを掲げていたためである。特に自民党案は、四分野一一省庁への統合を掲げており、省庁再編が改革課題となることは不可避であった。[36]改革は経済構造改革、金融システム改革など内閣の「六大改革」の一環として主要施策の中に明示的に位置づけられた。

会議の設置形式は法律によってではなく、総理府本府組織令にもとづいて首相直属の諮問機関として設置された。学界、マスコミ、労働、財界など一三名の委員に加えて、首相自身を会長に、総務庁長官を会長代理とし、首相自ら会議に出席して議事進行を務める異例の諮問機関となった。改革提言は、一九九七年五月一日に『中間整理』が委員の意見を集約する形でまとめられ、これをもとに九月三日に『中間報告』が、一二月三日に『最終報告』が決定された。この間の議論は、中間整理をとりまとめ各省ヒヤリングを行うまで事務局が主導し、中間報告作成までを委員が主導し、最終報告をとりまとめる段階では政府・与党が主導したと概括できる。[37]

まず、第一回の会議冒頭で、橋本首相は「第一は、二一世紀における国家機能の在り方、第二は、それを踏まえた中央省庁の再編の在り方、第三は、官邸機能の強化のための具体的方策であります」と諮問事項を整理した。特に自民党の選挙公約における「四分野」への省庁再編は、首相の原案と位置づけられ、「国家としての存続」「国の富の確保・拡大」「国民生活の保障」「教育・国民文化の継承・醸成」のそれぞれへと、既存の中央省庁を抜本的に再編することが当初から議題となったのである。かくして、「縦割り行政の弊害の除去」が正面から議論され、「横割り」ないしは「横串」の「調整」組織と機能が会議の主題となった。これらの「調整」問題が集中的に議論される過程は、行政法学者で、行政組織面での理論化に寄与した藤田宙靖の会議資料に明確に見出すことができる。というのは、藤田は機構問題小委員会の主査となって、議論の中で意識的に他の委員の意見と首相の構想を理論的にまとめたペーパーを提出し続けたからである。特に重要なのは、中間報告を作成するための集中審議に入る前に藤田委員が作成した三ペーパー、すなわち「省庁再編案作成に向けての覚え書き」（一九九七年七月九日）「省庁再編案作成に向けての覚え書き（その二）」（一九九七年七月一六日）「省庁再編案作成に向けての覚え書き（その三）」（一九九七年七月二三日）であり、中でも九日の「覚え書き」と二三日の「覚え書き」である(38)。

まず、九日の「覚え書き」は、国家機能のあり方と省庁再編の方向性について議論した後、「どのような組織作りをしようとも、組織相互間での調整の必要は、必ず残る」と最後に述べて、一方で省庁を統合する場合に、閣議での調整、大臣間での調整、省内局間の調整といったレヴェル区分が必要であることに触れ、他方で「省庁間の調整の在り方について、他省庁に対する意見申し出の手続等を果たしてまたどの程度設けるか、組織的に、独立の『省』立てをせずに、機能別の各省間共同ネットワーク（タスクフォース）を設置する、といった解決は、果たしてまたどの程度可能であるか、等々を考える余地がある」と述べて、省庁間調整について議題としうることに言及している、そして二三日の覚え書きは、明示的に調整手続の制度設計を正面から議論し、次のような類型論を掲げたのである。

○「縦割り行政の弊害の排除」を目的とする「調整システム」の在り方としては、例えば次のような方式が考えられる。

1．内閣の強力な調整機能によるもの。
2．省庁の大括りによる、調整の省庁内部化によるもの。
3．特定機能についての省庁間での横断的調整システムを、恒常的に設置することによるもの。
4．省庁間での個別的な意見調整のためのプロセスを、一般ルール化することによるもの。

行政改革会議では、これまで、主として上記1．及び2．を頭に入れた議論がなされてきたが、七月一六日の本会議で「横串」論が正面から議論されたように、上記の3．及び4．の可能性についても、十分な検討がなされなければならない。そして、このような「横串」の作り方によっては、後に見るように、省庁再編の在り方にも重要な影響が生じるものと思われる。

二三日の「覚え書き」は、一六日の第二三回会議が、調整機能について、「横串」論として「正面から議論」したと述べており、行政改革会議が「調整」の問題意識を明確に共有したことを示している。現在公開されている議事概要では、「横串」という言葉は用いられてはいないが、「横の連携」という表現が繰り返し議論されているのがこれに該当するものと思われる。

その結果、九月三日に決定された『中間報告』は、省庁再編案を決定した後に、新省庁間の調整問題について、「省間の調整システム」として具体的な制度設計を提案したのである。これは、「調整システム」を「内閣官房による総合調整」「担当大臣による総合調整」「省間調整システム」に区分しており、特に「省間調整システム」については従来とは異なって、各省が自ら調整権をもつことが明記され、情報公開法の規定に従って、省間の協議過程を明らかにすることとされた。『最終報告』は基本的にこの方針に沿いつつ、別途担当大臣による調整を、内閣府の特命担当大臣によるものとして、具体的な制度設計を詰めて決定したのである。

行政改革会議の提言

『最終報告』で提言された「省間の調整システム」は、以下のように構成されている。

第一には、内閣官房による総合調整である。これは、内閣としての最高かつ最終の調整プロセスとされる。そして、内閣官房は、一方で内閣総理大臣の活動を補佐し、国政に関する基本方針の企画立案を支援する。他方で、内閣府ないしは内閣府担当大臣による総合調整、省間調整システムに対して能動的に対処し、そこで合意に至らない事項の最終処理を担当する。

第二には、内閣府ないしは担当大臣による総合調整である。内閣府は、担当する主たる省を特定することが困難な課題であって、全政府的に調整が必要なものについて、総合調整を行う。ここでは、従来のような受動的調整のみならず、企画、積極的発議を含むものとされる。また、必要な調整課題について担当大臣を置く場合には、当該担当大臣には、内閣総理大臣を補佐し、強力な調整権（提案、資料・報告の徴収、拒否、指示）を発揮する。さらに、調整の場として、経済財政諮問会議など関係閣僚会議、調整会議を設置し、計画の策定等を行う。これらについては、内閣または内閣総理大臣は、必要に応じ、総合調整内容について報告等を求め、または指示、承認する手続をとる。

第三には、省間調整システムである。各省は、その主たる行政目的達成のための調整権を付与される。各省は、内閣・内閣総理大臣・内閣官房の指示で調整を行い、場合によっては自らの発意により調整を行うこともできる。前者のケースは［図Ⅱ-6］の手続をとり、後者の場合については［図Ⅱ-7］の手続をとる。

さらに、以上の調整を行う会議体については、従来の省間調整の場を実質化するため、メンバーを関与の大きい省に限定するといった措置をとり、新しい各省調整委員会（インターエージェンシー）の仕組みとして、内閣官房または調整省の主導により小規模にメンバーを限定した公式の調整の場を作ることを提言している。また、情報公開の趣旨に沿い、可能な限り、省間の調整過程を明らかにすることも主張されたのである。

これらの案は、中央省庁等改革基本法において、内閣官房、内閣府特命担当大臣についての規定の他、「政策調整システム」として法制化され、それぞれ設置法や閣議了解などによって制度化された。この制度化過程についてはⅣ章で検討するが、ここでは、中央省庁等改革基本法案作成に関わった研究者グループから、特に法案における内閣府の総合調整機能や「政策調整システム」における各省の

図Ⅱ-6　省間調整：内閣官房の発意，主導によるもの

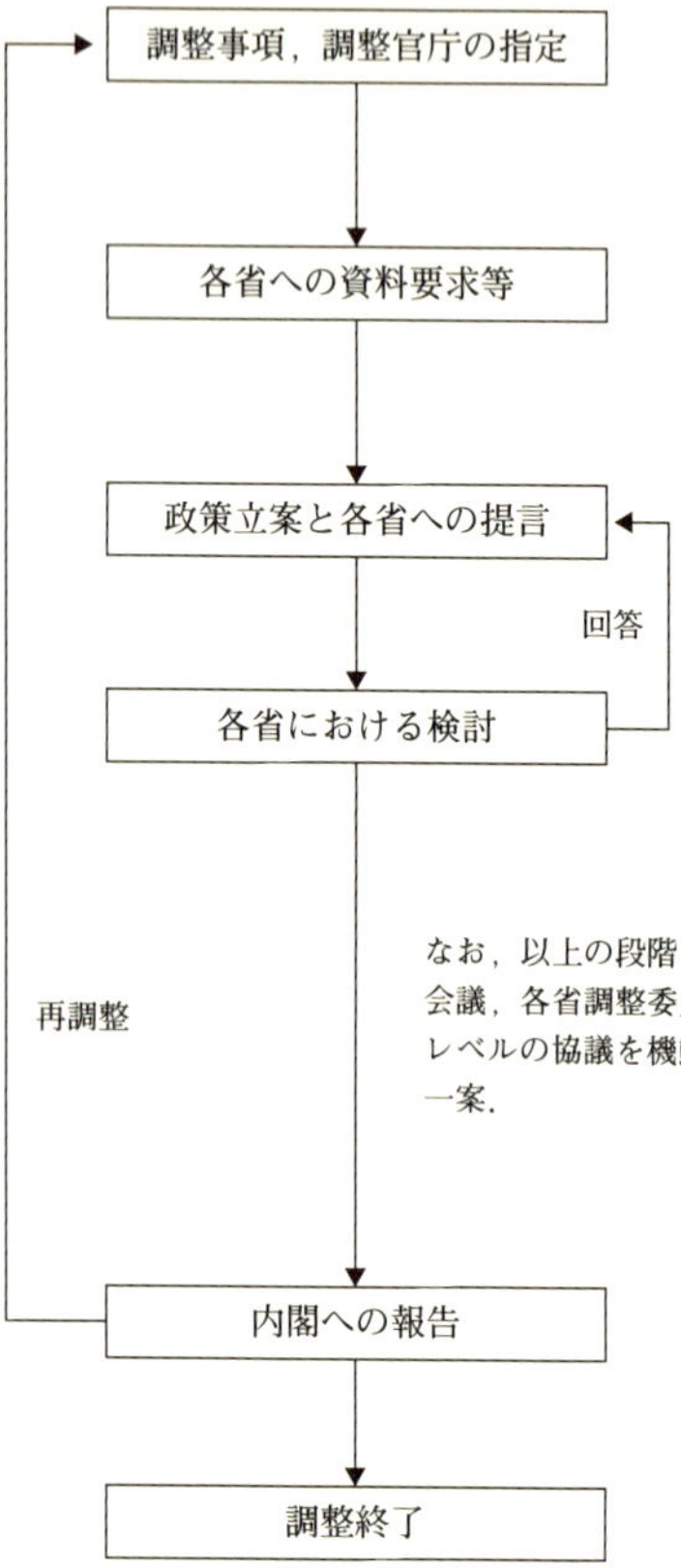

総合戦略や政策の遂行状況を勘案し，特に重要と判断する特定課題について，基本方針と期日を付し，内閣が特定省に対し，関係省との政策協議を指示．

指示を受けた省（以下「調整省」）は，当該省の担う主要行政目的達成のため，その必要の範囲内において，他省に対し，資料提出を要求し，その説明を聴取．

調整省は，関係省の施策についての政策提言を含む総合的な政策を立案し，関係省に提言．

提言を受けた省は，一定期間内に提言を検討し，回答．これを踏まえて必要な場合，再提言・再検討というプロセスが継続．

なお，以上の段階において，内閣ないし調整省の主導により，関係閣僚会議，各省調整委員会（インターエージェンシー）等の関係省間のハイレベルの協議を機動的に行い，迅速かつ戦略的な意見交換を促すことも一案．

協議の結果，合意が得られれば，内閣に報告．内閣が上記報告を了承すれば，調整は終了．合意が得られない場合や内閣として問題が残る場合は，再調整等を指示．

図Ⅱ-7　省間調整：各省の発意によるもの

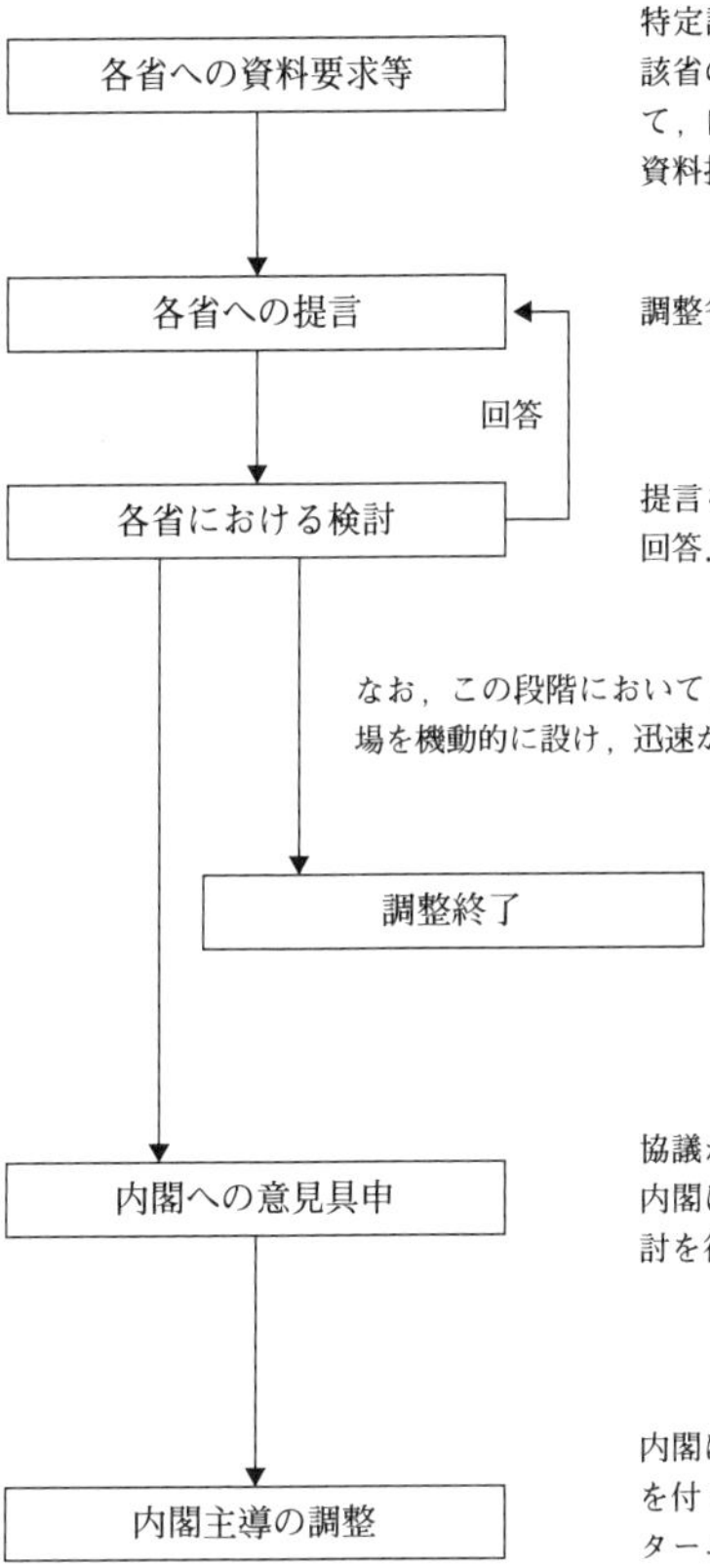

特定課題を担当する省（以下「調整省」）は，当該省の担う主要行政目的達成のため，必要に応じて，自らの有する調整権の範囲内で，他省に対し，資料提出を要求し，その説明を聴取．

調整省は，他省の施策についても提言．

提言を受けた省は，一定期間内に，提言を検討し，回答．

なお，この段階において，調整省は，必要に応じて関係省間の協議の場を機動的に設け，迅速かつ総合的な意見交換を促すことも考えられる．

協議が調わない場合，調整省は，調整過程を含め内閣に対し意見具申．必要があれば閣議の場で検討を行う．

内閣は，上記意見具申を踏まえ，裁断，基本方針を付しての再調整，調整省の再指定や協議（インターエージェンシー），調整期日の設定，調整の差し戻し等を指示する．

調整権の付与を明確にすべきとする「参与意見」が提出されたことを強調しておきたい[39]。行政改革会議の「調整」の「ドクトリン」の意義は、法案作成過程においても充分研究者グループから意識されていたからである。

ふりかえれば『中間報告』は冒頭で「調整」に関する問題状況についてこう述べた。

戦後型行政の問題点、すなわち、個別事業の制約に拘束された政策企画部門の硬直性、利用者の利便を軽視した非効率な実施部門、不透明で閉鎖的な政策決定過程と政策評価・フィードバック機能の不在、各省庁の専権的・領土不可侵的所掌システムによる全体調整機能の不全といった問題点の打開を図らなければならない。

これは、より詳細に『最終報告』では、次のように言い換えられている。

戦後型行政の問題点、すなわち、個別事業の利害や制約に拘束された政策企画部門の硬直性、利用者の利便を軽視した非効率な実施部門、不透明で閉鎖的な政策決定過程と政策評価・フィードバック機能の不在、各省庁の縦割りと、自らの所管領域には他省庁の口出しを許さぬという専権的・領土不可侵的所掌システムによる全体調整機能の不全といった問題点の打開こそが、今日われわれが取り組むべき行政改革の中核にあるといって差し支えないのである。

特に「所管領域には他省庁の口出しを許さぬ」という「全体調整機能の不全」の改革への意欲を語る箇所こそ、行政改革会議の基調をなしている。これは、第二臨調・第一次行革審との決定的な差異である。第一臨調が提示した内閣レヴェルの「総合調整」の「ドクトリン」と省間調整の「ドクトリン」とが、行政改革会議に再登場したのである。(40)

4 「総合調整」と「省間調整」の「ドクトリン」

繰り返される二つの「ドクトリン」

以上のように、第三次行政審議会から第一臨調にかけて、行政改革の中で「調整」概念が中核的な位置を占めるに至った。これと並行して、「調整」概念は、学界からも注目され、多様な論稿が登場するようになった。また、第二臨調と第一次行革審による改革の中で、問題は内閣レヴェルの「総合調整」に縮減されて改革提言が出された。学界でも「総合調整」をいかに達成するかという実践的な観点から「調整」概念を議論するようになったのである。

だが、行政改革会議は、省庁の抜本的再編と内閣機能強化を掲げたために、内閣レヴェルの「総合調整」のみならず、省庁間調整の制度として政策調整システムを提言した。第一臨調と同様に、内閣レヴェルの「総合調整」の「ドクトリン」と、省間調整の「ドクトリン」とが並列して最終報告に提案されたのである。

第一臨調と行政改革会議に共通するのは、内閣レヴェルの「総合調整」と、省間調整とを同時にとらえていることである。ただし、前者についての提言は共通点が多いが、後者についての提言の方向性は多様である。すなわち、第一に、第一臨調のいう共管競合事務はすでに法律によって規定された省間に重複する事務を執行する際に、いかなる調整が可能かを論じたものであるが、行政改革会議における省間調整は、法制定のための企画立案に関わるものがまずは想定されている。第二に、第一臨調では共管競合事務を可能な限り整理することが主張されたのに対して、行政改革会議は各省が自らの発意で能動的に他省に対して意見を提示し、協議を行うことが提言されている。とはいえ、行政改革会議の『最終報告』は、内閣の発意・主導による省間調整については、「特に重要と判断する特定課題」を各省が調整する場合を指しているのに対して、各省の発意によるものについては「省の担う主要行政目的達成のため」に調整権を行使することを提言している。前者は、法案の企画立案に関する調整をまずは指すと考えるべきであろうが、後者の場合は既存の法律の運用をも含むと考えられ、第一臨調の改革対象である共管競合事務をも含んでいるのである。

いずれにせよ、第一臨調と行政改革会議は、ともに内閣の「総合調整」と省間調整とを一つの枠中に位置づけた上で提言を発している点で、共通している。前者では内閣機能の強化として、首相の指導力の強化、閣僚会議の活性化、内閣官房の強化などの処方箋が提示されている。これらを内閣レヴェルの「総合調整のドクトリン」と以下では呼ぶ。後者は、重複を排除する提言から、重複を認めてより機動的に対処する提言までをも含む。以下では、これを「省間調整のドクトリン」、省が二つに限られる多くの場合ではより限定的に「二省間調整のドクトリン」と呼ぶことにしたい。

「ドクトリン」が繰り返されることは、従来の研究においても指摘されていた。たとえば、行政学者の大森彌は一九八七年の論稿で、「行政の総合性あるいは一体性を確保するため、総合調整機能を強化しなければならないというのは第一次臨調以来の改革意見である。それが絶えず繰り返され、行革論のクリシェ（決まり文句）であり続けていることは、行政の総合論ないし一体性がいかに実現しがたいかを逆証しているといってよいであろう」と述べている。[41] これについては、次の二点を確認しておきたい。一つには、改革の提言をより丁寧に検討すれば、内閣レヴェルの「総合性」のみならず、省庁間の個別の調整手続の改革についても、行政改革の提言の中で繰り返されていた。そして二つには、「ドクトリン」が繰り返されることは、「実現しがたい」ことを意味しているわけではない。「総合調整」という法令用語はすでに登場しており、法制化されているという意味では、以前の段階から見て、「実現」へと近づいたということができる。むしろ問題は、このように法制化されている「行政の現実」と、様々な局面で調整が調わないように見える「行政の現実」とが同時に存在している現状である。「ドクトリン」は「行政の現実」を法規定へと近づけ、さらには一層の「調整」を求めて現行法制度という「行政の現実」を改革しようとするものなのである。

二つの「ドクトリン」の国際比較――所管領域の重複

以上の二つの「ドクトリン」は、日本固有のものではない。I章で見たように、ドイツの行政改革から登場した「能動的調整」と「受動的調整」という対概念が、これにほぼ対応しているからである。シャルプが中央省庁改革の中で提示した事例においても、「能動的調整」は内閣レヴェルの計画策定であり、「受動的調整」は従来の省間調整手続を指していた。そして、PRVRでの議論は、「業務計画（Aufgabenplanung）」と「調整システム（Koordinationsystem）」との対が前提にあったように、一方で省庁の所管領域の再配分があり、他方で調整によってそれが補完されるという構図の中に調整概念を位置づけていた。これは、日本の行政改革会議が、早い段階から、一方で省庁再編を認めた上で、他方で省間調整システムが不可避であるととらえていたのと同様の構図といえる。

そして、内閣レヴェルの「総合調整」と省間調整との二つの調整手続が同時に検出されるのは、日本とドイツだけではない。より一般的にこれらが析出する過程を分析したものに、行政組織の所管領域の重複を「リダンダンシー」と呼び、その機能と逆機能を検討しているアメリカ行政学の一潮流がある。[42]中でも、都市交通を事例とした研究は、本書の分析との比較事例として重要である。

組織社会学者のD・チザムは、サンフランシスコ近郊の都市公共交通を所掌する行政組織間の非公式ネットワークを事例に取り上げた。[43]ここでは、主要な六組織が、所管領域を重複させており、それら六組織は、上位の計画機関として州レヴェルの大都市圏域交通委員会（The Metropolitan Transportation Commission：MTC）による主として補助金の支出を通じた規制を受ける他は、公式制度上ほぼ対等の独立組織である。チザムによると、相互依存の基本形態は、事業計画、サーヴィス提供、施設管理の各局面で生じている。

第一に、事業計画に関しては、地域の長期計画を策定するＭＴＣが、連邦、州の補助金交付をめぐって各行政組織に対して規制を加えている。ここでは、地域交通の計画内容への統合、補助金交付要綱の遵守のもとで、補助金獲得をめぐる競争が行われている。他にも、規模の経済を享受するために、車両等の共同購入などで個別的な調整がなされる。その場合、この六組織で構成されている自発的団体としての地域交通協会（The Regional Transit Association：ＲＴＡ）における継続的な情報交換が、調整の基盤を形成する。また、この協会を通じた相互交渉は、ＭＴＣによる規制に対する共同防衛の機能をも担うという。

第二に、サーヴィス提供に関しては、六組織は乗客の乗り継ぎ利用を通じて顧客を共有しているため、特に乗り継ぎ客の多い組織間では、時刻表と運賃の設定に関して調整が不可欠である。また、潜在的な相互依存が顕在化した事例として、サザン・パシフィック社が採算性の低い地区からの撤退計画を提示した際に、公共交通として代替運行を迫られることになる関係各組織間の調整が図られた件があげられる。また、契約的性格を持つ了解が多様な局面で締結される。たとえば、ＡＣ社がＢＡＲＴ社の所管領域で高速バス運行を行う事例や、狭軌を採用している地下鉄会社Ｍｕｎｉ社のトンネルと路線の保守にＢＡＲＴ社が参加したケースや、事故やストライキによる運行不能の際の相互扶助を内容とする「バス・ブリッジ」を了解したＡＣ社とＢＡＲＴ社、Ｍｕｎｉ社とＢＡＲＴ社である。

第三の施設管理については、バスの運行に関する路線としての道路の共用、バス・ターミナルと鉄道駅の接続、さらには駐車場・広告などの設備に関して相互依存状態が生じている。

表II-3　公共交通組織間の相互依存類型

	2組織間	多組織間
自然的	AC—Muni 乗換 AC—BART 乗換 BART—Muni 乗換 Muni—ゴールデン・ゲート乗換 Muni—ゴールデン・ゲート・フェリー乗換 サムトランス—サンタ・クララ乗換	サンフランシスコ通り
人為的		補助金獲得競争 個別計画の更新 地域計画との調整 連邦方針との調整 州方針との調整
自発的	BART—Muni 地下鉄駅 BART—Muni 鉄道，トンネル保守 AC—BART 高速バス運行 サムトランス—サンタ・クララ乗換駅 BART 駅—バス停 BART—AC トランスベイ乗換 BART—AC イーストベイ重複運行 BART—サムトランス重複運行 BART—Muni サン・フランシスコ重複運行 BART—Muni バス・ブリッジ BART—AC バス・ブリッジ	トランズベイ・ターミナル サザン・パシフィック社の代替運行 規模の経済 （購入，ジョイント・ベンチャー） RTA BART 駅—バス停

出典）　Donald Chisholm, *Coordination without Hierarchy*, p. 61.

これら三局面に表れる相互依存の形態は、二組織間関係と多組織間関係とに区分することができる。チザムは、この二形態が生ずる理由を分析する。第一の原因は、施設や顧客の共有といった状況が行政組織に直接要請するもので、「自然的（natural）」原因と呼ばれる。第二の原因は、補助金による調整を基礎としたもので、「人為的（artificial）」原因とされる。MTCはこうした人為的原因を作り出す最大の要因であった。第三の原因は、サーヴ

図Ⅱ-8　組織間相互依存の実態

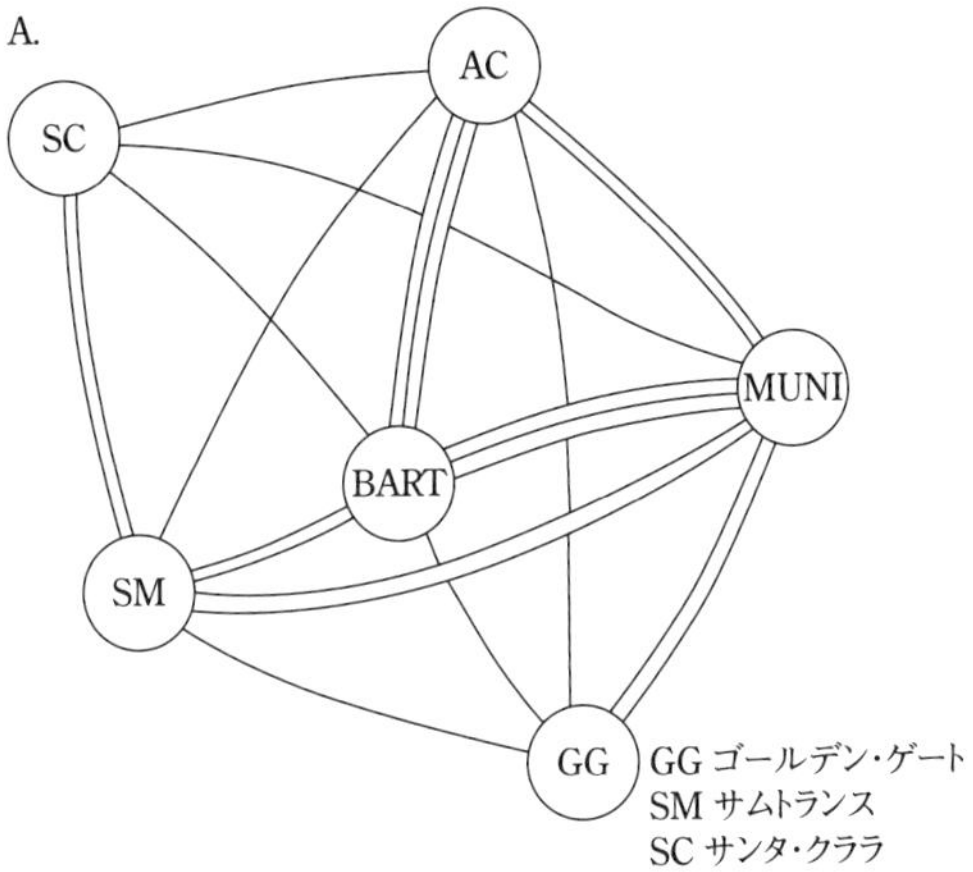

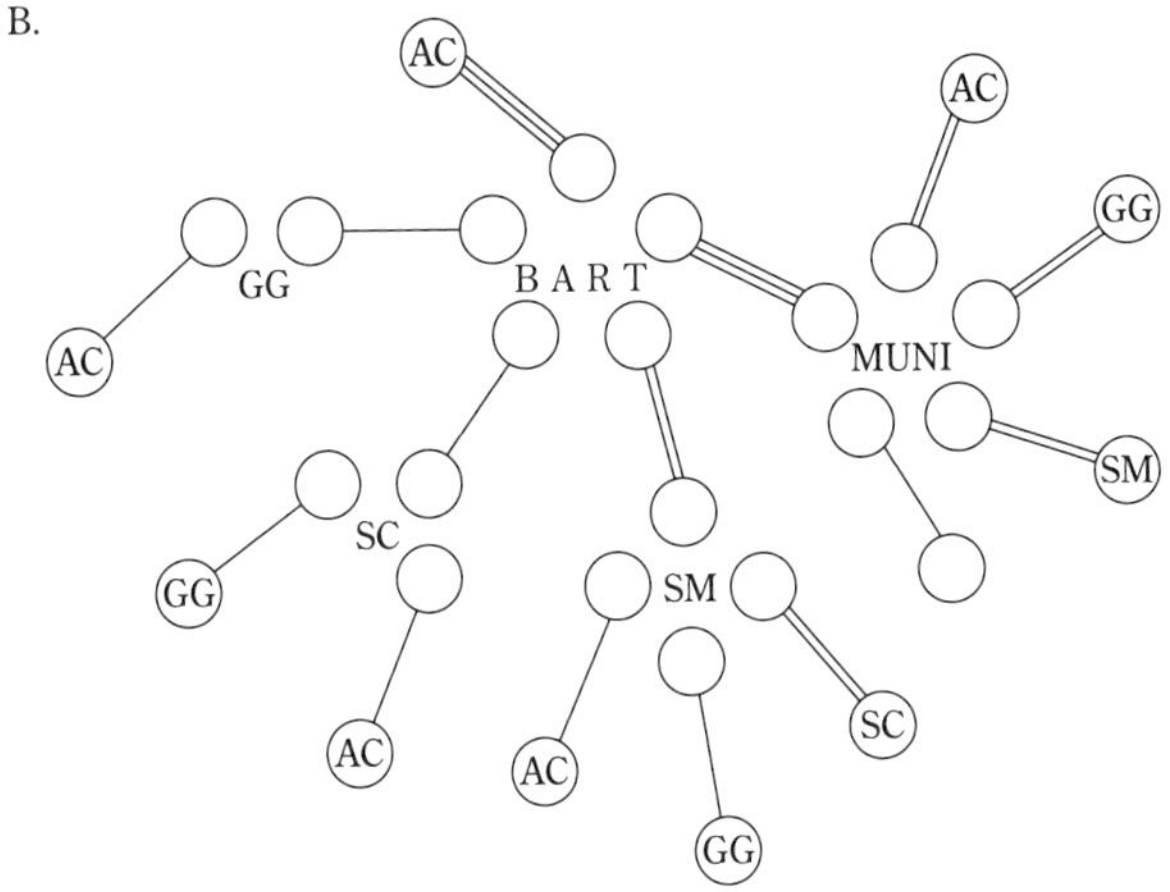

出典)　Chisholm, op. cit., p. 62.

ィス提供の相互補完や、規模の経済を獲得するために何らかの了解をとるもので、「自発的（voluntary）」原因とされる。事例に即してこれら三原因を整理すると［表Ⅱ-3］のようになる。ここから理解できるように、上位の計画機関が補助金を通じて統制する他は、ほぼ、自然的原因と自発的原因とによって組織間の相互依存が発生しており、そのうちの大部分は二組織間関係によって占められているのである。したがって、［図Ⅱ-8］のように、調整内容ごとに手続を区別すると、六組織間の一見複雑に構成されたネットワークは（A）、二組織間の手続の束として分解すること（B）が可能なのである。

このように、「総合調整」ともっぱら二者間の「省間調整」とが「調整」の二類型となるというとらえ方は必ずしも日本固有のものではない。ドイツのＰＲＶや、チザムの議論に見られるように、上位の裁定機関の機能や、所管領域の重複状況といった制度的・環境的要因から、具体的な「調整」の作動形態が現れると考えることができるであろう。この具体的な作動の過程とその変容については、章を改めて論ずることにしたい。

Ⅲ章 近代日本における「総合調整」と「省間調整」

1 「ドクトリン」の原型

前章で抽出した戦後日本における「調整」の二つの「ドクトリン」は、戦後のみならず明治期の内閣制度の成立時から、昭和期の戦時体制に至るまで、繰り返し提唱されていた。いずれも、戦後の第一次臨時行政調査会や行政改革会議と同様に、内閣制から省庁制に至るまで中央の行政機構全体の改革過程で主張されたものであった。

もちろん、「調整」と呼びうる活動は、明治期から様々な形で存在していた。しかし、このうち、次第に、内閣レヴェルと省間レヴェルの水平的交渉の改革が行政改革の中で強く叫ばれるようになる。戦後に登場する「調整」の「ドクトリン」とほぼ同内容の改革案が、「調整」という表現をほとんど用いずに繰り返し主張されたのである。その結果、一九三〇年代の組織法令の中で、「調整」という表現が登場し、定着した。これは一九五〇年代には、改革の標語として、すなわち「ドクトリン」の中に登場し、以後はこの言葉が「ドクトリン」として繰り返し用いられるようになる。

したがって、二つの「ドクトリン」は、近代以降今に至るまで、日本の内閣制と省庁制の構造的な特質を言い当てているものと考えることができる。よって本章では、その確立過程を検討する。すなわち、組織法令上「調整」という文言が特定の型を意味するに至った時期までを対象に、前章で摘出した内閣レヴェルの「総合調整」の「ドクトリン」と省間調整の「ドクトリン」それぞれの原型が成立し、確立する時期を明治期の内閣職権制定後から順に追跡する。そこでは、まず、省間調整についての「ドクトリン」に対応するものとして、省間の「協議」が制度として広く認められ、そのルールも形成される。やがてこれは「調整」と呼ばれるようになる。次に、内閣レヴェルの「総合調整」の「ドクトリン」に対応するものとして、官僚集団を首相ないしは内閣の事務局に配置し、大臣間・省間を広く統合する構想が登場し、制度化される。これらの機関は、「総合調整」事務を所掌するものとして組織法令上規定されるようになる。しかも多くの場合、これらの「総合」的な「調整」の機関は、期待を下回る役割しか発揮できなかった。その結果、一層の「総合調整」が要求されるようになったのである。

もっとも、戦後の諸外国や日本でいう諮問機関を通じた行政改革は、戦前の日本では見られない。もっぱら官僚集団にときに政治家の参与した機関が、行政改革を検討し、そこで作成された案の一部が実施に移された。したがって、「調整」の「ドクトリン」の原型を探るには、諮問機関そのものではなく、官僚集団によって構成された会議体や、その周辺の人物による改革構想に着目する必要がある。そこでの改革の標語に、戦後の行政改革の諮問機関報告書に明瞭に表れる「ドクトリン」の原型がひそんでいるからである。

2 内閣制度の成立と「調整」の原型

内閣官制・各省官制通則・各省官制の制定と改正

明治期に近代国家としての中央政府機構を整備する過程でまず特筆すべきは、内閣制度の成立である。一八八五年に内閣職権が制定され、一八八九年に内閣官制へ改正されて制度としては定着を遂げる。この間、一八八六年に各省の機構の共通部分を規律する各省官制通則と、省ごとにその機構を規定する各省官制が相次いで制定されるが、大日本帝国憲法が審議・発布され、帝国議会が開設される過程と並行して、通則と各省官制も再検討に附され、九〇年三月の通則改正とこれに伴う各省官制改正を経て、九一年七月の通則・各省官制の同時改正によって、省組織と意思決定手続の基本型が制度化された。このように、内閣制度の制定と再編は、憲法制定と議会開設準備作業の中で、省組織の再編と連動していたのである[1]。

従来の行政学は、内閣職権から内閣官制への改正の中で大臣に対する首相の統制権限が弱められたことに着目して[2]、これを各省の「割拠制」すなわちセクショナリズムの起源となったととらえた。確かに、首相権限の弱体化は大臣権限の強化であるが、各省官制通則・各省官制を含めて改革過程を検討すると、次官との関係でも大臣権限が強化されており、これをもあわせて考慮する必要がある。本節では、帝国議会の開設の中で大臣権限を強化した改革の趨勢に留意しつつ、特に農商務省を素材に、内閣制と省庁制の全面的改革が内閣レヴェルの「総合調整」の「ドクトリン」と省間調整の「ドクトリン」双方の原型を生み出した過程を摘出する。

農商務省を対象とするのは、次の理由に基づく。第一に、一八八五年から九一年までの改革を全体として見渡していたのが井上馨であり、八八年に農商務大臣に就任した後、条約改正失敗の責任を取って辞任した後も大臣人事に対して影響力を行使したからである。特に、九一年の官制改革を主導した陸奥宗光農商務大臣は、井上と密接に連携しながら問題の処理にあたっており、井上の構想に沿って積極的に改革を推し進めた。第二に、農商務省は、殖産興業の中心的役割を果たすことを期待された省であり、殖産興業の方策をめぐって、省内の人的集団間の対立が激しかった[3]。そもそも殖産興業の立案は、省内外の所管の重複を整理し直すよう、対応を迫る傾向にある。よって農商務省では、殖産興業の構想をめぐり、他省と対立し、かつ省内では局編成をめぐって集団間の対立が激しかったのである。第三に、この時期の農商務省改革は、短期のうちに急速に省内対立を克服して、制度化を進めており、内閣制度成立以後の内閣と省組織全体の制度化過程を凝縮して表していると考えることができるのである。

井上は、同時代の他の指導者と比べて、内閣制・省庁制の性格を熟知した上で官制改革を構想していた点で、異色の政治家であった。一八八九年に井上は、当時進行していた各省官制通則の改正に関して、黒田清隆首相宛ての書簡で次のように述べた[4]。

是等のこと独り各省官制通則のみを改正することあるも、内閣の組織を初めとし各省官制に至るまて共に之を改正し、実務と道理に徴して衝突矛盾の患なからしむるにあらすんは、到底能く其目的を達すること能はさるべきや疑なきを得ず

つまり、内閣職権・各省官制通則・各省官制を同時に改正する必要があるというのである。その上で、井上は各省官制について次のように述べた。

現行各省の官制中には往々主任事務の配分宜しきを得すして、一省に属すへき事務の他省に連属する等のあるありて執務上屢々見解を異にし互に往復を重ねて漸く其事務の区域を知るを得るか如き状態あり。内務省及農商務省の間に於ては最も然りとなす。斯くの如きは独り一省事務に渋滞を来たすのみならず地方庁をして其従ふ所に迷はしめ、遂には人民の営業上に迷惑を来たさしむる如きこと之なしとせざるなり。今や漸次各省の官制を改正せらるゝに当ては各省主任事務の配分如何に最も注意を要すへし。

したがって、改革の手順としては、各省官制通則を他と切り離して議論するのではなく、内閣職権

と各省官制についての審議をこれに先行させるべきとする。「本官の望む所は各省官制通則の改正は暫く之を中止し、更に便宜の方法に拠り官制取調委員を設け委員長を置きて、内閣の組織及各省事務の性質等に付充分の審議を尽さしめ、一般官制の改正案を調製して而後裁可を経発布せらるゝの順序となさんと欲するに在り」というのである[5]。確かに改革過程を見ると、井上の主張通り、一八八九年一二月に内閣官制が制定され、農商務省官制改正案も一二月には閣議に提出されている[6]。その後一八九〇年三月に、機構について従来の規律を弱め、各省の便宜をより広汎に認める形で各省官制通則が改正され、これを受ける形で六月に農商務省官制が、文部省官制、司法省官制と同時に制定された。以後他省の官制も新しい通則にあわせて改正されたのである。改革はさらに継続し、第一次松方正義内閣時代にも、九一年七月に各省官制通則改正と同時に各省官制が一斉に改正された。かくして一連の官制改革は、「実務と道理に徴して衝突矛盾の患なからしむる」ために、内閣官制・各省官制通則・各省官制を「共に」すなわち同時に改革した。改革全体を見渡すと内閣制と省庁制とは一体の制度なのである。

だが、これらが一体の制度である前提としては、まず組織の単位である省自体が一体のものでなければならない。農商務省官制の改正過程は、省内の対立を克服する過程でもあった。農商務省内では、八九年五月に井上農商務大臣が農商務省官制改革のため新任の原敬参事官に調査を命じている[7]。改正案が成立するまで大臣人事は、条約改正失敗の責任をとって井上が辞職した後、次官の岩村通俊がこれに就任し、ついで岩村の病気で九〇年五月に陸奥宗光へ交代する。一貫して農商務省へ影響を保った井上とこれを支持する官僚集団は、薩摩出身で省内の有力官僚であった前田正名とその支持派と対立し続けた。そして、前田が陸奥の大臣就任に伴って更迭されることで省内派閥対立は井上派の勝利に終わった。農商務省官制の改革は、省内派閥対立の解消とともに進行したのである。

しかも、この改正の過程は井上が黒田に述べていたように、「各省主任事務の配分」を見直し、従来の省間対立を解消する過程でもあった。農工商に関する教育の事務が文部省との間で懸案となり、海面区域と水面埋立に関する事項が内務省との間で問題となり、内務省地理局主管事務を農商務省へ移管すべきことが説かれた(8)。八六年の各省官制通則は第二条で「主任ノ事務両省ニ関渉スルトキハ関渉ノ各省大臣ノ間ニ協議ヲ経テ其主任ヲ定メ上奏スヘシ若シ各省大臣ノ間協議決定セサルトキハ之ヲ閣議ニ提出スヘシ」と規定しており、これは九〇年の改正通則でも維持されていた。したがって、所管事項の配分は最終的には閣議で決定されたのである。

このときに、農工商に関する教育事務は文部省に移管させられた。官制の準備段階では、農商務省はこれを当然自らに帰属すべきものと主張したが、その方針は変更された。原敬は変更理由を日記にこう記した。一つには、「学問ノ系統上ニ於テモ文部省ニ属スル方適当ニシテ且ツ得策ナル」ため、すなわち他の教育機関と同様、文部省の管轄に置くべきという政策体系上の理由である。二つには復権を狙う前田正名らが薩摩閥の影響下にある農林学校の教員を煽動して次官復帰を画策していたのを封じるためであった。浜尾新文部大臣と陸奥農商務大臣とで協議し、「決行マテハ何人モ之ヲ知ラス、全ク突然ニ出タリ」という形で処理したのである(9)。

ところが、問題は所管の再配分だけでは終わらなかった。いまだ省間で重複する事務が存在していたからである。官制改正案付属の文書は次のように主張している。(10)

各省ノ間ニ事務ノ分担及ヒ連絡ノ宜シキヲ得サレハ無用ノ手数ヲ重ネ且ツ経済ノ根底ヲ害シ遂ニ大体ノ方針ヲ貫徹スルコ能ハサルニ至ランモ知ルヘカラス而シテ此クノ如キ弊ナカラシメントスルニ必要ナル手段ハ各省ノ間ニ協議ノ道ヲ広ムルニ若カサルヘシ。然ルニ他省ニ連帯スル事務ハ主務ノ省ヨリ協議ヲ要スルコ今日既ニ実行セラル、所ナリト雖トモ其協議スヘキ条件ノ区域判然セサルモノアリ

逓信省・鉄道局の所管する交通運輸に関する事項、大蔵省の所管する租税に関する事項、外務省の所管する外国通商に関する事項が例に挙げられて、いずれも農商工業への影響が強いことが指摘された。その上で、次のような解決策が主張されたのである。

右ニ陳述セシ如キ事項ハ可成丈ケ農商務省ニ協議セラレンコヲ望ム就テハ此場合ニハ主管ノ省ヨリ委員ヲ組織シ其委員中ニ必ラス農商務省ヨリ出員シ又時宜ニヨリテハ実業者ヨリモ委員ヲ出シ以テ其特質ヲ審議セシメラル、コヲ要ス欧州諸国ニ於テモ皆ナ此クノ如キ順序ヲ経由セサルモノナシ

このようにヨーロッパ諸国の決定手続が例示されて、「協議ノ道ヲ広ムル」という方針を立てることが主張された。後に、これが日本において省間対立を終息させる基本的な手法となっていく。すなわち、省間調整の「ドクトリン」は、ここに起源を見出すことができるのである。

総理大臣・大臣・次官の関係

黒田宛の書簡で井上が記したように、官制改革は内閣から各省に及ぶ制度全体の再設計であった。だとすれば、改革は、省間調整だけではなく、内閣レヴェルの「総合調整」の再検討をも促すはずである。事実、「総合調整」の「ドクトリン」の原型もこの時期に見出すことができるのである。

むろん、この太政官制から内閣制度へ移行する時期の省は、改廃を繰り返しており、決して制度的に定着を遂げたとは言えない。ここで提唱された「ドクトリン」の原型もまた、あくまでも、状況への対応としての論理構成に過ぎない。だからこそ、重要なのは、改革の到達点ではなく、方向性である。その点で注目すべきは、一八八五年の内閣職権・八六年の各省官制通則における総理大臣・各省大臣・次官の関係である。というのも、これらが内閣制と省庁制との結節点だからである。ここでは、総理大臣は「大政ノ方向ヲ指示」し、各省大臣の所管に説明を求めるなど強い統制権限をもっていた。他方で、次官は、総務局長を兼任して省内の事務を監督することで、政務を所掌する大臣との間の役割を明確に区別していた(11)。だが、次官は広く大臣の代理を務めることが可能であり、大臣が省務に相当の精力を割かない限り、次官が実質的に大臣の役割を代行することになった。結果として、大臣の権限は総理大臣・次官双方に対して、制度上曖昧なまま劣位の状態にあったのである。

もちろん、内閣制度の発足直後の伊藤博文・黒田清隆の両内閣では、それぞれ首相が長州閥・薩摩閥の指導者であり、大臣も太政官制下で参議・卿を経験していた藩閥の指導者達が就任していたため、制度設計の問題は顕在化しなかった。しかし、帝国議会開設に直面した山県有朋内閣以降になると、大臣の空席を次官から昇任させたり、藩閥の指導者よりは一世代若い陸奥宗光、芳川顕正らが大臣に任命された。その結果、次官と大臣との距離が急速に縮小し、次官の中から大臣を非難し、その行動を制約する者が現れるようになった。加えて、帝国議会の場では、予算・法律の説明は専ら次官が政府委員として行った。帝国憲法第五四条は「国務大臣及政府委員ハ何時タリトモ各議院ニ出席シ及発言スルコトヲ得」と規定しており、議会審議の中では「国務大臣ト均シク政府全体ノ責任ヲ負ヒテ発言スル者」ととらえられた(12)。議会の側も、次官が官制上「一省ノ代理」であって「国務大臣ト変ツタ所ハナイ」とみなしていた(13)。これにより、次官が実質的にも制度的にも大臣と匹敵する働きをするようになったのである。

このような状況下で、大臣は、次官を含めた省内への統制力の確保という課題に直面し始めた。これを先鋭に自覚していたのが、陸奥であった。一八九〇年五月に、陸奥は、農商務大臣就任の挨拶で次のように省の諸問題を摘記し、省内改革の方針を示した。まず陸奥は、一八八一年の設置以来、農商務省が「農商管理ノ事務ヲ主ト為ス」方針を掲げていたことに触れ、次のように述べた(14)。

本省ハ、不幸ニシテ創設ノ初ヨリシテ長官屢々其人ヲ更タメ、而シテ其更任ノ事情ハ本省ノ為メニ選任セラレタルヨリモ寧ロ内閣大臣配置ノ都合ニヨリタルモノ多ク、匆々トシテ来リ、匆々トシテ去リ、充分ニ本省事務ヲ統一整理スルノ暇ナカリシヲ以テ、勢イ随時副急ノ事務ニ駆ラレ、知ラズ識ラズ此主義ヲ高閣ニ束置シ或ハ其ノ是トスル所ニ拘ツテ之ヲ行ヒ、遂ニ本省創置以来ノ方針ヲシテ或ハ左シ或ハ右シタルガ如キノ看ヲ呈セシメタルハ実ニ今日ニ於テ掩フ可ラザルノ事実ナリトス

ここから、従来の農商務省官制の改革作業が進行したのは、すでに見た通りであり、省内では局が大幅に再編され、地質局・水産局が廃止されて、商務局と工務局が商工局へと統合された。そして陸奥は、このような「本省事務」の「統一整理」を進めた後に、前田次官更迭後空席であった次官ポストに石田英吉を充てた。省内の派閥対立を解消し、局の再編によって所掌事務の「統一」を図ったのである。

しかし、省内の「統一」は議会からの挑戦によって、再び動揺した。九〇年一一月に開会した第一議会では、政府と議員との間で激しい論戦が繰り広げられた。論戦の主たる主題は、政府提出予算の修正であったが、それと並ぶ主題は議事手続の決定であった。その際に、政府委員として大臣に代わって答弁する次官の役割が問われたのである。

議会側は、機会をとらえて政府委員の発言を問題視し、特に、石田農商務次官、岡部長職外務次官に対しては、予算案の説明を差し止め、さらには政府委員の交代を要求した。ともに議会での答弁に慣れない次官の側に問題があった[15]。だが、政府委員として議会に釘付けになる次官は省内事務を満足に行えなくなり始めていた。つまり、「次官ハ開会中議院ニ出頭シ其主任ノ議事ノ経過ヲ視察シ脳漿ハ常ニ議院政略ヲ以テ充満シ省内ノ常務ノ如キハ殆ント書記官ニ放任シタルカ如キ有様ナリ」と観察されていたのである[16]。議会開設によって次官は対議会戦略と省内の事務の双方について、従前のようには対応できなくなった。当面の議会は自由党のうち愛国公党系のグループが自由党を脱党して政府に妥協したことによって、小規模の歳出減額の予算を成立させることができたが、来る第二議会を前に、予算修正にもとづいた俸給と官制の改正に加えて、議会への対応のために省内の組織管理をより真剣に検討する必要が生じたのである。

まず一八九一年五月に首相は山県から薩摩閥の松方正義に交代し、閣僚は外相を除いて留任する。六月には一部の閣僚の入れ替えが図られ、あわせて次官も外務省、司法省、農商務省、逓信省で順次交代した。このように松方内閣は、部分的な大臣・次官の交代を進めつつ、官制改革と内閣制度再編を企図した。

官制改革については、五月に官制調査委員会が設置され、七月に成立を見る。内容は、官吏の職に対応した俸給制の導入と、各省の分課の整理、各省官制通則の改正であった[17]。前二者は、第一議会での予算修正を契機とした措置であり、各省は官制の改正によって、局を含めた組織の整理縮小を進めた。また対立が深刻であった俸給制の導入では、陸奥が内閣側の代表として官制調査委員会に参加して処理にあたった。[18]だが、ここで着目したいのは、議会への対応というよりは政府側の自主的な改革であった各省官制通則の改正である。

各省官制通則の当初の審議事項は「従来ノ経験ニ於テ官制通則中必要ナラザルモノヲ省略スル事」とされていた。[19]そして、七月二四日に裁可された新しい通則は、総務局に関する規定を廃止し、所掌事務を大臣官房に一本化し、あわせて次官が大臣の職務を代理し、また公文に署名するという規定であった一八条・一九条を削除した。さらに、各省の分課について以前の通則は閣議で決定する事項としていたのを、大臣の決定と総理大臣への報告という手続に簡素化した。また一三条では、旧条文の次官の職務としての「省務ノ全部ヲ整理スルノ責ニ任ス」という規定を削除することで、「省務」への大臣の責任を明確にした。これらはすべて形式的には、大臣の権限を拡大する方向への改革であった。一八八九年の内閣官制は、総理大臣による大臣への統制権限を削除したものの、省内の大臣と総務局長を兼任する次官との権限配分は通則上整理されていなかった。これを整理することによって、大臣は内閣においても省内においても、リーダーシップを発揮する職と制度上認知されたのである。[20]陸奥の主導した改革とは別に、司法大臣の山田顕義は、独自の内閣官制改革案を提示していたが、そこでも、大臣の権限を強化し、内閣強化のためには法制局を拡張して政府委員をその職員が担うこととし、「帝国議会ニ対シテハ政府委員ノ任務ヲ特有セシメ、各省ニ於テハ主任大臣ノ外議会ト関係ナカラシムル事」としている。[21]このように、大臣の権限強化が当時閣内で共有された課題であった。

そして、八月に松方内閣は、「政務部」を閣内に設置する。確かにこれは、国会対策と新聞操縦のために大臣の発言内容を統一することを目的としていたが、以上の大臣のリーダーシップの確立を前提とした内閣の再構築構想でもあった[22]。

政務部は、長官に提唱者の陸奥が就任し、数名の部員を率いて、他の大臣との連絡に当たる組織として発足した。これは、八月一二日に設置が閣議で決定され、二五日に秘密裏に部員が任命されたが、陸奥の指揮に従うことを嫌う他の大臣の反対にあって陸奥は九月一五日に部長を辞任し、松方首相が部長を兼任することで事実上の役割を終えた。

この政務部設置が重要であるのは、従来指摘されてきたように、議会での発言や新聞への意見表明を政務部長が統制するという実質的な目的だけではない。その制度としての形式もまた重要なのである。政務部設置とともに決定された「内閣議決書」は、従来の大臣のリーダーシップを次のように批判して、内閣制度創設以降の官制改革の延長に政務部の設置を位置づけた[23]。

我国ハ、他国ニ類例無ク、頻々閣議ヲ開クヲ例トシテ、其議スル所、瑣末ノ常務多ク、大政ノ方針ノ如キハ、時ニ之ヲ冷視シテ去リ、偶々意ヲ注ク者アルモ、遅疑逡巡、敢テ胸襟ヲ披キ、直言以テ事ヲ議セサルノ幣アリ。今回官制ヲ更新セラレ、主務大臣ノ分担稍々重キヲ加ヘタルヲ以テ、将来其ノ大体ノ政略ニ付、統一ノ実ヲ挙クルヲ得ハ、特ニ時事問題ヲ以テ閣議ヲ開キ、或ハ大臣ノ意見ヲ研磨シテ帰一ヲ計リ、内外ニ対シテ、全内閣一致ノ運動ヲ為サヽルヘカラス。

したがって、陸奥は「政務部ハ之ヲ公然ノ制置ト為シ勅令ヲ以テ其ノ職制ヲ明ニスヘキノ妥当ナルヲ認ムト雖一般ノ官制僅カニ改革セラレ墨痕未タ乾カスシテ政務部設置ノ為ニ再ヒ内閣ノ官制ニ変動ヲ来スカ如キアラハ是レ或ハ風ナキニ濤ヲ起スノ虞ナキニ非ス」と述べて[24]、官制を改正せず「内閣規約」と銘打った秘密の規定を作成してその機構を定めたのである。なお、ここでいう「一般ノ官制」は、前後の改革のタイミングから改正されたばかりの各省官制通則を指すが、内閣職権制定から内閣官制への改正過程の文書では、もっぱら各省官制に対する各省共通の官制すなわち各省官制通則に規定される条項を「一般ノ官制」「一般官制」と呼んでいることからも[25]、各省官制通則の改正を指しているものと考えられる。

しかも、「内閣規約」は、「各大臣ト政務部トノ間ノ関係ヲ明ニシ互ニ其ノ責守ヲ審ニシ衝突ヲ避ケテ和衷協同ヲ期スル」と述べており、大臣間の関係を規律することが主眼であった。その究極的な目的は「大政ノ方針ヲ帰一ニシ機務ヲ統一スルノ必要ヲ認メ」たためなのである[26]。

以上から、内閣職権制定から政務部設置までは一連の改革としてとらえることが可能であり、それは、一方で大臣の権限を省内外で強化し、他方で大臣によって構成された内閣の「機務ヲ統一」するための措置であった。内閣職権の制定時から、内閣の「統一」の方策は議論されていたが、実際に制定された内閣職権・内閣官制と各省官制通則は必ずしも同一の目的にもとづいて整理されていたわけではなかった。一八九一年の官制改正と政務部設置は、これらを大臣への権限集中の上で解決しようとしたのである。大臣が各省を掌握し、さらにこれら大臣を統御する「政務部」を設置するという構想は、後に内閣の補助機関を設置して、ここが各省の「総合調整」に当たるという「総合調整」の「ドクトリン」の原初的な形態であるとみることができるであろう。

こうして、一八八五年から八九年までの官制改革を経て、一方で、省間の所管の再配分が問題となることによって、省間調整において「協議」という手続を設定するよう主張された。他方で、大臣の権限強化が規定上進行し、これをもとにした大臣間の交渉手続の整備によって内閣の「統一」を図る構想が一時的にではあれ実行された。前章で見た内閣レヴェルの「総合調整」の「ドクトリン」と、省間調整の「ドクトリン」とは、近代的な内閣制度の成立時に、その原型を見いだすことができるのである。

省間対立と一九〇八年一〇月二一日勅令第二六六号

この内閣制度の成立時に姿を現した二つの「ドクトリン」の原型のうち、省間調整の「ドクトリン」は、農商務省の提案したように、「協議」が諸々の所管の重複を解決する手続として、法令上制度化され、次第に各省共通の制度的な枠組みとなった。その契機となったのは、第二次桂太郎内閣下で、一九〇八（明治四一）年一〇月二一日に裁可された勅令第二六六号「二省以上ノ交渉ノ事項ニ関スル件」の制定である。この内容は次の通りである。[27]

第一条　軌道条例ニ依リ内務大臣ノ特許ヲ受ケ一般運輸ノ業ヲ営マムトスル者ハ逓信大臣ノ許可ヲ受クヘシ

第二条　産業講習所又ハ産業組合ニ関スル規程ヲ定メ又ハ之ヲ廃止変更セムトスルトキハ農商務大臣ハ産業講習所ニ関シテハ文部大臣ニ、産業組合ニ関シテハ内務大臣ニ協議スヘシ

第三条　実業学校ニ関スル規程ヲ定メ又ハ廃止変更セムトスルトキハ文部大臣ハ農商務大臣ニ協議スヘシ

この規定は、軌道条例、産業講習所、産業組合、実業学校のそれぞれについて、主管大臣以外の大臣が関与する手続を定めている。第二条と第三条は共通して、主管大臣が主管大臣以外の大臣に「協議」するという手続を設定すると規定している。ここでは、一八九〇年官制の際に、農商務省が官僚レヴェルの「委員会」において「協議」すべきことを主張したのとは異なり、大臣間の「協議」とすることが法令上定められているのである。これに対して、軌道条例では、営業許可を申請する者は、主管大臣である内務大臣に加えて逓信大臣からも許可を得ることが規定されている。

そして、これらの規定は、政治的な効果と長期にわたる行政面での所管紛争の決着とをねらったものであった。まず政治的には、これらは、内閣の内政面での政策の優先順位と、それに伴う大臣間の権力関係を反映したものであった。一つには、平田東助内務大臣の政策構想の重視である。平田は、日露戦争後の臣民の倫理を掲げた戊申詔書を実質的に作成し、町村財政基盤の強化や農事改良などす

でに内務省が着手していた地方改良運動をさらに拡大し、教育の充実や青年会・在郷軍人会の活性化などを全国レヴェルで推進しようとした(28)。その政策手段であった産業組合は、かつて平田が設立に尽力したものでもあった。勅令は、この産業組合について所管省である農林省に対し平田を大臣とする内務省から意見を提出する機会を設けたのである。二つには、鉄道国有化後の鉄道政策全般を再編・拡充するため(29)、満鉄総裁から桂が招いた逓信大臣後藤新平の政策の重視である。ここでは、軌道条例について、所管省の内務省だけではなく、逓信省からも許可処分を受けることが規定されており、政府部内で逓信省が内務省の決定に関与する機会を確保しているのである。なお、実業系統の教育機関については農商務省と文部省とが互いの所管について意見を提示するよう規定し、権力関係を均衡させているとみるべきであろう。

次に、軌道、産業組合、実業学校などの諸項目は、いずれも従来から省間の所管をめぐる紛争が続いていたものである。一九〇八年七月に発足した桂内閣は、懸案であった各省間の権限関係の整理に臨み、一〇月にこの勅令を制定して解決を図ったといえる。以下では、比較的史料が豊富である内務省と逓信省との交渉をとりあげ、勅令制定までの省間協議の制度化過程を追跡したい(30)。

軌道条例は一八九〇年に内務省を主管として制定され、公共道路上に馬車鉄道その他の軌道を設置する場合に、内務大臣の特許を得ることとした。条例の制定は、電気鉄道の軌道敷設の特許の申請があったことによるものである。一九〇七年までの特許軌道数は［図Ⅲ-1］の通りである(31)。ここに見られるように、一九〇六年から〇七年にかけて急激に電気を動力とする軌道の数が増大した。事業者

図Ⅲ-1　特許軌道数の変遷

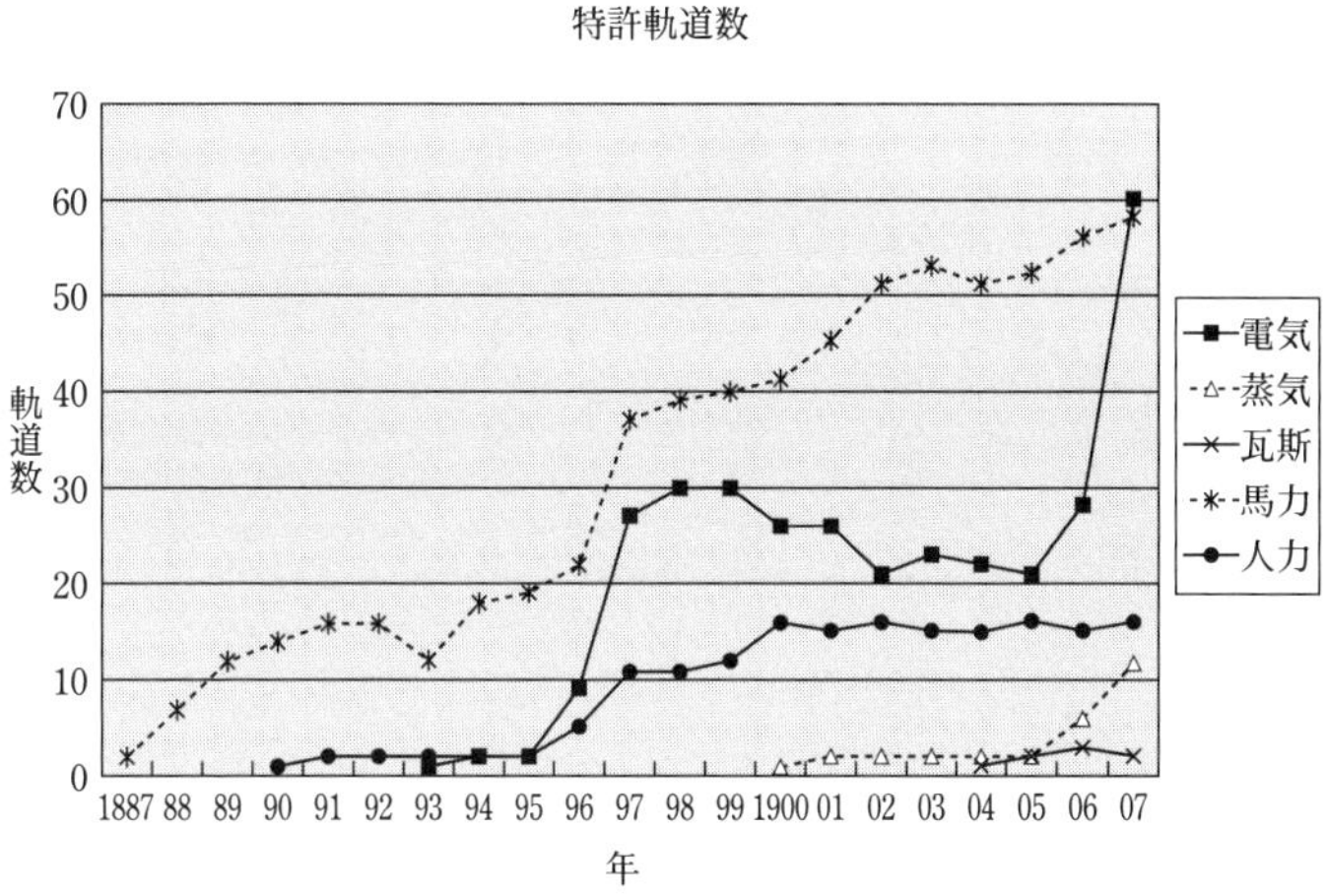

数の増大は、道路を管理する内務省以上に、鉄道事業を所掌する逓信省の強い関心をひいたのである。この経緯を内務大臣であった原敬は一九〇六年一二月の日記に次のように記している(32)。

定例ノ閣議ニ出席セリ、（中略）各地軌道条例ニヨル電鉄ニ関シ新聞紙ヲ始メ逓信省ニテモ彼此非難スル由ナルモ、内務省ハ去三十年内務逓信主任者ト内閣書記官長トノ間ニ決定シタル方針ニ基ツキ処理シ来リタルヿニテ、其方針ヲ変スレハ格別、否ラサレハ今日何等議スヘキヿナシトノ趣旨ヲ述ヘテ今日ノ実績ヲ報告シ、且ツ暗ニ逓信次官等ノ放言ヲ戒シメタルニ、山県逓相ハ之ヲ弁解シ、決シテ他意ナシ只軌道ヲ許可スル前ニ逓信省ニ交渉アリタシト陳ヘタルモ逓信省ニシテ軌道ニヨル電鉄ヲ許サヽルノ方針ヲ取ルニ於テハ徒ラニ紛議ノ種ヲ蒔クモノナリト駁セシニ結局通牒ニテモ可ナル旨ヲ述フルニヨリ然ラハ之ヲ通牒シテ現在ノ鉄道ニ影響ノ有無ヲ勘考セシムルノ参考ニ供スヘシト云ヒタルニ、否ナ意見ヲモ述ヘタシト云フ結局不得要領ナリキ但山県ハ別段ノ意思モナカランガ次官仲小路廉ハ嘗テ司法省ニテ法官ノストライキヲ企テタル様ノ人物ニ付、電気使用ヲ容易ニ許サズシテ内務省ノ反正ヲ促サントスル積ナリナト臼井哲夫ニ放言シタルハ事実ナリ

電気鉄道の事業者の登場により、軌道条例にもとづいて内務省が所管するか、私設鉄道条例にもとづいて逓信省が所管するかが問題となった。一八九二年に内務省は、道路上に軌道を敷設し、車両数二両にすぎないものであり、走行速度も遅く他の通行者の危険のおそれのない場合は軌道条例により、主に道路線によらずに軌道を設けて数多の車両によって運行する場合を私設鉄道条例によるものとして、閣議に請議した。これが認められて、内務・逓信両省間の所管配分がひとまず決定された(33)。しかし、翌年に内務省は機械電気等の技術面での審査が不可能なことから、「蒸気電気空気等ノ作用ヲ原動力トスル鉄道」は逓信省の所管として「道路河川橋梁其他必要ノ事項ニ関シテハ逓信大臣ヨリ内務大臣ニ合議スルコトに改メ」るよう主張した。これに対して逓信省は、軌道条例の特許を得て馬車による軌道を営む業者が電気事業への転換をはかる場合は、法文上は軌道条例の適用となることが明らかであるため、「電気事業ノ監督ハ本省ノ主管ニ属スルヲ以テ電気原動力ニ関スル事項ハ本省ヘ協議ヲ遂ケラレ当然ナルヘシ」と主張した。閣議は逓信省の主張を採り、「調査上専門ノ技術者ヲ要スル

コトアラハ逓信省意見ノ如ク内務省ヨリ逓信省ニ協議ノ上処理」するよう決定したのである[34]。

このような所管を相互に押しつけあう紛争は、電気事業の特許申請者が増え始めると変化した。一八九六年に摂津鉄道株式会社発起人から電気鉄道敷設の特許が申請されたときに、内務省は一八九二年の閣議にもとづいて軌道条例によって特許の処分を出そうとした。だが、新規の事業者が他の事業者との競争関係に入ることを考慮して、逓信省は特許付与に反対した。閣議では、内務省の処分を認めた上で、「将来本件ノ如キ場合ニ於テハ逓信省ト協議ヲ遂ケ許可セラルヘシ若シ協議調ハサルトキハ其都度事情ヲ具シ閣議ニ提出スヘシ」とする件が審議されたが[35]、結論が出なかった。よって、内務・逓信両次官と内閣書記官長とが交渉し、一八九七年六月一二日に「協定」が成立し、逓信省は既成鉄道との関係で処分を審査する必要がないことを了承して、処分が下されたのである[36]。

ところが電気鉄道事業者数が急増した一九〇六年には、逓信省は再度協議の場で特許処分に反対する姿勢を示した。原は九七年の協定に基づいて、電気鉄道事業については内務省が特許処分を行うことを強く主張したのである。そして、一九〇八年に第二次桂内閣が成立した後、この問題は再度内閣レヴェルで議論された。当時法制局参事官であった江木翼は日記に次のように記している[37]。

> 昨二十八日、軌道条例（二十三年議会前ノ法律）中、内務大臣ノ特許ヲ受ケトアルハ官制ノ規定ニ依リ之ヲ逓信大臣ニ移スコトヲ得ルヤ否ヤノ問題起ル。法律ノ規定ノ趣旨ガ権限ノ分配ヲ定ムル目的ニアラザル場合（本場合ノ如キ）ニ在リテハ、勅令ニ依リテ法律中一官庁ノ事務ニ付セ

ラル事項ヲ他ニ移スハ差支ナシト論ズ

この江木の主張に沿って、一〇月には勅令という形式により、内務大臣のみならず逓信大臣もまた軌道の設置に際して事業者に特許を付与する権限を正式に得た。処分の際に両省の見解が異なれば、「協議」を行うこともまた、規定の中に含意されている。この勅令は、内閣制度成立後に所管争いが次第に顕在化した他の案件にも、同様の「協議」の手続を規定した。こうして、所管争いが長期化する案件には、所管省が関係省へ「協議」するという手続を設定することが、いくつかの案件に共通して公式に認められたのである。

3 政党内閣と「調整」の改革

行政改革と総動員機関

内閣制度創設以降、次第に内閣と省の制度化が進むにつれて、省間のレヴェルでは、省の所管の再配分のため、主管省から関係省へ「協議」するという手続を設定することで対応する形式がとられるようになり、一九〇八年の勅令はこれを公式に認めた。そして、この紛争解決方式が全省に共有されたことを示すのが、政党内閣期とりわけ加藤高明内閣から田中義一内閣にかけての行政改革である。ここでの政党と官僚制の相互作用を通じて、省間調整の手続が内閣制・省庁制の中に組みこまれたのである。

他方、第一次松方内閣の政務部に表れた内閣レヴェルの「総合調整」の「ドクトリン」の原型は、政党が統治の正統化根拠となった第一次世界大戦後に再登場した。この時期は、大戦による総動員機関の設置が行政組織編成において課題となり、大戦中に試みられた内閣レヴェルの調査活動と計画策定が、大戦後も模索されていく。まず、何らかの総動員機関が継続的に設置された。そして、この機関の調査・計画活動を、組織法は、次第に「総合調整」という言葉で呼ぶようになった。一九三〇年代には主として軍部の機構改革案が「統合調整」という表現によって調整権限の強度を表現したが、法制局はこれに対抗しつつ「調整統一」という法令用語を確固として用いるようになる。さらに、太平洋戦争後には、この「調整統一」は「総合調整」ないしは「連絡調整」という表現へと変化した。こうして、内閣レヴェルの総動員機関が常態化する中で、これを牽引する軍部と計画官僚が、法令執務を担当する法制局と権限内容をめぐる駆け引きを繰り広げ、「総合調整」の「ドクトリン」を形作る法令用語が確立するのである。

ここで注目すべきは、内閣レヴェルの調査活動と計画策定を構想する言説の中に、二省間の「協議」で対応することが不十分であるという認識が明確に主張されていたことである。それはすなわち、実務上は二省間の「協議」によって対応することを原則としつつも、内閣レヴェルの調査・計画活動がより高次の意思決定過程として重視されていたことを意味している。二つの「ドクトリン」は、実務の現場において明確に結びついていたのである。本節と次節では、この連関に着目しつつ、両者が「調整」という表現とともに定着するようになる過程を分析していく。

行政調査会と行政制度審議会における「事務系統」・「権限」の「整理」

一九二四（大正一三）年一月、政党を基盤としない清浦奎吾内閣が成立し、これへの抗議運動として高揚した第二次護憲運動の結果、五月の総選挙で憲政会、政友会、革新倶楽部の護憲三派が圧勝した。第一党の憲政会総裁であった加藤高明は護憲三派によって内閣を組織した。加藤は、選挙中から普通選挙法の制定と並んで行財政整理を公約に掲げており、発足直後には人員整理を中心とする行財政整理に取り組んだ。そして翌二五年五月には、政党内閣にふさわしい行政のあり方を検討するため、行政全般の改革を対象とする行政調査会を設置した[38]。

行政調査会は、設置当初、文官任用令の改正、高等官の官職名の整理、局課の整理、高等官試補制度の復活、各庁間の権限配分の整理、年末賞与の統一、文官試験規則の改正、軍部大臣任用制の改正、許認可事項の整理、金鵄勲章年金増加など多年議会で懸案となった問題の整理、官業の整理、地方制度及び地方行政組織の改善の一二項目を議題として検討を始めた[39]。もっとも、加藤首相は、これらの項目を「極メテ顕著ナルモノヲ例示シタニ過キマセン。尚此ノ外諸君ノ審議ヲ煩ハスモノモアリマセウ」と述べ、行政調査会はこれら一二項目以外の項目も審議するであろうことを予告していた。当初から行政調査会は、行政改革課題全般を検討する場となっていたのである[40]。その結果、革新倶楽部を吸収した政友会が与党を離脱した後の加藤内閣も、加藤の死後の第一次若槻礼次郎内閣も、ひきつづき行政調査会を置いて行政改革課題を多角的に検討した。

行政調査会の機構は、委員会と幹事会よりなる。調査会自体は内閣総理大臣の監督に属するものとされ、設置当初は、委員会は内務大臣、司法大臣、内閣書記官長、法制局長官、政務次官三名、次官一一名とされた。また、幹事は高等官の中から総理大臣が奏請し内閣が任命するものとされ、各省から局長クラスの官僚が選任された。幹事会は、議題毎に各省から出された意見をもとに審議し、場合によっては小幹事会を設けて少数人数で審議を進めた。幹事会で議決された報告書は、委員会で審議され、最終的に決定されるという手続がとられた。

この機構の特徴は、官僚機構の側から見て、各省が共通して委員会には次官を、幹事会には局長を送りこんでおり、突出する省がないように図られていたことである。これは、従来の官制改革の委員会が各省の代表者によって審議されていたという伝統を継承するものである。だが、政党内閣のもとでは、これに加えて政務次官が委員として加わっていた。そして、政務次官の参加人数は次第に増大していった。まず発足当初は、大蔵政務次官（早速整爾・憲政会）、農林政務次官（三土忠造・政友会）、逓信政務次官（古島一雄・革新倶楽部）の三名が、護憲三派それぞれから任命された。だが、一九二五年八月に憲政会単独内閣として加藤が再び内閣を組織した後に、政務次官は一名増員され、外務政務次官（矢吹省三）、大蔵政務次官（武内作平）、海軍政務次官（井上匡四郎）、逓信政務次官（頼母木桂吉）の四名が委員に就任した。さらに、加藤の死後若槻礼次郎が首相となり、一九二六年六月に内務・大蔵・農商務・鉄道の各大臣を交代させた後、七月には全政務次官を委員に任命している(41)。このように憲政会内閣は、漸進的に政務次官を参加させることで審議の促進を図った。だが、政党側には終始この審議体制への不満が残っており、若槻内閣最末期に開催された第二五回委員会の席では、幹事会が官僚によって構成されていることが批判され、ここに政務次官が幹事として議論に加わることで「各省割拠ノ弊」を緩和することができるはずという意見が示されたのである。[42]

同様の行政改革は、一九二七年四月に第一次若槻内閣が倒れて、田中義一を首班とする政友会内閣が成立してからも継続した。[43] 大命降下の直前の政友会臨時大会で公選によって総裁に選出された田中は、「我党多年の主張たる地方分権、教育の改善、農村振興、行政組織の改革等は相倚り相俟つて国運の交流を促すべき緊急の政策たるを痛覚する」と演説し、[44] 行政改革に取り組む姿勢を明らかにしていた。田中は、関係方面の意見を聴取した上で、六月に行政改革を審議する「大調査機関」として、[45] 行政制度審議会を設置し、自ら会長に就任した。行政制度審議会は、「行政制度ノ根本改善」を目的として設置されたが、「行政制度ニ関スル重要事項ニ関シ調査審議スルモノデアリマシテ其ノ各事項ハ内閣総理大臣ヨリ諮問スルノ外審議会ニ於テモ進ンデ建議スルヲ得ルコトニナツテ居リマス」と田中首相が第一回委員会で述べたように、政友会の年来の主張であった地方分権を中心に、議題の設定は審議会に委ねられた。[46] 審議会は、委員会と幹事会で構成され、委員会は官制上、国務大臣、内閣書記官長、法制局長官、学識経験者から委員を選任することとしていたが、幹事の要件については記載がない。つまり、内閣の裁量で委員を選任できる規定の上で発足したのである。委員は、内務大臣（鈴木喜三郎）、大蔵大臣（三土忠造）、文部大臣（水野錬太郎）、農商務大臣（山本悌二郎）、内閣書記官長、法制局長官に加えて、親任官待遇として馬場鍈一、南弘、小泉策太郎、山本条太郎が選任された。また幹事には、内閣書記官（長谷川赳夫）、法制局参事官（黒崎定三、金森徳次郎）、内務省地方局長（潮恵之輔）、内務省警保局長（山岡万之助）、大蔵省主計局長（河田烈）が選任された。このように、委員会は大臣と政友会系の有識者によって構成されたが、幹事会は内閣官房・内閣法制局の官僚と内務・大蔵の局長という少数の会議体となった。こうして、行政調査会で問題とされた「割拠」の弊害を克服するため、二大省の官僚に原案を作成させ、委員会は重要閣僚を中心に議論するという方式がとられたのである。

行政制度審議会の議題は多岐にわたった。政友会の年来の課題であった地方分権・両税委譲や、政党の年来の課題であった文官任用令の改正や許可認可事項の整理に特に力点が置かれたが、知事公選制や婦人参政権についても審議されている。議題が拡散し、かつ地方分権や選挙制度改革など野心的な改革課題に取り組んだ結果、拓務省の設置などを除いて、多くの案件が制度へと結実しないまま審議会は役割を終えた。続く浜口雄幸内閣・第二次若槻内閣は、行財政整理による金解禁を明確に施策の中心に据えた内閣であったため、行政改革全般を諮問する会議体を設置しなかった。したがって、政党内閣時代の行政改革全般の「ドクトリン」は、行政調査会と行政制度審議会の中に見いだせるのである。

二つの諮問機関は、「調整」の「ドクトリン」に関わる課題として、「事務系統」ないしは「権限」の「整理」を掲げており、それについての行政調査会の報告書は広汎な事項にわたって提言し、その中の一部の項目が行政制度審議会で再検討されるという過程をたどった。つまり、検討課題に関して、二つの諮問機関の審議内容は、与党が異なるにもかかわらず重複している。その理由は、一つには、当初の行政調査会の発足時に政友会も与党であり、その主張が部分的に行政調査会の議題に含まれていたからである。(47) 二つには、幹事会が官僚によって構成された結果、行政調査会の最末期の幹事数名が、行政制度審議会の幹事にそのまま就任することとなったからである。内閣を組織する政党が異なるとはいえ、構成員が共通していれば、自ずからとりあげる問題も解決方法も類似することになる。三つには、問題意識の共有である。行政調査会の第一回会議で加藤首相は、調査課題の一つとして権限争議への対処が重要であるとして次のように述べた。(48)

各庁間ノ権限相互ニ錯綜紛淆シ時ニ積極又ハ消極ノ権限争議相生シ荏苒久シキニ亘リ決セス、又同一官庁ニ於テモ局課多岐ニ分レ事務ノ渋滞ヲ来スト共ニ民間ニ不便ヲ与フルモノ尠クナイノテアリマスカラ、之カ系統ヲ正シ其ノ組織ヲ簡明ナラシメネハナラヌノテアリマス

また、第一次若槻内閣末期に開催された最後の委員会では、浜口内務大臣は、今後の検討課題を次のように語った。(49)

行政各方面ノ発達ニ伴ヒマシテ、同一ノ事項ニシテ其関係ガ幾ツモノ官庁ニ及ンデ居ルモノニ付テハ、往々各官庁ノ意見ノ統一ヲ欠イテ、之ヲ纏メルニ甚ダ困難ナルモノガアリマス、其結果事務ノ渋滞ヲ来シ、国民ノ利益ニ影響スルノ虞ガアルノデアリマス、是ハ既ニ行政調査会ニ付議

サレテ居ル所ノ各庁事務系統ノ整理ニ関スル件トモ幾分関係ノアルコトデハアリマスガ、此種ノ事項ニ付テ根本的ノ解決方法ヲ研究スルコトナドモ、調査ヲ要スル事項ノ一ツデアラウト考ヘマス

総じて昭和初期の政党内閣期には、権限争議の多発が政党の側から強く問題視されていた。その結果、加藤・若槻・田中内閣に共通して、権限争議への対処が改革課題となったのである。

「権限争議」の解決方式

それでは、二つの諮問機関の権限争議への対処について審議過程と報告書の内容を検討してみたい。行政調査会は、権限争議について二つの事項を検討した。一つは、「各庁事務系統ノ整理ニ関スル件」であり、権限争議の原因となっている件ごとにどの省の所管に属すべきか検討した。もう一つは、「大蔵大臣ニ協議ヲ要スル事項等ニ関スル件」であり、会計規則、国有財産の管理など、各省が大蔵省に対して協議する手続の整理を行うものである。前者の報告書案は幹事会で決定されるにとどまり、委員会での決定に至らなかったが、後者は委員会で議決された。そして、前者は内務省についての案件がもっとも多く審議されており、いくつかの案件では内務省の権限を他省へ移管するよう提案されている。後者は、大蔵省の各省への統制を弱める方向で各省から提案され、審議を続けた。こうして、加藤・若槻内閣は、権限争議の解決の名の下に、内務省と大蔵省の権限を弱める方向で議論を進める

ことにより、政党の官僚制への統制を強めようとしたと見ることができる。[50]

だが、「各庁事務系統ノ整理ニ関スル件」の審議過程は大きく紛糾した。「各庁事務系統ノ整理」では、幹事会で「態度保留」や「絶対反対」を唱える省が噴出した結果、幹事長は見解が分かれる事項については甲案と乙案を並記することで一任をとりつけて報告書第一七号をまとめて委員会に提出した。[51] ところが、委員会でも異論が出されて特別委員会で審議することとし、八回にわたる審議の末、ようやく幹事長の手で特別委員会報告書が再度とりまとめられて項目毎に決をとりはじめたものの、[52]途中で若槻内閣が崩壊したために議論が中断した。他方、「大蔵大臣ニ協議ヲ要スル事項等ニ関スル件」では、幹事会がとりまとめた報告書第四号が小委員会で検討され、若干の訂正を経た後に議決されて成立を見たのである。

他方、行政制度審議会は、権限争議の全般的な改革課題については「各庁権限整備ニ関スル件」として審議し、二度に分けて報告書を議決した。また、特に内閣が重視した拓殖省の設置問題については、『満州行政改善及拓殖省設置ニ関スル報告書』を別個に議決した。これらの事項はすべて行政調査会で検討されたものであり、一部の案件の結論が異なるものの、概ね行政調査会の「各庁事務系統ノ整理ニ関スル件」の報告書原案と同一である。つまり、成案に至らなかった行政調査会の検討事項の内、議決できる案件に絞って決定を行ったとみることができる。行政調査会が、政党の官僚制に対する統制を強化するという目的で一貫していたのに対して、行政制度審議会は実務的に決定できるものを決定した後は、制度改革に結実するのが困難な案件を検討し続けるという性格の諮問機関であった。

こうしてみると、重要なのは、二つの審議会が権限争議の改革を成功させたかどうかではなく、報告書がいかなる論理で権限争議への解決を図ったかである。行政調査会の「各庁事務系統ノ整理ニ関スル件」では、最終的なとりまとめに近い小委員会報告案をとりあげ、行政制度審議会については「各庁権限整備ニ関スル件」の報告書をとりあげてそれぞれ整理すると［表Ⅲ-1］、［表Ⅲ-2］にまとめることができる。(53) ここでは、審議に付された項目の処理結果を、単一の組織の所管とする合併・統一・移管、恒常的な二省間の交渉手続を設定する協議と、その他の措置に分け、これに現状維持の場合を付加した。現状維持とは言っても、中には交渉手続の励行を勧告している場合もあるため、それもあわせて記載している。

行政調査会の議事録を読むと、山川端夫幹事長は、全体に共通する解決方法の原則として、民間から見て所管官庁を統一することが望ましく、官庁間については「協議」などの手続による方針をとることを繰り返し述べている。たとえば醸造試験所の所管について「統一」することの意味を山川はこう述べる。(54)

民間ヨリ見レバ統一シテ官庁ニ関連ヲ有スルコトニナス意味ノ統一ナリ（官庁間内部ニ於テハ協議其他ノ方法ニヨル）

表Ⅲ-1　行政調査会「各庁事務系統の整理に関する件特別委員会報告」（1927 年 4 月 12 日途中まで審議）

省名等	件名	処理結果			
		合併，統一，移管	協議等	その他の措置	現状維持
内閣	満州方面に関する行政の統一連絡			一般的事務連絡統一機関として常設の委員会を置く	
	樺太の所管	内務省へ移管			
	産業統計	統計局に統一	農林省または商工省と密接な連絡をはかる		
	各庁の作成に係る調査書類の蒐集	内閣の一部局にこれを蒐集			
外務省	各官庁が所管事項について在外官庁に調査報告を求めることの可否		定員その他の関係上不可能な場合を除いて可能とし，その範囲に付ては各省等と外務省と協定する		
	移民に関する事務	一般的には内務省の所管とし，外国に関する事務は外務省，各植民地内部における移民事務は当該植民地及拓殖事務主管庁の所管とする	外国に対する移民政策を樹立するは外務・内務両省の協議による		
内務省	農林省所管の荒廃地復旧及開墾地復	原則として渓流工事及び山腹の傾斜急峻にして造林の見込	詳細は実施に先立ち実地について具体的に協定す		

旧に関する事務と内務省所管の砂防事業との間に存する事務	みなき場所における工事は内務省の所管，森林造成を主とする工事は農林省主管とし，渓流工事といえども右工事と同時に施行する必要ある場合は農林省の所管とする	る		
用排水幹線の改良事業に関する事務	従来通り農林省の所管	河川に重大なる影響あるものについては内務省に協議，協議すべき場合の具体的標準は両省において予め協定し置くものとする		
狂犬病予防事務	農林省より内務省に移管			
製薬奨励事務	内務省より商工省に移管			
中央衛生会の事務			獣蓄衛生に関する事務をここから除く，必要があれば別個の会議を設ける	
体育に関する事務	文部省の所管			
地方財務監督に関する事務	現在内務・大蔵両大臣の許可認可を受けるが，比較的重要ならざるものについては大蔵省の許可認可を廃する．その具体的方策は更に内務・大蔵両省において協定を行う			

国籍，改姓名及士族編入に関する事務	内務省より司法省に移管			
工場法及健康保険法施行に関する事務		重要事項については労働主管官庁と産業主管官庁との間に合議をなすべきものとする．合議をなすべき事項の範囲もまた関係庁の協定による		産業主管庁の所管
鉱業警察に関する事務	鉱夫の生命及衛生に関する事項を商工省より内務省社会局に移管する	重要事項については労働主管官庁と産業主管官庁との間に合議をなすべきものとする．事項の範囲もまた関係庁の協定による		
教化団体，青年団，処女会に関する事務	現在内務・文部両省の共管に属するが，文部省の所管とする	内務省の事務に関係ある重要事項は文部省より内務省に合議をなすべきものとし，合議事項の範囲は予め両省の協定による		
矯正院事務	司法省より内務省に移管			
靖国神社に関する事務				陸海軍省の所管
史蹟名勝天然記念物に関する事務				内務省の所管，文部省に移管せず

北海道における土地改良，耕地の拡張及び森林に関する事務				現行通り
河川湖沼の水利に関する事務				現行通り
公有水面の埋立干拓等についての許可				内務省の所管，農林省に合議せず
河川使用許可にして農林省所管事務に関係あるもの				内務省の所管，農林省に協議せず
地方税の認可に関し農林省所管事務に関係あるもの				内務省の所管，農林省に協議せず
漁港の修築計画並に工事及びその監督に関する事務				農林省と内務省の共管
医師，歯科医師，薬剤師の試験及びその資格に関する私立学校の指定に関する事務				文部省の所管
牛乳営業取締事務		両省の事務連絡を一層円		農林省の所管，内務

			滑ならしむるに努める		省は警察行政の見地よりこれを拘束
	屠畜検査事務		両省の事務連絡を一層円滑ならしむるに努める		農林省の所管，内務省は警察行政の見地よりこれを拘束
	道府県において実行する農林省所管事務に伴う予算				内務省予算として計上
	普通水利組合及び北海道土工組合に関する事務				内務省の所管，農林省は農業水利方面の指導を運用上行う
	簡易生命保険の貸付に関する事務				逓信省の主管
	海員労働に関する事務				逓信省の所管
	釈放者保護事業				司法省の所管
大蔵省	関税に関する事務				大蔵省の所管，商工省に移管せず
	日本勧業銀行，農工銀行及北海道拓殖銀行に対する監督		大蔵省と農林省の協調を緊密にする		大蔵省の所管，大蔵省と農林省の協調を緊密にする
	東洋拓殖株式会社に対する監督				拓殖主務官庁の所管大蔵省に移管せず

陸軍省	自動車製造奨励事務				陸軍省の所管，商工省に移管せず
文部省	航空研究所の所管				文部省の所管，逓信省へ移管せず
農林省	漁船に関する事務		漁船に関する事務は農林省の所管 漁船の検査事務は農林省と逓信省の所管とし，逓信省所管の海事官庁が担任するとし，その所管の細目については両省において協議をつくす		
	生糸に関する事務				農林省の主管，商工省へ移管せず
	遠洋漁業奨励に関する事務				農林省の所管，逓信省へ移管せず
	地方漁政局の新設				新設を認めず
	農林省主管の産業に直接関係を有する輸出組合及工業組合に関する事務		農林省の主管を認めず，関係省の協議による		
	鉱山の採掘，製錬場に関する認可				山林，農業，漁業に重要なる関係を及ぼすものについては，従

					来通り農林省へ合議の上認可する
商工省	貿易局の設置			商工省に設置し，外務，大蔵，農林，逓信等の各庁の職員を適当の方法により参与させる 主要在外公館に商務官を附置し，商務官は商工省の系統の職員とする．その職務に関しては外務大臣・当該在外公館の長の命を受ける	
	植民地の度量衡に関する法律勅令・施行規定	事務全般の実質上の監督は商工省において行う	法律・勅令及びその施行規定については内地に依拠することとし，重要なる特例を要する場合は内地の関係庁と協議する		
逓信省	内地及び植民地の海事，航空及通信行政に関する制度	事務全般の実質上の監督は逓信省	法律・勅令及びその施行規定については内地に依拠するものとし，重要なる特例を要する場合は内地の関係庁と協議する		

	一般航空行政及び国際航空に関する重要事項	これを検討する調査会を設置する．文部省所管の航空評議会の処置については充分攻究する			
	電気に関する事務				逓信省の所管，商工省へ移管せず
鉄道省	陸上輸送に関する事項	内務省，逓信省より鉄道省に事務を集中し，その所管とする			
	軌道の特許及監督に関する事務	鉄道省の所管	軌道のためにする道路の使用占用に関しては内務省の所管とする 軌道の特許は両省の意見が合致したときに両大臣が処分をなす．特許及び監督の実際上の権限の分界については両省が協定する		
	鉄道軌道の動力に電気を使用する場合の許可処分		鉄道・逓信両省協議の上決定する		
一般事項	数省等にわたって関係ある事項を処理する場合			関係局課長会議を設置し定例日に会合する	

	事務系統の錯雑した関係を制度以外の方法によって実際的に解決を図る場合			各庁間に職員を融通するよう努める	
希望事項	拓殖省の設立	内閣拓務局から拓務省へ組織を変更し，朝鮮総督府，台湾総督府，関東庁及び南洋庁に関する事務及び移民に関する事務を管理する		拓殖省はその権限の範囲内において満州方面に関する行政施設の連絡統一について外務省と共に特に意を用いる	
	社会省の設立	内務省社会局及び衛生局の事務を合併する			

また、河川湖沼の水利の所管について、内務省が所管する案と電気事務所管官庁が所管する案の両論併記とした報告書に対して、共管としなかった理由を聞かれた山川は次のように答えている。(55)

一般人ノ利便ヲ計ル為ニハ主管ヲ一ツニシテ内部ノ間ノ連絡ハ省内部ニ於テスルコトトセリ

このように、行政調査会は、権限争議の解決としては、現状維持、移管といった単一の省に権限を

表Ⅲ-2　行政制度審議会「各庁権限整備に関する件」（1927年8月24日，1927年12月28日にそれぞれ政府へ報告）

件名	処理結果			
	合併，統一，移管	協議等	その他	現状維持
陸運に関する事務	逓信省より鉄道省に移管			
史蹟名勝天然記念物保存に関する事務	内務省より文部省に移管			
運動競技に関する事務	文部省の所管	内務省の事務に関係ある重要事項は文部省より内務省へ合議をなすべきものとする	合意事項の範囲は予め両省において協定	
教化団体及青少年団に関する事務	文部省の所管	内務省の事務に関係ある重要事項は文部省より内務省へ合議をなすべきものとする	合意事項の範囲は予め両省において協定	
医師，歯科医師及薬剤師の試験に関する事務	文部省より内務省へ移管			
国籍改姓名及士族編入の事務	内務省より司法省へ移管			
矯正院の事務				司法省の所管
狂犬病予防事務	農林省より内務省へ移管			
工場法及健康保険法施行事務		主務官庁より商工省に合議		
鉱夫の生命及衛生に関する事務	鉱夫労役扶助規則と密接	左の事務の具体的範囲につい		

	不可分の関係にあるものは内務省社会局の所管	ては関係庁において協定する事務の執行に関し重要事項については主務官庁より商工省に合議する		
漁港の位置設計		農林省より内務省に合議		
漁船に関する事務	農林省の所管とする 逓信省は一般船舶に共通する行政の見地よりこれを所管する 漁船の検査は農林・逓信省共管とする		漁船の検査の執行は逓信省所管の管海官庁が執行する	
荒廃地復旧及開墾地復旧に関する事務（農林省所管）と砂防事業（内務省所管）の事務	原則として渓流工事及山腹の傾斜急峻にして造林の見込みなき場所における工事は内務省の所管 森林造成を主とする工事は農林省所管 渓流工事で右工事と同時に施行する必要がある場合は農林省所管		詳細は実施に先立ち実地について両省において協定	
農林省所管用排水幹線の改良事業助成事務と内務省所管の河川に関する事務	用排水幹線の改良事業助成事務は農林省所管	河川に重大な影響あるものについては内務省に合議	合議すべき場合の具体的標準は両省においてあらかじめ協定する	

産業統計その他各種第一次推計の所管		内閣統計局に統一	その方法については内閣統計局において関係庁と合議		
各庁作成の調査書類の整理供用の事務		内閣（記録課）の所管			
地下鉄道及高架鉄道に関する準拠法等に関する件（右記は地下鉄道について記しているが，高架鉄道もこれに準ずる）	道路下に敷設する地下鉄道の免許で既に地方鉄道法によっているもの	そのまま免許の効力を認め，地方鉄道法第４条による許可手続を不要とする	工事施行，線路の変更及道路に関係ある工事方法変更の許可については鉄道省より内務省に合議すること	すみやかに地下鉄道に関する適当な法律を定めること	
	将来道路下に敷設する地下鉄道の免許	軌道法に準拠			
	郊外における地方鉄道が道路下に敷設する地下線により市内に来入する場合	地方鉄道法に準拠			
自動車道路に関する件	自動車の一般交通の用に供する道路に関する事務	内務省の所管	開設を免許する場合は，内務省より鉄道省に合議		
	特定人の自動車の交通の専用に供する道路に関する事務	鉄道省の所管			

統一する解決に加えて、特定の案件について「協議」を設定するという選択肢をあげた。行政制度審議会の報告書も同様である。こうして、一九〇八年の勅令で規定された方式が、「民間」から見た解決方式としても有効であることが示されたのである。

さらに、「協議」を設ける場合でも、合意事項の範囲について「具体的標準」を「協定」によって定めるよう規定されている場合がある。すなわち、単に特定の案件について「協議」を義務づけるのではなく、「協議」にルールを設けるよう求めているのである。

次に、大蔵省への協議を要するとされている事項について、行政調査会は［表Ⅲ-3］のように提言した。[56] 表では、改革対象となった大蔵省と各省間の交渉事項と、改革の処理結果とを記載している。この件で問題となったのは、「現行会計規則等ニ於テ各省大臣大蔵大臣ニ協議ヲ為スヘシトスルノ規定其ノ他ニシテ比較的其ノ必要ノ程度乏シク之カ為単ニ事ノ決定ニ時間ヲ費シ執務ノ運行ヲ滞ラシムルノ虞アルモノ」という事項の整理である。[57]

したがって審議の中では、協議を省略し、簡素化を求める各省と、会計規則上大蔵省による事務の監督が必要だとして協議の省略を拒否する大蔵省との間で激しい議論が続いた。結果を整理した［表Ⅲ-3］からうかがえるように、協議を省略できる場合について大蔵省と各省との間で準則を定めて、準則に合致する場合は協議を省略することができるという解決方式がとられた。

二つの諮問機関の報告を見れば明らかなように、ここでは一九〇八年の勅令と比べて、解決方法がより深化している。一つには、「協議」を設定することが、権限争議の一般的な解決方式として認知

表Ⅲ-3　行政調査会『大蔵大臣ニ協議ヲ要スル事項等ニ関スル件小委員会報告書』(1926 年 7 月 28 日政府へ報告)

法令名称	条文	改革対象	処理結果
会計規則	第 12 条	目設置についての各省大臣より大蔵大臣に対する協議	職務給，年功加俸，特別俸加給の 3 科目については予め個々の協議を要しない，その都度各省大臣が大蔵大臣に報告
	第 55 条	小切手の償還について所管大臣より大蔵大臣に請求	しばらく現行を維持，将来特別会計については所管大臣が支払いを為しうるよう改正
	第 59 条但書	所管大臣より大蔵大臣に協議することを要するとする第 9 号から第 13 号について	第 9 号（交通至難の場所に勤務する者又は艦船乗組の者の支給する俸給その他の給与の前金払をなす場合）については準則を設けて，準則以外の場合に協議を要するとする
	第 87 条	第 1 号第 2 号（指名契約又は随意契約の際に契約書の作成を省略できる場合）の制限金額	適当の時期において 1 万円と改正するよう考慮
	第 114 条	第 2 項の規定により同条第 1 項第 1 9 号乃至第 23 号の場合の随意契約について所管大臣が予め大蔵大臣と協議することを要する規定	第 19 号及び第 21 号の場合においては成るべく速かに準則を設けて個々の協議を省略するの方法を考慮
	第 28 条	第 1 項但書の歳入徴収官の特例における「協議制」	現行制存続
	第 60 条	第 3 号の補助金又は補給金の概算払における「協議制」	現行制存続

	第 61 条	渡切経費についての第 2 項の協議は予算編成において考慮するため廃止すべきかどうか	現行制存続
	第 67 条	所管大臣が大蔵大臣に送付すべき支出総報告書に支出済額報告書を添付すること	現行制存続
	第 78 条	定額繰越使用につき所管大臣が大蔵大臣の承認を求めること	現行制存続
	第 95 条	契約に関し必要なものは大蔵省が定めるとする規定の廃止	現行制存続
	第 109 条	動産の売払につき各省大臣が糶売に付す場合に大蔵省に協議するとする規定の廃止	現行制存続
	第 112 条，第 119 条	指名競争契約又は随意契約を結ぶ際に会計検査院に事由を通知する規定の廃止	現行制存続
勤勉手当給与令	第 3 条	勤勉手当の額について所管大臣が大蔵大臣と協議して定める規定	現行制を存続しつつも，所管大臣の定める一定の準則を大蔵大臣と協議して定めた後は協議を要しない
大正 9 年勅令第 405号交通至難の場所に在勤する職員に手当給与の件		交通至難の島嶼その他の場所の指定及び給与細則につき所管大臣が大蔵大臣に協議	現行制を存続しつつも，所管大臣が大蔵大臣と協議して準則を設けた場合，これに該当するものは協議を要せざることとする
国有財産法施行令	第 1 条	国有財産法施行令の規定する動産としての国有財産についての規定と物品会計規則における動産についての規定の重複	速やかに規定を改正して重複を避ける
	第 2 条	第 1 項において国有財産の用途廃止後遅滞	用途廃止後大蔵大臣に引継ぎを要せざることに大蔵

		なく大蔵大臣に引継ぐものとし，これに対する例外は大蔵大臣と協定したものに限るという現行規定	大臣と協定済のものの中現在の状況においては取毀の目的を以て建物の公用を廃止する場合には事前通知を要するものとし，その他については用途廃止の事前通知を廃し，遅滞なく事後通知をなす
	第3条	国有財産の管理換は予め大蔵大臣との協議による	あらかじめ大蔵大臣との協議を経た一定の要件を満たす場合には，大蔵大臣との協議を省略し関係大臣の協議のみにより決する
	第4条	第1号公用財産たる土地の用途の変更について適用される，大蔵大臣の定める国有財産法施行規則第1条の目的事項及但書の規定	規定を改正し，使用目的面積等を考慮して，大蔵大臣との協議の場合を少なからしめる
		第2号公用財産となすの目的を以てする土地の交換又は寄付の受領について大蔵大臣との協議によるものとする規定	あらかじめ大蔵大臣との協議を経た一定条件を満たす場合には，大蔵大臣との協議を省略し所管大臣限りで処理する
		第3号雑種財産を公用財産又は営林財産とすることについて大蔵大臣との協議によるものとする規定	あらかじめ大蔵大臣との協議を経た一定条件を満たす場合には，大蔵大臣との協議を省略し所管大臣限りで処理する
国有財産法施行規則		国有財産の台帳，増減報告書，現在額報告書等の様式	様式を簡素化する
内国旅費規則等	内国旅費規則第18条	武官，陸海軍文官，鉄道事務に従事する官吏及警察官の旅費	本令によりがたい場合の旅費に関しては所管大臣大蔵大臣と協議して別に定める
	内国旅費規則第19条，外国旅費規則第11条，	嘱託員個々の身分につき大蔵大臣となす協議	省略する

	南洋群島関東州南満州旅費規則第12条		
農林省，製鉄所又は水産講習所所属船舶の乗組員に食卓料及航海日当臨時増給の件並びに航路標識視察船，商船学校所属航海練習船及海底電線布設船乗組員に食卓料及航海日当臨時増給の件		大蔵大臣との協議によりなす臨時の増給	相当の機会にこれを定額とすることに改正する
支出官に関する事項		省により支出官が大臣，次官，会計課長，経理課長など区々である	各省支出官はなるべく官房会計課長又は経理局長を以てこれに充てる
大正12年勅令第305号大蔵大臣の承認を経るに非ざれば他の費途の金額を流用することを得ざる費途の件			現行制存続

国有財産法施行令	第4条第4項	営林財産の目的を廃するときの大蔵大臣との協議	現行制存続
	第5条	土地の買入，収用，地上権取得の通知	現行制存続
内国旅費規則	第9条及第9条の2	在勤庁所在地市町村内の出張又は在勤庁所在地外の市町村内旅行の場合において車馬賃等必要な費用を支給することについての大蔵大臣への協議	現行制存続
	第20条，第21条，第22条	朝鮮，樺太又は千島国に関して，これらの規定上の大蔵大臣への協議	現行制存続
	第10条	大蔵大臣との協議	現行制存続
南洋列島，関東州，南満州旅費規則	第11条及第13条	大蔵大臣との協議	現行制存続
大学特別会計規則・学校及図書館特別会計規則	各規則の第4条	大蔵大臣との協議	現行制存続
政府より売り払う代金延納に関する件		延納期間及び担保を免除することを得る場合に関しての大蔵大臣との協議	現行制存続
在外研究員規程	第4条，第5条，第17条	在外研究員に支給すべき特別手当，官吏に非ざる者の受くる学資金及び巡歴手当及特別事情の場合の学資金及び巡歴手当に関す	現行制存続

		る協議	
諸給与及待遇方に関する協議及給与法規の審議制に関する件		予算要求の際に内訳において待遇並びに給与額を示した場合，予算の範囲内において給与の増減をなさんとする場合，予算請求の際に大蔵省において給与予算につき審議済の場合について，法規制定の際に大蔵大臣になす協議	現行制存続
出納官吏事務規程	第 10 条，第 21 条	大蔵大臣との協議	現行制存続
会計検査院事務章程	第 28 条	出納計算の証明に関する責任解除の認可	現行制存続

された。二つには、「協議」はルールの形成によって、より効率的に運営できるという見方がとられた。この場合のルールとは、各庁事務系統の整理の場合は、協議を行う場合の「具体的標準」を定めることであり、大蔵大臣に協議を要する事項の場合は、協議を省略できる場合を取り決めることであった。いずれも「協議」の要不要を決定するルールなのである。

4 総動員機関と「総合調整」の登場

総動員機関の設置と各省との「通報」・「協定」

二省間の「協議」が権限争議を解決する方式として定着する過程と並行して、内閣レヴェルで所管の重複を解決する方式も徐々に法令の規定として制度化されていく。これは第一には、第一次世界大戦への参戦によって、主として陸軍の主導によって総動員計画の導入が図られたことを契機としている。第二には、とりわけ日中戦争の勃発とともに総動員体制が本格的に整備され始めると、軍部と提携する経済官僚すなわち革新官僚が、内閣の総動員機関で政策構想を策定するとともに、戦時経済にあわせて省の統合も視野に入れた組織再編を進めたことである。(58)

第一次世界大戦時と戦後に設置された総動員機関としては、軍需局（一九一八年六月―一九二〇年五月）とこれを内閣統計局と統合した国勢院（一九二〇年五月―一九二二年一一月）がある。これらは軍需工業動員法に基づく機関であったが、国勢院が加藤友三郎内閣の行政整理で廃止されると、その業務は農商務省へ移管され、内閣レヴェルの総動員機関は一度消滅した。

だが、これに危機感を持った陸軍の意向を政党が受けいれて、一九二六年には国家総動員機関設置準備委員会が設置され、そこでの審議の結果、一九二七年五月に武官と文官の妥協として資源の調査と統制運用を所掌する資源局が設置された。資源局はもっぱら資源の保育について地味な調査を続けつつ総動員計画の準備作業を行っていたが、満州事変後、これとは別に政策を大規模に統合する機関として、一九三五年五月に内閣審議会とその機関として内閣調査局が設置された。調査局は、一九三七年に企画庁へと拡充され、同年さらに第一次近衛文麿内閣のもとで、資源局と合併して企画院となる。ここで国家総動員法にもとづいた総動員計画が立案され、戦時経済に即応した経済の計画化が図られたのである。

以上の過程の中で、これらの総動員機関が設置されたときに、既存の省との関係がそれぞれ問題となった。まず、国勢院は、関係各庁との間の事務分掌について、「軍需工業動員法施行ニ関スル各庁関係業務綱要取極」を結んだ。[59]これは「暫定的取極」ではあるが、「各庁権限ノ改廃増減ヲ企図スルモノニアラス即本取極ノ趣旨ハ既存権限内ノ事項ノ単純ナル実施ニ過キサルモノトス」とされており、[60]各省の強い抵抗にあって、その権限を侵蝕しないような形で権限配分がなされた。内容を見ると、ほとんどの事項について、国勢院と各省との間で「通報」するというとりきめがなされているにとどまっている。

このように、第一次世界大戦時の総動員機関といえども各省との関係で所管の文書による明示化に迫られたのであるから、政党内閣期に設置された資源局の場合、各省との関係はより劣勢であった。軍需局・国勢院と比べた資源局の権限配分について、資源局は［表Ⅲ-4］にまとめている。[61]ここでも、行政調査会・行政制度審議会の報告書で提案されていたように、「協定」によって各庁との「権限の分界」を定めていた。つまり、資源局の事務は、通常の省庁の事務と同様の手法で権限配分を図った上で進められていたのである。

こうした総動員機関への不満を抱きつつ、資源局の設置過程に法制局参事官として関与し、資源局設置後はその職員さらには長官として局の定着に尽力した松井春生は、世界恐慌と満州事変後の一九三四年に『経済参謀本部論』を発表した。[62]市場の自律性に委ねる自由経済ではなく、「生産と分配の調整均衡を図る」統制経済のためには、内閣において「経済参謀本部」を設置することが必要と説く

表Ⅲ-4　資源局の権限

	軍需局及国勢院	資源局
権限	或程度迄執行業務を掌り為に関係各庁管掌業務との分界動々もすれば明確を欠いた．特に国勢院に在りては軍需産業助長奨励の如きは概して自から之が執行に当ったので其の感が強かつた．	執行業務は為し得る限り在来の関係各庁をして之に任ぜしめ，資源局は主として資料の整齊と事務の連絡統一に当るを旨とし已むを得ざる場合の外執行事務を掌らない，尚協定等の方法により出来得る限り関係各庁との権限の分界を明かにすることに努めて居る

この書物の中で、松井は、従来の行政機構の問題を三つの角度から整理している。

第一には、経済関係の調査会として、内閣における資源審議会、臨時産業審議会や、各省にもろもろの審議会が設置されているが、相互連絡に充分な考慮が払われておらず、「各部門に、夫々の専門家を羅致して、実証的研究を重ねしめ、其の上に、各経済政策を合理化して、総合的統一的経済国策を樹立せしめ」るという要請には充分対応し得ない(63)。

第二には、制度上の理由である。「施政統一の機関としての内閣に対する事務機関としては、其の法制の範囲内に於ては、法制局があって、閣議案の準備に当ってゐるけれども、重要なる予算案及決算案、其の他各省間に渉る経済方策等に付ては、之が統一準備に当るべき直属の事務機関を欠く」。これでは、内閣官制第二条のいう「行政各部の統一を保持」する首相の職務を果たすことができず、さらには第三条で規定された「行政各部の処分又は命令を中止せしめ勅裁を待つ」ことはできない(64)。

第三には、各省の権限が重複する問題への対応が不十分なことである。松井は、「近時経済的施設の複雑化すると共に、数省の所管に渉る事項の頻出を見てゐる。其の間、関係省間に、時に協議は行はれつつあるけれども、其の重要性に於て、比較的軽微なる事務的事項に付ては、さしたる事もないが、重要なる政策的問題に付ては、其の紛議の世上喧伝せらるるもの、決して稀有と謂ふことを得ない」と述べる。各省における所管が重複する事例として、通商及び関税、港湾行政、肥料問題、蚕糸業問題、液体燃料問題、自動車運輸業、保険事業をあげる。これら「数省に関係して主任の明ならざる事項は、相当に頻出し、又仮令其の主任を定め得たりとしても、関係する各省に対して、十分なる協議を必要とするものがあり、斯かる場合に、諸案の作成及其の実施の統一に当るが為には内閣総理大臣の職務は、一層の振作を必要とするの実情にないか」と指摘する。したがって、「施政統一の職責に任ずる内閣総理大臣」の「職責を補佐すべき有能なる半独立的事務機関」すなわち「経済参謀本部」の設置が必要であるという結論が導かれるのである(65)。

このように、内閣の補佐機構を設置するという総動員機関の構想は、既存の省間の「協議」では対応できない問題を克服するために、総合的観点から施策の統一を図ることが必要であるとする認識に裏打ちされていた。もちろん、この時期の総動員機関の設置を唱えた主体のすべてがこれに意識的であったわけではない。特に、陸海軍の軍人グループには、トップダウンによる問題解決が可能であるという発想が強く、こうした問題意識は希薄である。だが、松井のように、法制実務に習熟した官僚にとっては、当然の前提であった。両者の対立を架橋するのが組織法であり、そこでの規定をめぐる対立は、二・二六事件以後広田弘毅・林銑十郎内閣下で、総動員機関が「国策統合」を本格的に求められるようになるときに、尖鋭化したのである。

軍部の「統合調整」・法制局の「調整統一」・革新官僚の「総合調整」

確かに、松井の『経済参謀本部論』は、省間調整の「ドクトリン」と、内閣レヴェルの「総合調整」の「ドクトリン」の双方を含んだ改革構想ではある。だが、松井は、これらの「ドクトリン」を「調整」という表現とともに用いていない。政党内閣の時代には、現在でいう「調整」という用語は、法令上原則として用いられていなかったのである。とはいえ、『経済参謀本部論』に見られるように、「調整」という言葉自体は、市場による均衡を政府機構が代替する政策手段として、日常的に使用されるようになった。やがてそれは経済政策における制度機構の設計の中で用いられ、ついには全省に共通する行政活動を表すものとされるに至った。とりわけ組織法上、機関の権限を規定する条文に「調整」という文言が、一貫した方針のもとで使用されるようになる。つまり、二省間レヴェルと内閣レヴェルの手続の双方に関する改革の「ドクトリン」は、組織法という「政策」において「調整」という文言で命名されるようになるのである。

それでは、規定はどのように変化したのであろうか。注目すべきは、組織法の中でも職務内容の規定様式である。軍需局、国勢院、資源局、調査局、企画庁、企画院に加えて、企画院の後継機関として一九四四年に設置された総合計画局、敗戦後東久邇稔彦内閣が設置した内閣調査局の官制の内、機関の職務を概括的に表現している第一条の規定をまとめると［表Ⅲ-5］のようになる。

ここから、当初の総動員機関は職務内容を「統轄」と表現したのに対して、企画庁設置の際にその

表Ⅲ-5　総動員機関の官制第一条に規定された事務

機関名称	官制第一条における所掌事務
軍需局	軍需局ハ内閣総理大臣ノ管理ニ属シ軍需工業動員法施行ニ関スル事項ヲ統轄ス
国勢院	国勢院ハ内閣総理大臣ノ管理ニ属シ左ニ掲クル事務ヲ掌ル 一　行政各部統計ノ統一ニ関スル事務 二　行政各部ニ専属セサル統計ニ関スル事務 三　統計ニ関スル報告ノ刊行及内外統計表ノ交換ニ関スル事務 四　統計職員ノ養成並各官庁ノ統計主任者ノ召集及会議ニ関スル事務 五　軍需工業動員法施行ニ関スル事項ノ統轄ノ事務 六　前号ノ統轄ノ為ニ必要ナル事項ノ執行ノ事務 七　軍需工業復員ニ関スル調査事務
資源局	資源局ハ内閣総理大臣ノ管理ニ属シ左ニ掲クル事務ヲ掌ル 一　人的及物的資源ノ統制運用計画ニ関スル事項ノ統轄ノ事務 二　前号ノ計画ノ設定及遂行ニ必要ナル調査及施設ニ関スル事項ノ統轄ノ事務 三　前二号ノ統轄ノ為ニ必要ナル事項ノ執行ノ事務
内閣調査局	内閣調査局ハ内閣総理大臣ノ管理ニ属シ左ノ事務ヲ掌ル 一　重要政策ニ関スル調査 二　特ニ内閣総理大臣ヨリ命セラレタル重要政策案ノ審査 三　内閣審議会ノ庶務 内閣調査局ハ関係各庁ニ対シ調査又ハ審査ニ必要ナル資料ノ提出又ハ説明ヲ求ムルコトヲ得
企画庁	企画庁ハ内閣総理大臣ノ管理ニ属シ左ノ事務ヲ掌ル 一　内閣総理大臣ノ命ニ依リ重要政策及其ノ統合調整ニ関シ案ヲ起草シ理由ヲ具ヘテ上申スルコト 二　各省大臣ヨリ閣議ニ提出スル重要政策案ヲ審査シ意見ヲ具ヘテ内閣ニ上申スルコト 三　重要政策及其ノ統合調整ニ関シ調査スルコト 四　重要政策ニ関スル予算ノ統制ニ関シ意見ヲ具ヘテ内閣ニ上申スルコト 前項ノ事務ヲ行フニ付必要アルトキハ企画庁ハ関係各庁ニ対シ資料ノ提出又ハ説明ヲ求ムルコトヲ得
企画院	企画院ハ内閣総理大臣ノ管理ニ属シ左ノ事務ヲ掌ル 一　平戦時ニ於ケル総合国力ノ拡充運用ニ関シ案ヲ起草シ理由ヲ具ヘテ内閣総理大臣ニ上申スルコト 二　各省大臣ヨリ閣議ニ提出スル案件ニシテ平戦時ニ於ケル総合国力ノ拡充運用ニ関シ重要ナルモノノ大綱ヲ審査シ意見ヲ具ヘテ内閣総

	理大臣ヲ経テ内閣ニ上申スルコト 三　平戦時ニ於ケル総合国力ノ拡充運用ニ関スル重要事項ノ予算ノ統制ニ関シ意見ヲ具ヘテ内閣総理大臣ヲ経テ内閣ニ上申スルコト 四　国家総動員計画ノ設定及遂行ニ関スル各庁事務ノ調整統一ヲ図ルコト 前項ノ事務ヲ行フニ付必要アルトキハ企画院ハ関係各庁ニ対シ資料ノ提出又ハ説明ヲ求ムルコトヲ得
総合計画局	総合計画局ハ内閣総理大臣ノ管理ニ属シ左ノ事務ヲ掌ル 一　総合国力ノ拡充運用ニ関スル重要事項ノ企画ニ関スル事項 二　総合国力ノ拡充運用ニ関スル各庁事務ノ調整統一ニ関スル事項 三　総合国力ノ拡充運用ニ関スル各庁事務ノ総合的考査ニ関スル事項 前項ノ事務ヲ行フニ付必要アルトキハ総合計画局ハ関係各庁ニ対シ資料ノ提出又ハ説明ヲ求ムルコトヲ得
内閣調査局	内閣調査局ハ内閣総理大臣ノ管理ニ属シ戦後経営ニ関スル重要事項ノ調査及企画並ニ戦後経営ニ関スル各庁事務ノ調整統一ニ関スル事務ヲ掌ル 前項ノ事務ヲ行フニ付必要アルトキハ内閣調査局ハ関係各庁ニ対シ資料ノ提出又ハ説明ヲ求ムルコトヲ得

職務内容の文言に「統合調整」という表現が採用され、企画院以降の総動員機関は、「各庁事務ノ調整統一」という文言で職務内容を表現し、ここに規定の形式が確立したことが読みとれる。

分水嶺は企画庁の設置である。この設置過程では、広田弘毅内閣のもとで、陸軍を中心に資源局と内閣調査局など内閣の部局を統合する「総務院」設置構想が提起され、これに大蔵省主計局や内閣法制局を交えた「内閣参議院」を設置する構想が出されるなど、数多くの「国策統合機関」の構想が競合した。いずれも二・二六事件後、統制派中心の陸軍、改革に消極的な海軍、岡田啓介前内閣の遺産である内閣調査局のそれぞれが、内閣の政治力の強化を「大局的見地」から構想して、広汎な政策を統合するための機関の設置を求めたものである。だが、構想はおおむね事務配分を詳細に検討するものではなく、せいぜい所管の重複の排除を例示するにとどまった。

このうち軍部内で作成された「国策統合機関」の設置案が、「統合調整」という表現を用い、新設の機関に新しい機能を託そうとした。これに対して、総動員計画としての物資動員計画を本格的に立案する企画院以降、この種の機関の官制には「調整統一」という表現を用いるようになった。ここでは、「統合」ではなく、行政部内で頻用される「統一」に「調整」という言葉が重ね合わされている。つまり、内閣の政治統合強化よりは、実務上の計画策定の便宜を図ることが優先されたのである。

「調整統一」という表現が登場した原因は、一九三七年七月二八日の閣議決定で、資源局が総動員実施に関して中央統轄事務を担うこととなったため[66]、企画庁の「統合調整」事務との重複を解決する必要が生じたことにある。この問題を検討するときに、「所掌事項ヲ調整」[67]・「事務調整」[68]という表現が使われた。しかも、企画庁の所掌事務の中に「統合調整」と記載されていることに対して、法制局からは否定的意見が示されており、合併後の機関に同様に「統合調整」という表現を維持するのは実際上困難であった[69]。その結果「調整統一」という文言が案出され、企画院以後の総動員機関の所掌事務にも一貫して用いられるようになった。これはすなわち、総動員機関の事務内容を表現する法律用語について、法制局の方針が確立したことを示すものである。

そして、企画院の設置によって「調整統一」という表現が法律用語上定着する過程と並行して、企画院で立案された物資動員計画を実施することになる経済関係省でも、官制改革に対応した所掌事務を表す表現が登場し、定着する。それこそが「総合調整」であった。

一九三九年に、商工省官制が改正された。これは、物資動員計画を受けて、各種の物資について生産から配給まで同一部局が管理できるよう、省内の局編成を全面的に改革するものであった。その一環として、「物資ノ生産及配給ノ総合計画の設定其ノ他重要商工政策ノ総合調整ニ関スル事務」を所掌するものとして、「総務局」が設置された。これは、物資動員計画を受けて、商工政策について「総合調整」を行い、企画院との直接の交渉窓口となる局であった。[70]

この改正を継承したのが、一九四〇年から四一年にかけて岸信介次官の率いる商工省が行った農林・大蔵省との所管の整理であった。[71] まず商工省は、農林省との合併を視野に入れつつ所管の再配分を行い、四一年には、両省の官制を改正し、商工省と大規模な人事交流を行った。これは、商工・農林の産業行政を再編し、「産業経済ニ関スル行政ノ運営上遺憾ナキヲ期スル為農林商工両省ノ所管事務ニ付適当ナル調整ヲ行フ」ために、商工省に貿易関係の事務を一元化し、農林省においても物資別に一貫した統制を行うこととするものであった。その結果、商工省と同様、農林省に総務局が設置され、「農林畜水産物ノ生産、配給及消費ノ総合計画ノ設定其ノ他重要政策ノ総合調整並ニ農林畜水産物、飲食料品及農林畜水産業専用物品ニ関スル物価統制ニ関スル事務」を所掌するものとされたのである。[72]

並行して岸は大蔵省との交渉に着手した。[73] 小林一三商工大臣と対立して岸が次官を辞任した後も交渉は続けられ、さらに東條英機内閣発足により岸が商工大臣に就任すると、これは成案に至る。すなわち、第三次近衛内閣で検討されていた全面的行政機構改革のうち、当面合意を見た大蔵省と商工省間の権限の再配分を、かわって成立した東條内閣が先行的に実施することとなった。それが一九四一年一二月の閣議決定「大蔵・商工両省間事務調整ニ関スル件」であった。[74] ここでは資金に関する事項を大蔵省が、貿易の実態に関する事務を商工省が所管するという方針のもと、保険に関する事務などが商工省から大蔵省へ、無水アルコール・樟脳の専売や貿易に関する外国為替管理に関する事務が大蔵省から商工省へ移管されたのである。

このように、省に総務局が設置され、そこで省の所掌する事務について「総合調整」を行うという規定の形式は、一九四二年に「内外地行政」の一元化による大東亜省の設置に伴う省組織の刷新の際に、総務局が物資動員計画関係の他の省に共通して設置されるようになったときに、共通の規定様式となった。そして、太平洋戦争の敗戦とともに、総務局を各省が廃止し、その業務を大臣官房が継承したときに、[75] 大臣官房が省内事務の「総合調整」を行うという規定へと受けつがれたのである。

この形式は、総理府外局の調整官庁の事務や、総理府そのものの大臣官房にも規定された。これによって、省内の「総合調整」のみならず、省を超えた政府機構全体についても「総合調整」という事務が組織法令上用いられるようになっていく。さらに一九五七年の内閣法、総理府設置法の改正で、内閣官房に「総合調整」事務が、総理大臣官房に「連絡調整」事務が規定されることで整理がなされ、内閣官房が政府機構全体の「総合調整」の組織となることが確認された後も、調整官庁の事務として「総合調整」は規定され続けた。こうして、現在いわれるように、「総合調整」とは政府全体の調整を指すものととらえられるようになったのである。

二・二六事件以降、政府内の合意形成はきわめて複雑化するとともに、一方で日中戦争の勃発以後戦線が年々拡大し、他方でこれにあわせて行政組織は改廃を繰り返した。この活動を微視的・巨視的に「調整」と呼ぶことに分析上の意味はなく、同時代からもそう呼ばれてはいなかった。だが法令用語としては、陸軍は「統合調整」を、法制局は「調整統一」を、各省は「総合調整」を掲げた。戦後の行政機構が継承した「総合調整」は、トップダウンの「統合」「統一」を排し、各省の所管の全体的な調整が行政組織全般に及ぶという意味での「総合調整」であった。Ⅱ章で検討したように「各省庁の縦割り」が、内閣レヴェルの「総合調整」権限を限界づけたという戦後の行政改革が指摘した問題は、内閣に「総合調整」しか求めなかったという組織法上の文言がすでに示している。それはまた、岸に代表される「総合調整」を求めた革新官僚が、松井のように内閣の補助部局でキャリアを積んだ官僚ではなく、省庁官僚にすぎなかったことと軌を一にしているのである。

5 「協議」と「総合調整」の確立

以上のように、現在「調整」と改革文書で表現される「ドクトリン」は、明治期の内閣制・省庁制の形成過程で、ほぼ同様の論理構成をとる改革構想として登場していた。このうち、明治以降、省間の所管の重複が次第に増大するにつれて、二省間で「協議」するという解決がとられるようになった。また、こうした解決とは逆に、煩雑な交渉となりがちな「協議」を省略するという解決方式も主張された。他方で、内閣レヴェルで政府全体を見渡して総合的な問題解決を図る方式も、総動員計画の制度化とともに繰り返し主張されていった。しかし、内閣レヴェルの解決とは、問題を首相の裁断や閣議決定で瞬時に処理することではなく、二省間の「協議」が存在することを前提としつつ、そこでの合意をときに尊重し、ときに省略しつつ決定するという解決方式であった。それは、実務においては十分意識されていたのである。

そして、二省間の協議と内閣レヴェルの問題解決の双方は、満州事変以後、総動員計画としての物資動員計画の導入が本格的に検討されはじめると、経済学の用語が行政組織に転用されることにより、ともに「調整」と呼ばれはじめた。企画院の設置以降、総動員計画の本格的な遂行に伴い、内閣レヴェルの総動員機関は「調整統一」事務を所掌し、これを担当する各省の総務局は省内の「総合調整」事務を所掌するという形式が確立した。これらの規定は戦後にもうけつがれ、各省の大臣官房は省内の「総合調整」事務を所掌し、調整官庁と内閣官房は政府全体の「総合調整」事務を所掌することになる。とりわけ後者が、アメリカ行政学の coordination 概念と結びつくことによって、第一次臨時行政調査会をはじめとする諮問機関の報告書で多用される。

かくして、近代日本の内閣制と省庁制とを貫く省庁間の交渉活動が、「調整」と表現されるようになる。そしてこれらは、太平洋戦争後、高度経済成長と福祉国家化の趨勢の中で、行政改革構想と実務の現場との双方に根を下ろしたのである。

Ⅳ章 戦後日本における「調整」の変容

1 「調整」の類型と制度設計

「総合調整」の「総合調整」・「二省間調整」・「二省間調整」の「総合調整」

前二章で明らかにしたように、戦前から戦後にかけて、日本では組織法という「政策」のレヴェルで「調整」・「総合調整」という文言が制度化され、これをより実効的に推進するよう、改革の標語すなわち「ドクトリン」としての「調整」が登場した。このように「調整」の「ドクトリン」が「政策」としての組織法を後追いする形で登場し、「調整」の不備と一層の「調整」を提言するという構図は、戦後日本の「調整」の政治過程を特徴づけている。一方で、組織法に規定された「調整」は日常的に遂行されているが、他方では、より高度な「調整」が必要であると改革文書は提言しているからである。ここからは少なくとも次の問いが浮かび上がる。第一には、日常的に行われている「調整」の実態と限界とは何か。第二に、改革の諮問機関は、どこまでこの日常的な「調整」の性質をとらえているか。第三に、提言内容に含まれるより高度な「調整」とは、いかなる活動を指し、それはいかなる条件で実現可能か、といった問いである。

これらの問いに答えるには、戦後日本の安定的な政治環境は好条件である。一九五五年以後自民党が長期にわたって一党優位政党制のもとで与党であり続け、一九六〇年の自治省の設置以後省の新設もないまま、二〇〇一年に新省庁体制が発足した。この安定的な環境のもとで、高度経済成長と福祉国家化が進行し、これらに伴う社会変動に対応するために「調整」の手続が整備されたのである。したがって、本章では、まず五五年体制下では、「調整」の過程は激変することなく、漸進的に制度化が進行したことを前提として、先に挙げた三つの問いのうち、特に第一の問いの「調整」の実態と限界とを分析する。その上で、橋本内閣以降の省庁再編が急速に進行しつつある政治環境の中で、いかなる「調整」の改革構想が表れ、どの程度従来の「調整」の手続を変容させたか、という第二、第三の問いに応答することを目指したい。

「調整」の「ドクトリン」について、主として五五年体制下の政治学で一般に流布していた見解は、次の通りである。(1)

官僚制は官僚制相互の利益調整のための強力な機関をそれ自体が持たず、その権限もないため、官僚制相互の間に利害の対立が起きた場合、著しく調整能力に欠けるという弱点を持っているのである。通産省と郵政省や郵政省と大蔵省の対立が「百年戦争」と評されるのは、並列する官庁間の利害調整を行なう官僚制内部の明確な権力が欠如していることを如実に物語っている。

ここでの特徴は、一方に内閣レヴェルの「総合調整」があり、他方に解決されない「セクショナリズム」としての二省間調整があるという構成である。そして、二省間調整は機能しないという現状の診断があり、本来ならば内閣レヴェルで「総合調整」を行うべきだが、しかるべき「権力」を備えた機関がないために、これが実現できていない。言外に、そのような機関を設置すべきだと提言していると言えよう。

ところが、これとは異なる指摘が、行政法学から提示されている。II章で触れたように、行政改革会議の席で、行政法学者の藤田委員は、二つの「ドクトリン」を次のように関係づけた[2]。

内閣機能の強化ということは、内閣の組織を徒らに膨張せしめ、調整機能をできるだけ広く内閣に委ねようとすることとは、同じではない。調整機能における内閣の負担を減らし、内閣が、真に必要な調整機能に専念することが可能であるようにするためには、省庁間での調整ができる限り進むようなシステムが整備されるのでなければならない。

ここでは、二省間調整が機能することによって、内閣レヴェルの「総合調整」が十全に機能すると指摘されている。日常的に「省庁間での調整」は行われており、これを一層機能させることによって、内閣レヴェルの「総合調整」がより強力に遂行されるはずだと提言しているのである。

このように、政治学者は、二省間調整の病理から、「総合調整」の必要性を引き出しているのに対して、行政法学者は、二省間調整の生理から、「総合調整」の可能性を主張しているのである。いずれも部分的に「調整」の実態と限界について言及している。では、これらは、内閣制と省庁制の全体を見渡せばどのように位置づけられるであろうか。

まず、二省間調整には、合意不能の病理もあるが、合意が獲得される場合はその結果が法令などに規定されている。すなわち、二省間調整は、必ずしも解決不能な「セクショナリズム」ではなく、合意形成のための制度化が進行した場であり、その上でもなお解決できない一部のケースこそが「セクショナリズム」なのである。

他方で、内閣レヴェルの「総合調整」とは言っても、首相の指示で対立がすべて克服されるわけではなく、関係省、内閣の補助部局、与党など多数のアクターが、首相の指示を具体化すべく対立しつつ合意に至る場合もあれば、対立が錯綜し、政策案を決定できないまま「セクショナリズム」に終わることもある。従来の政治学は、このような「総合調整」を専ら首相ないしは内閣の権力の行使とみてきた。首相を中心とした内閣からのトップダウンの意思決定に期待したからである。

このように、二省間調整は合意形成という観点から制度設計が進み、「総合調整」は内閣の権力行使という観点から期待を寄せられてきた。よって、二つを再構成してとらえるには、「総合調整」については、権力行使の過程の事例を発掘し、分析することが必要である。また、二省間調整については、合意形成の仕組みを精細に分析しなければならない。そして、両者の接点については、権力行使の観点と合意形成の観点のそれぞれからとらえ直す必要がある。

まず、合意形成の観点に立つと、「調整」とは特定の省庁間という局所にのみ成立するのではなく、二省間レヴェルを起点に、「総合調整」を担う省庁と各省、内閣の補助部局と各省庁など、幾重にも合意を形成し直す過程、いわば「調整」し直す過程となる。[3] この重層的な合意形成、いいかえれば「調整」の「調整」という重層性こそが、戦後日本の行政における「調整」活動の特徴である。

にもかかわらず、「総合調整」は、もろもろの「調整」活動を見渡し、政治的判断を下す局面をも指す。重層的に進展した「調整」活動が、階統制の最上位に持ちこまれたときに、政治的判断により決せられるのである。とりわけ二〇〇一年の省庁再編は、この意味での政治的判断を可能とする仕組みを整備することを目的に進められた。再編という権力行使の観点から、再度「調整」の変容を検討することが現状を把握するには不可欠なのである。

ただし、現在は内閣が「総合調整」の機関と位置づけられている。すなわち、他の「調整」機関の活動を、内閣官房が一元的に統制するものとされているのである。だが、内閣官房以外の「調整」機関も存在し、これらは概ね二省間調整を一元的に束ねている機関であり、二省間調整の「総合調整」を行っているともみることができる。従来は、これも階統制最上位の政治的判断と並んで、「総合調整」ととらえられてきた。事実、二省間調整を束ねた「総合調整」は、権力行使と合意形成の二つの性質が混交している。したがって、本章でも二つの「総合調整」を質的に区別して論じることとする。

本章の構成

以下、2では、まず「総合調整」からとりあげる。第一次臨時行政調査会、第二次臨時行政調査会などでは、「総合調整」は、内閣レヴェルの高度な政治判断が省庁間の対立を克服することを指していた。だが、一般的な用法としては、予算編成を所掌する大蔵省―財務省、法令審査を担当する内閣法制局のような、各省庁に対して個別に折衝を行った上で、査定・審査をして、その行動を全体として統制する場合をも指す。両者の差異を検討するために、ここでは、法案形成過程を事例とする。そこでは、単に対立する省庁間を内閣ないしは内閣の補佐機構が調整するのではなく、複数の「総合調整」のための組織が、それぞれの観点から「調整」する過程となっている。内閣官房ないしは官邸が一元的にこれらを統制しているわけではなく、むしろ複数の「総合調整」のための組織の活動の総和が、内閣レヴェルの「総合調整」である。いわば内閣レヴェルの「総合調整」とは、「総合調整」の「総合調整」なのである。

次に、3では、「省間調整」なかんずく「二省間調整」を分析する。これは、二省間という局所的な合意形成の場であると同時に、調停者のない紛争が半ば永続する場でもある。特に後者は「省庁セクショナリズム」の典型としばしば言われてきた(4)。だが、Ⅲ章で検討したように、すでに戦前にここでは制度化と部分的なルールの形成が進行していた。戦後においても同様に、処理される案件が多い場合にルール形成が進行しており、紛争の場であると同時に合意形成の場となっていた。両者を同時にとらえるためには、省庁間紛争を、交渉担当者レヴェルと組織レヴェルの双方でとらえなおす枠組みが必要であり、本節では、二〇世紀後半を代表する社会学者であるN・ルーマンの法システム論をもとに紛争を再定式化する。そして、交渉のいかなる局面で紛争が生じ、そこからいかにしてルールが形成されているかを分析する。確かに、合意が形成されたとしても、紛争が激化・長期化する傾向は否めない。最大の要因は、「調整」の主体である行政組織が、社会集団の利益を体現しており、省庁間調整が社会集団間の利害調整の反映だからである。これが解決不能なセクショナリズムとなっているとすれば、政治による解決か、自治体など地域社会での自主的解決に委ねるしかない。そうではなく、行政がセクショナリズムに近い紛争を長期化させつつ、交渉を繰り返しているとすれば、それは社会変動を徐々に調整過程の中に組みこみ、可能な限り摩擦を回避して問題の処理にあたったことを意味している。その代償が、非効率というコストであった。

続いて、4では、「二省間調整」と「総合調整」の接点をとりあげる。まず、「総合調整」のための組織の活動の総和となる政策過程を、合意の蓄積としてみた場合、既存の二省間の合意を集成し、再構築するのが通例である。つまり、内閣レヴェルでの合意の包括的な再構築という意味では、「総合調整」の事例は、「二省間調整」の「総合調整」となる。さらに、財務省や内閣法制局などのいわゆる「総合調整」のための組織が、他省庁の行動を統制している場合の「総合調整」は、単に他省庁に要求を出して、これを従わせているのではない。ルーティンの手続の中で、各省庁と個別に交渉を繰り返し、次第にルールを蓄積し、その総和として、省庁全体を統制している。つまり、二省間あるいは二組織間の合意の蓄積の上に立って、全体を統制しているのである。したがって、この種の「総合調整」もまた、「二省間調整」の「総合調整」と位置づけることができる。

このような「調整」の三類型を前提にすると、一九九七年の行政改革会議最終報告以後の省庁再編でいかなる「調整」の仕組みが求められたかが改めて明確になる。5は、本章全体の総括として、近年の変化を概観する。省庁再編の結果、「総合調整」の「総合調整」の強化として内閣官房が強化され、他方で多少の摩擦があったとしても低い財政コストのもとで短期に「二省間調整」を強行する仕組みが整備された。そして、「二省間調整」の「総合調整」が相対的に弱体化した。これらが結果としていかなる成果をもたらしたかは、安倍内閣以降に明らかになりつつある。

以上の諸点を論ずる本章では、「戦後」とは言っても自民党が成立した一九五五年以降を対象にする。自民党が恒常的に内閣を組織することによって、次第に自民党自身が政府部内の調整を代替するようになるからである。また、二〇〇一年一月の新省庁体制の発足によって、各省はそれ以前とは異なる名称と意思決定過程をとりはじめるため、2、3、4は二〇〇一年以前を対象とし、省の名称はすべて二〇〇一年以前の名称を用いる。それ以降の現状については5で概括的に検討することにしたい。

2 「総合調整」の「総合調整」

法案作成過程における「総合調整」の機能――水資源開発促進法・水資源開発公団法の事例

一般に「総合調整」が行われる典型的な局面とは、法案作成過程で対立する複数の省の間に、官邸が割って入り、関係者の合意を調達しつつ、内閣の断固とした方針を打ち出す場合である。ここでは、戦後の中でも比較的初期の一九六〇～六一年にかけて池田勇人内閣下で作成された水資源開発促進法・水資源開発公団法の制定過程を事例にとりあげる。その理由は以下の通りである。

第一に、内閣レヴェルの「総合調整」がなされる局面として、人事案件や、全省にわたる行政改革などもあろうが、いずれも同じパターンが繰り返されるケースではなく、一回限りの個別性の強い事例である。これに対して、法案作成過程はそれ自体繰り返される過程であり、相互に比較可能な事例の数も多いため、一事例でありながら、ある程度一般的な型を抽出することが可能である。

第二に、一般に内閣における高度な意思決定と、それに関わる各省の対応について詳細に検討することは資料的に見て極めて困難である。しかし、水資源開発促進法・水資源開発公団法については、御厨貴による政治史からの先行研究が存在しており、また筆者が過去に行ったインタビューの際に入手した農林省作成の詳細な交渉記録があり、そこには関係省の作成した文書が、かなりの程度網羅的に収録されている。さらに、この事例については複数のオーラルヒストリー・プロジェクトが存在し、建設省・大蔵省・内閣官房の担当者による回顧記録が存在する。こうして、歴史的パースペクティヴをもちつつ、資料的な裏付けによる「調整」の過程の叙述が可能となるのである。(5)

第三に、この法案作成過程が本章の目的から見て適しているのは、内閣レヴェルで「総合調整」を行う機関と考えられている内閣官房、経済企画庁、大蔵省、内閣法制局がそれぞれの立場から関与しており、分析を通じて各々の組織目的からなされる役割分担を明確に区別することができる。

ただし、第四に、この事例が一九六〇年代のものであるため、与党の役割は、自民党政調会が官僚主導の政策形成を凌駕すると言われた八〇年代と比べるとまだ小さい。したがって、省間対立を調停するために設置された党水資源開発特別委員会は、経済企画庁の「調整作業を促進する意図」にもとづいて審議を進めるという方針にとどまった[(6)]。またこのような委員会について、農林省の側は、「当初は、このような党の委員会組織では大したことはできまいとの印象であつた」と見ていた[(7)]。その委員長であった田中角栄が省間対立を調停すべく奮闘したが、党委員会は当初公団一本化に成功しなかった。そのため、最終的な決断は政調会の決定ではなく、閣議決定によった。つまりは、大臣・事務次官・局長間の調整が党の調整以上に重要だったのである。これに比して、戦後整備された内閣官房なかんずく官房副長官は、大蔵省や内閣法制局と比べて調整力が高くなく、また経済企画庁はこの法案作成を機に、水資源関係の業務を所掌することとなったとはいえ、法案作成過程では受動的な姿勢に終始した。内閣でも総理府外局でもない「省」こそが、「調整」の中核を占めたのである。

そもそも、水資源に関しては、治水を所管する建設省、農業用水を所管する農林省、上水道を所管する厚生省、工業用水を所管する通産省の四省が所管を重複させている。また日本の重要河川では、江戸時代に農業用水の水利権が渇水時の水をとりつくしており、新規の水資源を開発するためには、上流にダムを建設してここで貯水し、渇水時に放流することによって河川の水量を増やすことが不可欠であった。元来、治水を主たる組織目的としていた建設省は、一九五七年の特定多目的ダム法の制定によって、治水のみならず利水をもダム容量に含める大型ダムの建設を単独で行うことを可能とした。水資源を新しく開発し、それを利水者に水利権として配分する主体として、建設省は自らを位置づけた。だが慣行的な水利権の維持を中核的な目的としている農水省は、建設省による水利権の配分に対して、既得権を強硬に主張した。かくして、四つの省の内、農林省と建設省が主たる対抗関係に立ったのである。しかも、高度経済成長とともに、工業化と都市化が進展することで、都市の上水道と工業用水も水資源開発に強い関心をもつようになり、厚生省・通産省も農林省側に立って紛争に関与する。

水資源開発関係二法の制定の契機は、農林省の所管する愛知用水公団の事業終了に伴う法改正であった。農林省は水利開発管理公団を、通産省は工業用水公団を、厚生省は水道用水公団を、建設省は水資源開発公団の設置構想をそれぞれ掲げた。このうち建設省は、自民党内で次第に力を付けはじめた田中角栄に党の水資源開発特別委員会の委員長に就任するよう求め、党主導で公団設置を実現しようとした。これに反発した農林省は、他の利水省庁である厚生省と通産省とともに巻き返しを狙って、利水公団の設置を求めた。合意を得ることに失敗した党委員会は、治水と利水の二公団案を決定したが、予算を査定する大蔵省は、一本化を強く要求し、ともに予算を付けないという決定を一度は下した。その結果、さらに交渉が続けられ、一九六一年四月に公団を一本化するという「総理裁定」が関係閣僚会議で決定されたのである。

このような過程については、農林省側の資料のうち重要部分を摘記した［表Ⅳ−1］が会議日程を詳細に整理している。ここから理解できるように、六一年三月二三日までは自民党水資源開発特別委員会が省間の調停を進め、ここで二公団案が決定されてから四月二五日の関係閣僚会議で水資源開発公団案へと一本化されるまでは内閣官房が調整を行っている。以後、五月一二日に法案が閣議決定されるまでは、経済企画庁が各省の要望をもとに法案をまとめ、これについて内閣法制局での法令審査の席で各省折衝が続けられた。つまり、自民党政調会、内閣官房、内閣法制局が順番に「調整」の主体となっているとみることができるのである。

しかしながら、関係資料をもとにこの過程を検討すると、「調整」の質は、各局面で相当程度異なる。当初、根本龍太郎を委員長とする自民党水資源開発特別委員会は、経済企画庁の「調整作業を促進する意図」にもとづいて審議を進めようとしたが、六〇年八月五日には、一九六一年度予算をにらんだ四省がそれぞれ独自の公団構想を提示したため、合意形成不能に陥った。ここで、一一月二〇日に衆議院総選挙が行われて、自民党は大勝するが、根本が落選した。事態を有利に進めようと考えた建設省は、事務次官自ら直接田中角栄に新しく委員長に就任するよう依頼した。(8) 田中は、委員長就任直後に水資源開発促進法案大綱と水資源開発公団法案大綱を作成し、これを強硬に主張した。これに対して、利水三省は反対の「統一見解」を発表して対抗した。田中は、関係大臣、関係次官と折衝を重ねたが、合意を得られなかった。他方で、農林省は、愛知用水公団法の一部改正により豊川用水事業を行うことで予算折衝を行い、閣議決定に持ちこんだ。つまり、ここで大蔵省は、特別委員会での

表IV-1　水資源開発関係二法案の経過

年月	日	事　　項
1960年 4月	30日	自由民主党は，水資源開発利用の基本問題に関する総合的施策を検討するため，党内に根本龍太郎を委員長とする水資源開発特別委員会（以下特別委員会という.）を設置
5月	10日	特別委員会は5月10日の会合で各省に対し水資源所掌事項に関し，概括的説明を求めることとなり，5月18日，19日，20日の3日間農林，通産，建設，厚生，経済企画庁から聴取した.
5月	24日	特別委員会は緊急に用水対策を必要とする利根川，木曾川，淀川等全国5地区につき水需要の10ヶ年計画等当面の作業要領を示し，経済企画庁においてこれをとりまとめることとなった.
6月	10日	しかしながら，経済企画庁は各省の提出した資料につき計数的な調整がつかず調整不可能という事態におちいった.
8月	5日	特別委員会は，企画庁の調整作業を促進する意図をもって，各省を招致したが，この時各省は期せずして，各省が予算法案として構想している次の公団構想を披露することとなった. 農林省　水利開発管理公団 通産省　工業用水公団 厚生省　水道用水公団 建設省　水資源開発公団 なお，特別委員会は，各省の構想とは別個に，水資源総合開発の基本構想案（第1案）を検討した.
8月	11日	特別委員会は，事務局の構想を厳秘に附しながら，農林，通産，建設，厚生の各省関係局長を個別に招集し，各省の意見を打診した.
8月	13日	利水3省（通産，厚生，農林）は特別委員会の動きに即応して，利水側はその意思を統一する必要を感じ，関係課長を中心とする打合せ会を行った.
8月	22日	特別委員会は，第1案を発展させた第2案を作成した.
8月	30日	特別委員会は，4省局長を招致し，こん談会の形式で話し合いを行った．この席上水資源開発を総合的に行うことについて大方の意見の一致をみた．ただし，建設省はあまり多く語らなかったのが実情である.
10月	18日	根本委員長ほか，約10名の委員および各省局長（企画庁総合開発局長初参加）が出席して特別委員会が開かれ，産業計画会議の加納氏から沼田ダムの構想および委員長から各省の調整過程および今後の方針の説明があった.
11月	20日	衆議院議員総選挙．特別委員会の委員長，根本龍太郎氏が落選した.
12月		田中角栄氏が特別委員会の委員長となり，構成メンバーにつき若干交替があった.

年月	日	事　項
12月	9日	全国知事会議，公団新設に対する意見を公表
12月	12日	特別委員会事務局は，水資源開発促進法案大綱ならびに水資源開発公団法案大綱を作成した．
12月	15日	農林省は，特別委員会の案に対し，意見をかためた．
12月	27日	全国知事会議は，特別委員会の法案を検討して，「水資源開発促進に関する要望」を決定し，政府および党筋に陳情した．
1961年		
1月	5日	利水３省，用水公団に関する統一意見を公表
	前後	農林省は，この統一意見に，農林省独自の見解を附し，関係議員その他に配布した．
1月	5日	利水３省水資源開発公団法案を作成．
1月	10日	田中委員長，水資源関係大臣と個別折衝． 利水側の反論を強引に黙殺して，田中委員長自ら椎名通産，周東農林，古井厚生の各大臣と会見した．その前後に迫水企画庁長官，中村建設大臣とも会談した模様である．
1月	11日	このような情勢の中で，党においても商工部会，社会労働部会，農林部会等それぞれ活発な活動を示し，田中案に対し反対決議を行った．
1月	15日	田中委員長，中村建設大臣，周東農林大臣の３者協議を行う．
1月	16日	特別委員会開催，田中委員長企画庁一元化案に反対の旨の発言を行った．
1月	16日	自民党政調農林部会，企画庁一元化案をもって政調会長に申入れ，田中委員長，柴田建設次官，小倉農林次官，伊東農地局長等を招集，昨日の三者協議の決定につき会合した．
1月	19日	かくて，農林省は，水資源開発公団設置に見きりをつけ，愛知用水公団法の一部改正により豊川用水事業を行なう案で急きょ予算折衝を行い，18日深夜から19日にかけての予算閣議で，愛知用水公団法の一部改正の方向と水資源開発公団の見送りとが決定された．
2月	1日	農地局建設部長名をもって各都道府県耕地課長あてに，水資源開発公団問題に関する農林省の態度を表明した．
2月	6日	自民党政調会．党小浜調査役は，曾田総合開発局長，伊東農地局長らを招き水資源開発公団法案の取扱いに関する善後措置を協議．
2月	8日	特別委員会を開催．田中委員長は建設省所管の公団と農林省所管の公団の２つの公団があってもよいと発言．
2月	14日	福田政調会長，名古屋で水資源開発公団に関して，今国会に公団法案を成立させ，公団を1962年度に発足させたい旨等の談話があった．
2月	15日	特別委員会開催 利水各省は15日の委員会を目標に関係部会と協議を行い，商工，

年月	日	事　　　　　項
		社会労働各部会も公団法案に反対の気構えを打ち出した.
2月	21日	商工部会内に水資源小委員会を設置
2月	27日	自民党政策審議会で愛知用水公団法の一部改正案および水資源開発公団法案について協議.
2月	28日	特別委員会開催
3月	3日	衆議院予算委員会第1分科会において川俣議員は，水資源開発公団問題に関して大蔵大臣等に対して質問
3月	3日	特別委員会開催
3月	7日	特別委員会開催
3月	16日	3月7日の特別委員会以後，3月23日の最終決定の特別委員会の間，委員会事務局は法案作成にとりかかり，どのような動きか皆目検討がつかなくなった.
3月	23日	特別委員会開催 促進法のもとに2つの公団すなわち水資源開発公団と用水事業公団を設置する案を決定した. この特別委員会の決定が政調の政策審議会および総務会にかけられ異議なく可決された.
3月	24日	自民党政務調査会長および同党水資源特別委員会長の連名で政府に水資源の開発，利用に関する両公団の新設に関して申入れを行った.
3月	24日	利水3省2つの公団案について打合せ会開催，政府案としては分界を明確にしたものでなければならないことを要求することを申し合せした.
3月	27日	党から政府に対する申入れに対し事務次官会議開催 二つの公団案について，官房副長官から直ちに法案作業に入り4月1日までに法案の形をもって内閣官房に提出するようにとの話があった.
3月	29日	利水3省法案作業に入る. ともかく党案に即して利水側の法案をいそぐこととなり3月30日に原案を作成した. これとともに利水3省予算説明資料等を併せ作成した.
3月	31日	利水3省は，内閣官房に利水事業公団法案および水資源開発構想に対する意見書を提出 建設省も3月31日又は4月1日に水資源開発公団法案を内閣に提出した.
4月	6日	企画庁は，利水3省案と建設省案との比較文書を内閣官房に提出
4月	6日	全国知事会議は，水資源開発促進法案について要望書を関係方面に提出
4月	10日	細谷官房副長官は，10日に通産省徳永事務次官，11日に農林省小

年月	日	事　　項
		倉事務次官を招致して，利水側に妥協を要請した.
4月	12日	利水3省は，法制局に利水事業公団法案を説明
4月	12日	通産省は，利水事業公団法案を新聞発表
4月	13日	小倉事務次官は，文書をもつて，細谷副長官に回答した模様．また，徳永事務次官も4月17日頃反論したと伝えられる.
4月	19日 20日	水資源関係事務次官会議開催
		両公団法案の権限が重複していることが論議され，この調整がつかず非常に困難視されるにいたった.
4月	21日	水資源関係局長会議開催
		前2回の次官会議の結論を一歩も出ることはなかった．しかし，来週，官房長官および企画庁長官に報告して今後の日程をきめることとなった.
4月	25日	池田総理ほか水資源関係閣僚および福田政調会長，田中委員長等をもつて関係閣僚会議開催
		昨年12月党特別委員会の決定による公団の一本化案を中心としたものに決定.
4月	26日	利水3省は，水資源閣僚会議決定に関して，善後措置を協議.
4月	27日	企画庁は水資源関係各省局長会議を招集
		「水資源関係閣僚会議決定」文書を配布．公団法案に関する問題点を討議した.
4月	28日	企画庁，水資源開発公団法案等に対する各省意見をとりまとめる.
5月	1日	企画庁は各省の意見を参考にして，直ちに法案作業に入り連休を返上して，5月1日各省に公団法案を示した.
5月	1日	利水3省は公団法案に関して打合せを行った.
5月	2日	水資源関係各省局長会議開催
		小出企画庁事務次官から法案の立案要旨の説明があり，直ちに法制局審議に入りたい旨の発言があった.
5月	3日	法制局審議開始
		企画庁原案を中心に企画庁ほか関係各省が参加して，8日までの6日間行う．この間2日間の祭日，1日の日曜があり，関係者にとっては黄金でなく鉛の週間であった.
5月	8日	農林省，公団法案に関する主要論点を整理
		法制局における法案審議も各省権限にしぼられてきた.
5月	9日	公団法案における各省の権限に関して農林省は修正意見を用意，利水3省と協議.
		建設省は再び暗躍開始，農地局もこれに対して事務次官，農林大臣，農林関係議員，政調農林部会長に報告，自重を要望した.
5月	10日	企画庁は水資源開発公団法案を各省に提示.

年月	日	事　　　　項
		ただし，各省権限の条項は 8 日案と同じ.
5月	11日	企画庁，第 23 条（河川法の特例）に関する改正案を各省に提案 12 日の閣議を前に農地局は，事務次官，大臣，党の農林部会に資料を用意.
5月	11日	全国知事会，長野県知事等水資源開発公団法案に対する要望書を提出
5月	12日	水資源開発公団法案ならびに水資源開発促進法案閣議決定 いろいろ問題点が論議されたが，この際事務的に調整できるものは調整するとして一応閣議としては了承することとなった.
5月	12日	水資源特別委員会開催
5月	12日	政策審議会開催
5月	12日	企画庁は政審の結論をうけて改正案を練る.
5月	13日	政策審議会開催
5月	13日	総務会開催
5月	15日	各省事務次官会議
5月	16日	総務会開催
5月	16日	閣議決定
5月	18日	水資源関係二法案衆院へ提出.

出典）愛知用水公団『水資源開発関係二法案の経過』7-23 頁．なお，ここでは 1961 年 3 月 23 日から 5 月 12 日までは原資料通りに，それ以外は日程のみを摘記している．

議論に見切りを付けて、農林省の公団法一部改正のみを次年度予算の中に認めたのである。このため、田中は譲歩し、翌六一年二月八日に建設省所管公団と、農林省所管公団の二つがあってよいとする見解に方針を変更して、合意形成を図った。建設省及び利水三省は、それぞれ党政調会の関係部会に根回しを図り、建設部会は愛知用水公団法一部改正を牽制し、商工、社会労働部会は建設省公団への反対意見を打ち出した。その結果、愛知用水公団の一部改正はそのまま認めることとし、三月二三日の特別委員会によって、水資源開発公団と用水事業公団の二つを設置する案が決定された。これは政調会政策審議会、総務会のそれぞれでも了承されたのである。

以後、内閣官房を中心に調整作業が進め

られた。建設省と利水三省はそれぞれ意見を内閣官房に提出し、細谷喜一官房副長官はまず各省事務次官と個別に会談し、それぞれに妥協を促した上で、高辻正己法制局次長も同席した事務次官会議・局長会議をあいついで開催した。ここでは、関係四省と経済企画庁に加えて、自治省、大蔵省の代表も加わり、所管区分をどう設定するかが激しく議論されたのである。その結果、四月二五日に関係閣僚会議において、公団の一本化案が決定された。そこでは、公団の所管について、「事務窓口」を経済企画庁とした上で、利水三省の所管施設の類型については触れず、建設省の所管のみが「ダム、河口堰、湖沼開発施設、幹線水路までは建設大臣主管とする」と明記された(9)。農林省から見て、閣僚会議に出席した田中委員長と細谷官房副長官が「強引に議事をとりしきつた」とされており(10)、田中と建設省の意向に沿った方向で、内閣官房も調整を行ったことがうかがえる。

その後、経済企画庁が各省意見をとりまとめた法案をもとに、内閣法制局で審査が行われた。ここで巻き返しを図る利水三省は、権限配分について具体的な施設類型をもとに論争に入ることとした。また、ここには大蔵省も入り、財政的観点も加えた検討が行われた。しかも、五月八日に法制局は裁定案を出して、以後関係局長間の折衝にゆだねることを予定していたが、建設省が裁定案に強く反発し、「四月二五日の閣僚会議決定をそのまゝに規定し、利水各省が不満ならば、覚書の交換で不満なきようにしたい」と法制局に申し入れた(11)。その結果、法制局は局長会議の開催を中止し、自身と経済企画庁の間で法案作成を進めることとなった。結果として五月一二日に閣議で法案が決定され、さらに主務大臣の所管に関わる条項について詰めの議論が行われて一六日に持ち回り閣議で変更点が了承されるという結果となったのである。一八日に提出された法案は、第三八回国会では審議未了となったが、第三九回国会で成立を見た。

「総合調整」の手法

この過程では、総合調整の主体が、局面に応じて、自民党政調会、内閣官房、内閣法制局へと順に移行している。しかも、これに加えて、全局面を通じて、予算編成との関係から大蔵省が関与し、経済企画庁は「事務窓口」として参与している。このように、総合調整の主体が党から内閣へ移行し、大綱から法案が具体化される過程の中に、大蔵省や経済企画庁などのいわゆる「調整官庁」がそれぞれの立場から調整を行うのである。以下、順にこれらの特徴を整理する。

①自民党政務調査会

自民党政調会とりわけ党水資源開発特別委員会の委員長であった田中角栄が「総合調整」を行ったと解釈したのは御厨貴である[12]。八〇年代に入って、田中角栄とその派閥を事実上継承した竹下登の政治手法の一つが省間対立の調停にあり、それは行政部内の「総合調整」を最終的に決定づけるものであったことを念頭におけば、このような位置づけは十分可能であろう。だが、本章の事例は田中が大蔵大臣に就任し、有力政治家の一員となる以前の段階であり、そこで、田中が試みた調停は、省間の「総合調整」をある程度先取りするものに過ぎなかった。政調会では問題を収拾できず、閣僚会議の場で一本化を決定したことが意味するのは、政調会での調停不調後、内閣官房を窓口に事務次官会議・局長会議を数回開催して、問題を整理しなければ、ここにたどりつかなかったことである。したがって、田中の行った調停が「総合調整」たり得たのは、行政部内の「総合調整」に田中がある程度影響を与えていたからである。一九八〇年代以降、自民党政調会による「総合調整」機能が増大したとされる事態が意味するのは、以下で検討するような行政部内の「総合調整」に、より深く政調会が関与するようになったことなのである。[13]

②大蔵省・内閣官房

そして、実質的にこの行政部内の過程を規定したのは、予算査定権者であった大蔵省であり、二公団を認めないというその査定方針であった。大蔵省の担当主計官宮崎仁の回顧によれば、調整過程の中で、大蔵省は田中特別委員長・細谷内閣官房副長官と次のように連携していたという。[14]

治水と利水の二つの公団でというのは初めから無理なわけです。それは要求している人たちもよく知っているわけです（中略）各省の実際にこういうことを動かしている局長とか課長という人間と議論してみても、皆そうだと言う。しかし、わが省の立場になったら絶対に折れられんと。折れたら、将来とも破門になってしまうということですから、これは明治の内務省、農林省時代からの長い長い対立で、なかなかそう簡単にいかない。そこで党の水資源開発特別委員会なるものをつくっていただきまして、田中さんにやってもらった。田中角栄さんとは最初から結論はそこにいかざるを得ないだろうということは分かっていたんです。しかし、予算要求が一二月で、そこで何かつくるということだけでペンディングにして、二月頃に関係閣僚会議をつくったわけです。党は水資源開発の特別委員会。そこでキャッチボールをやりながら、何とかまとめたわけです。大蔵省は私がやって、それから内閣官房副長官、そして関係省庁は4省の事務次官で、閣僚会議の事務方をつくった。四大臣と総理大臣による閣僚会議を上に頂いて、事務方の事務次官会議で決めていく。そこを上げたり下げたりしながら、だんだん議論をまとめていったということです。

こうして、大蔵省からみると法案の制定過程は、一本化を最終的な到達点と見て、田中委員長に根回しをした上で、一方では党の特別委員会で審議し、他方では閣僚会議と事務方の会議とを重層的に開催して、「上げたり下げたりしながら」議論をまとめていく過程であると位置づけられる。だが、この過程はすべて大蔵省の指示だけで実現するものではなく、内閣官房との連携が必要であった。宮崎は続けてこう述べる。

内閣官房副長官の細谷さんとかがこれをなんとかまとめようと、池田総理に直接聞いたわけではありませんが、大体それでいくしかないなと、細谷さんに同意してもらいました。仕掛けをどうするとかは全部内閣官房でやってもらった。それは大蔵省ではできませんから。次官の会議や閣僚会議をつくってもらって、上げたり下げたりするのは、細谷さんのところに私がよく出掛けていって、いろいろご相談するというやり方でやったわけです。

このように、大蔵省からみた財政面での効率化を図るための公団一本化の方針は、内閣官房に了解されて、内閣官房の主導で閣僚会議、事務次官会議などが設定されて、問題を絞りこんでいったのである。閣僚会議後最初の事務次官会議の終了前に、細谷副長官は「内閣としての立場からは、四月二五日又は二八日の閣議で結論を出さねば間に合わないので、それまでに大臣レベルで話し合つて、話がつかねば、総理の裁断を仰ぐより仕方がない」と発言しており、内閣官房が決定の日程を掌握していた。[15] これは、大蔵省単独ではできないことなのである。そしてまたこれは、農林省側の資料が、一本化を決定する閣僚会議の席では、田中と細谷が強引に議事を取り仕切ったと見たのと、符合するであろう。

このような大蔵省の方針を了解した内閣官房による大臣・事務次官・局長間の会議を「上げたり下げたり」しながら論点を絞りこむというスタイルは、決してこの事例限りのものではない。大臣間の会議と、それに対応した事務レヴェルの会議が開かれて省間の調整を行うことは、オーストラリアでも指摘されている。[16] また、こうした重層的な会議の配置の中で、「上げたり下げたり」しながら――downwards and upwards――意思決定が行われるという観察はフランスの予算編成過程についての近年の研究の中でも報告されている。[17] 官僚制が階統型をとるかぎり、そこでの水平的調整過程では、しばしば重層的な会議の配置の中で「上げたり下げたり」会議を開催することは、常態といってもよいであろう。

③内閣法制局・経済企画庁

細谷副長官を中心に、会議が重層的に開催される際に、まず各省は内閣官房に意見を提出するとともに、法制局にも法案説明を行った[18]。以後、会議にはすべて高辻正己法制局次長が出席している。こうした予備的な審査を経て、閣僚会議で公団一本化が決定された後に、この公団法案について法制局での審査が始まった。この間の法制局の役割について、細谷副長官は次のように回顧している[19]。

水資源公団法の問題のときでもあれは三六年の早々のことで、私は就任直後ですから全く何もわからなかったでしょう。それで各省の次官さんは自分のことは知りつくしています。その代りに他省のことは知っていても知らないようなフリをする（笑）。こつちは、一五年も浪人していたやつがポッと来たのですから判断に迷う。そこで私は、関係次官の会議ごとに大蔵省の水関係担当の主計官と法制局の次長に、特別に参加してもらつて、話しのなりゆきを聞いてもらつた。そして、散会後に一体問題の本質はどうなんだ、あれはこうなんですよと、実体を判断する時には主計局の知恵を借りる。そして「結局こんなところ」とか「そんな方向」のもの、ということがはっきりしたところで「それを法律に書けますか」と法制意見局《(ママ)》のような役割をしてもらうのですね。こういう、運用をしてゆきますと、各省間の話し合いも的を外さずにまとめ易いばかりでなく、大体まとまる頃には、法律要綱もできている。水資源のときでも、内閣として最後に調整案を書かしてもらったときには、そんな具合でした。これなどは、内閣と法制局との関係がうまく運用された一例でしょうか。

ただし、内閣法制局は自ら法案を作成するという形では関与せず、法案は各省の意見をとりまとめて経済企画庁により作成され、それをもとに関係省の代表が出席する中、法制局による法令審査がなされた。だが、経済企画庁もまた能動的に調整権限を発揮したとはいえない。党委員会、関係閣僚会議の決定を受け、各省の意見を聴取しつつ、法案を作成するという関与は、他から押されてそうした役割を担ったというべきである。建設省は、自ら構想した当初の水資源開発公団を当然のごとく自らの所管の公団と位置付けたのに対して、利水三省は大蔵省の予算内示で新規の公団設置が認められなかったことを受けて、「統一意見」をまとめ、利水事業のための公団案である水資源開発公団案を作成した。そのときに、所管官庁を経済企画庁としたのである。この「統一意見」の作成に際して、通産省内では、「直接の事業官庁がそれぞれ立案権、監督権をもつことは、非能率であるので、総合調整の観点から企画庁とすべきである」とまとめていた[20]。また、農林省はより具体的に、「監督官庁を一元化する場合総理府に水資源開発管理庁のごとき機構をつくることがもっとも望ましいところであるが、これにはかなり大巾な機構改革を伴うから、この際は差し当り経済企画庁が行うのがもっとも適当と考える。建設省が四省を代表して公団を一元的に監督するということは、公団が治水事業を目的とするものではなく、水資源のための開発いわゆる利水事業を目的とすることに鑑み適当ではない」と整理した[21]。このように、経済企画庁への公団所管を唱える利水三省のねらいは、公団を一本化した場合に、建設省の所管とさせないよう布石を打つことであった。したがって、経済企画庁自身は、省間交渉の場で消極的な意見を重ねて述べた。たとえば、公団の経済企画庁所管について、「その為の人員機構が充足されない限り、にわかには引受けかねる」と述べたり[22]、「現状のままで公団の監督を引受けることはできない。四省そろつて頼まれゝばやむを得ない」と述べたのである[23]。細谷副長官も、「初めは、おつしやる通り、経済企画庁が扱つていました。というのは、経済関係については、関係省間の総合調整権が経済企画庁に支えられていますから……。ところが、そのうちに、いわゆる水の利用三省から、経企がその代理格になつとくれとうまいことかつぎ上げられたのですよ。そうなると、経企としては、自分が当事者の仲間入りしてしまったので、お手をあげてしまって、結局こっちが引き受けたのですよ、憎まれ役として……」とまとめている[24]。

このような経済企画庁の消極的な主張の背景には経済企画庁が関係省の出向者によって構成されていたことがあげられる。農林省の作成した法案作成資料は、法令審査の席では、法制局、経済企画庁、農林省、通産省、厚生省、建設省、大蔵省からの出席者があったことを記録している。このうち、経済企画庁だけは、出席者の出向元をも次のように記している[25]。

△企画庁　玉置開発課長（農林省出身）　後藤開発課事務官（建設省出身）　古賀開発課事務官（通産省出身）　堀川企画課事務官（農林省）　一日だけ南部開発局参事官（建設省）

このように、経済企画庁が関係省の出身者より成り立っていたこともまた、経済企画庁を調停役にとどめ、同時にそれが必ずしも独自の調整権限を発揮するに至らなかった理由を示しているのである。

「総合調整」の「総合調整」

以上のように、法案作成過程の中で、自民党政調会、大蔵省、内閣官房、内閣法制局、経済企画庁のような調整をつかさどる機関は、それぞれ裁定者としての役割を分担している。したがって、従来言われてきたように、それぞれが政党戦略、財政状況、閣議の運営、法制度の体系性の保持、地域開発計画といった目的に関して、「総合調整」を行っているだけではなく、内閣レヴェルで合意を形成して法案を作成するために参与している。つまり、内閣における「総合調整」とはこれらの総和とみなければならないのである。複数の省の間に複雑に絡み合った案件を整理するためには、これだけの裁定者が関わらねばならなかった。裁定者の間を裁定するのは、実際の所、首相でも閣議でも内閣官房でもなく、関係する「総合調整」機関すべてである。複数の「総合調整」の主体を、内閣という集団的意思決定の場で「総合調整」していくこと、すなわち、「総合調整」の「総合調整」こそ、内閣レヴェルの「総合調整」の内実なのである。

したがって、「総合調整」の「ドクトリン」が、首相ないしはその補佐機構が一元的に「総合調整」を行うことを求めるという単純な構成をとるならば、それは成功し得ない。現実には、複数の「総合調整」機関の間を一元的に「総合調整」できる機関は存在しえないため、こうした改革構想は挫折せざるを得ないからである。

3 「二省間調整」の過程と構造(26)

合意形成過程としての二省間調整

この「総合調整」に対して、「二省間調整」はいかなる構造の上に成立しているのであろうか。

戦後の政治学・行政学は、概ね「二省間調整」こそ、調停者としての内閣が関与しないために、合意形成を成功させることができず、「セクショナリズム」に陥るととらえてきた。郵便貯金をめぐる大蔵省と郵政省の関係であるとか、一九八〇年代の情報通信政策をめぐる通産省と郵政省との「VAN戦争」であるとか、事例について枚挙にいとまがない。これらと、所管の配分について当面の合意を見ない場合に「協議」を設定するという慣行とは、一見大きく対立するように見える。つまり、所管の配分をめぐる二省間の交渉は、一方で合意に達しないまま決裂する「セクショナリズム」に終始することもあるが、他方で何らかの合意をもたらす場合もある。問題はこの後者の場合の「合意」の内容なのである。それは、当面どの省が当該案件を所管するかについての合意と、将来問題が生じたときに「協議」を行うこととの二つの要素を含むのが通例である。問題が比較的単純であれば、一方の所管で決着が付くが、そうではない場合は協議を設定する。たとえば、前掲［表Ⅲ-1］、［表Ⅲ-2］に示されているように、戦前の政党内閣期の行政改革の処方箋は、所管を一義的に決めた場合でも、細目については「協議」を行うことを提言していた。また、一九五七年に制定された特定多目的ダム法では、建設省が利水を目的とするダム建設の権限を獲得したため、利水省庁との間で所管をめぐって激しい争いが生じ、数多くの覚書が建設省と利水省庁との間で締結された。そのうち、建設省と通産省との間の覚書では、第一項は同法の「多目的ダム」が発電を主とするものを除くとして、第二項以下では建設省が通産省に協議を行う場合を列挙している[27]。また、このときの建設省と農林省との間の覚書は複数存在しているが、そのうち「特定多目的ダム法の運用に関する了解事項」の第一項は建設・通産省間の覚書第一項と同旨であり、「特定多目的ダム法の運用に関する覚書」では、建設省が農林省に協議する項目を列挙している[28]。

このように、省間交渉は第一段階としていかなる項目に関して所管を決定するかが焦点となり、第二段階としてはいかなる項目に関して交渉で所管のありかを詰めて決めずに、将来にわたって「協議」するという手続を設定するかが焦点となる。この二つの段階では、まず当該法律又は案件を主管する省が他省と交渉を行い、そのまま主管省の専管となれば問題なく所管が一義的に決定する。だが、他省が関与を強く要求し、これを主管省が認めた場合、当該案件について主管省が関係省に協議を申し入れるという手続が設定される。もちろん、主管省としては可能な限り協議を設定せず、専管にしようとするが、関係省は協議を通じた関与を認めなければ、法案に同意せず、閣議決定に持ちこませないように働きかける。このような交渉を経て設定された協議は、法案作成過程の紛争を整理しつつも、さらに協議の中で紛争を継続させることを意味している。したがって、主管省は可能な限り協議を開催しないで処分を行おうとし、関係省の側は協議の場で可能な限り主管省の処分に影響を与えようとして修正を図るのである。

以上のようにして、省間交渉の中で、あるものは合意を見、合意を見いだせないものについては、協議が設定される。そして、協議はそれを運用される過程で多くの場合は合意に至るが、中にはそこでさらなる紛争を引き起こす場合もある。また、二省間調整では、省間交渉の中で合意を積み重ねて協議を設定し、さらに協議の中で協議ルールを作成するという過程を経る場合もある。いくつかの協議に関する事例から、省間交渉の開始から終了までの過程を図示すると［図Ⅳ-1］のようになる。

図に見られる五つの過程の中で、これまで注目されてきたのは、所管の決定と交渉不調の二つであった。前者はセクショナリズムが克服された過程であり、後者がセクショナリズムとされる。しかしながら、現実には、協議の設定以後の過程もまた、さらなる「調整」の過程となる。ここで容易に合意が形成される場合もあるが、紛争となり協議が不調に終わる場合もある。Ⅱ章で見たように、第一次臨時行政調査会の共管競合事務の改革も、行政改革会議が提言した政策調整システムの導入も、この過程を見据えた提言であった。また、「総合調整」の過程は、単に不調に終わった省間交渉についての合意を形成する役割を果たすだけではなく、その背景にある多様な二省間の合意を再構築する過程である。そして、この二省間の合意は、［図Ⅳ-1］に整理される交渉過程を通じて蓄積されていく、「総合調整」の可能性は、この蓄積状況によるのである。したがって、省間交渉のみならず、協議の設定以降の過程を理解しない限り、「調整」の全体像はつかめないのである。

図IV-1　省間交渉の過程

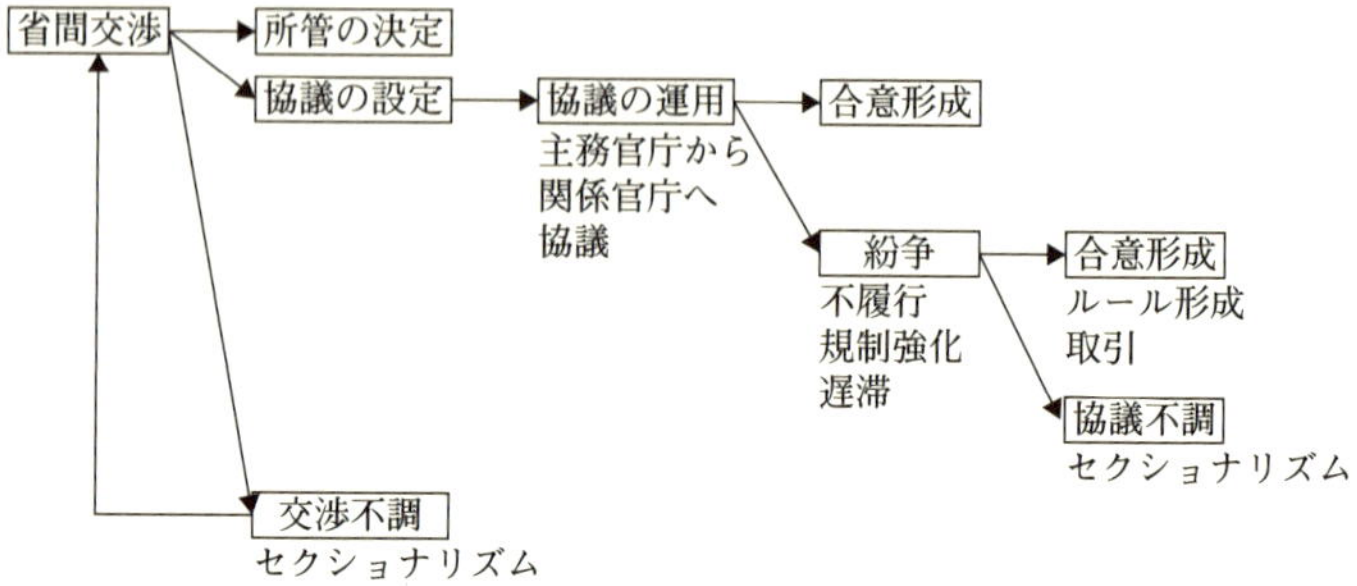

二省間調整における紛争と合意

①二省間調整における紛争

それでは、二省間調整はいかにして行われるのであろうか。これについては、協議の運用の際に生ずる紛争を明確に定義することが必要である。なぜならば、「セクショナリズム」を指摘する論者の多くは、二当事者間で非難の応酬がなされるといった漠然とした状況を「セクショナリズム」と呼んで、分析するというよりは状況を全体として批判するにとどまることが多いからである。その場合、［図IV-1］のいかなる段階で紛争が生じているかを確定しないまま、「セクショナリズム」を官僚制の病理と断定する傾向が強い。

「セクショナリズム」を組織の所管範囲から論じた古典的な図式が、A・ダウンズによる理論化である(29)。ここでは、［図IV-2］のように、動物行動学を引用して、組織の所管を「中心地域」から「周縁」へと順次区別している。そして一方が他方の「中心地域」に接近すればするほど紛争は激化するというのである。

図Ⅳ-2　組織の所管をめぐる紛争

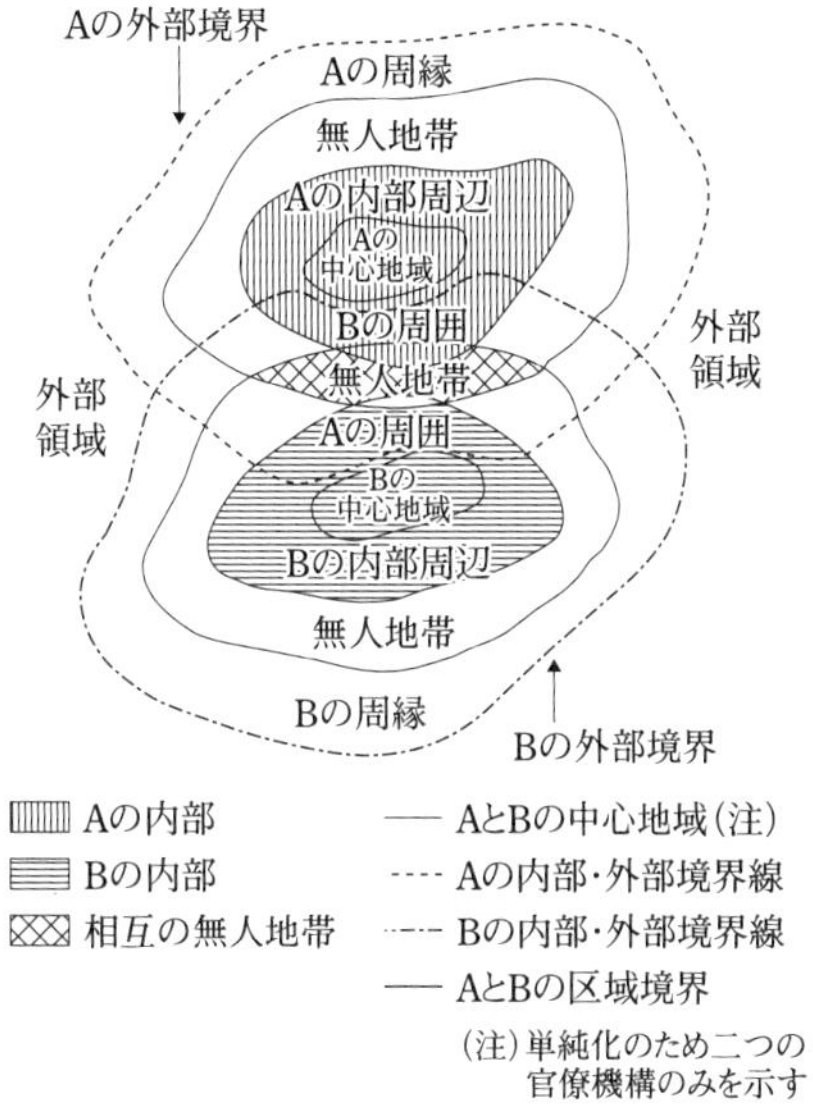

出典)　Anthony Downs, *Inside Bureaucracy*, p. 214.

しかしながら、この図式の最大の問題は、動物行動学から示唆を得ているように、組織にとり中心地域は変動せず、その所管が変化しないものととらえていることである。しかし、組織の所管とは固定的なものではなく、時代によって変化していく。そして、この変化こそがセクショナリズムの質を規定する主たる原因なのである。では、所管の変化はどのようにとらえられるのであろうか(30)。

対立する二省が調整または紛争に至るケースを分析したアメリカの行政学者R・デュランは、［表Ⅳ-2］を示している(31)。デュランによれば、省庁組織は、その中核的な組織目的が将来いかなる方向へ展開し変容するかを常に考えており、この組織目的に近い事例については、紛

表Ⅳ-2　省間交渉の類型

		政策効果（policy effect）小	政策効果（policy effect）大
遅滞効果（delay effect）	小	対抗的取引（adversarial bargaining）	統合されない紛争（disintegrative conflict）
遅滞効果（delay effect）	大	操作された合意（manipulative agreement）	相互了解（mutual accomodation）

出典）　Robert F. Durant et al., “From Complacence of Compliance,” p.440.

争が膠着した場合に組織の被る損害が大きいため、早期に合意形成を目指す。他方で、中核的な組織目的から外れた事例については、交渉の早期妥結から得られる利益が小さく、合意形成に対して消極的になる。したがって、前者の場合には、紛争は短期に終結するのに対して、後者の場合に紛争解決は遅れがちとなる。ここから、デュランは、紛争に対する省庁組織の対応を類型化するために、紛争をもたらす案件が、中核的な組織目的にどの程度近いものであるかを示す軸として「政策効果（policy effect）」を、紛争解決の遅滞が組織に深刻な影響を及ぼすかどうかを示す軸として「遅滞効果（delay effect）」を掲げた。その結果、［表Ⅳ-2］のように、政策効果が大きく遅滞効果が小さい場合は、もっとも対立の先鋭な統合されない紛争となり、政策効果が大きい場合は摩擦の少ない相互了解となる。つまり、遅滞効果が大きく遅滞効果が大きい場合には省庁組織は合意形成に能動的に対応し、遅滞効果が小さい場合は、対立したまま事態を放置することも辞さない。だが、政策効果が大きい課題に対して、省庁組織は対立であれ合意であれ、事態を放置せず、能動的に関わるのである。この枠組みの特徴は、関係する組織は、直面している懸案が将来の所管にどのように影響を与えるかを予測し、当面の課題に対応する点にある。つまり、懸案となっている事項の組織の中核目的との距離を絶えず計り直しているのである。

このように、省間交渉は、当事者である省が、当該事項のもつ組織としての将来価値を予測するという契機を無視できない。なぜなら、この予測こそが、その事項に関する他組織との合意の内容を変質させていくからである。だが、問題は、省内の誰がそのように予測し、判断するかである。そして、交渉相手も同様の予測をするとすれば、双方の予測がどう一致するかが紛争とそこから生ずる合意の質を決定することになる。

そこで本章は、紛争を当事者の意識のレヴェルに還元してとらえ、一方当事者の内面で他方当事者の行動に対して、「そうであるべきではない」と非難する心理状態を指すこととする。この定義は社会学者のN・ルーマンによるものである。[32] ルーマンによれば、一般に人は複雑で多様な世界を意味づけ、体験へと加工する際に、心理的緊張を和らげるために、将来起こりうる事態を「予期する（erwarten）」。この予期を安定化させることが、世界の意味づけにおいて重要なのである。まず自然現象では、経験則と科学技術の発達によって、予期を安定化させている。木々の葉が色づけば間もなく冬が来る、上流で雨が降れば下流で増水するといった予期は、おおかた裏切られることがないのである。だが、社会現象では、他者の行為を相互に予期することが必要となり、これを安定化させることはきわめて困難である。そのための道具が「法」である。すなわち、誰もが「法」に従って行動することがまずは予期され、これに違反して行動した者に対しては社会的な制裁が加えられるのである。

だが、「法」とは呼べなくとも、何らかの非公式のルールは社会の至る所に存在している。これらのルールは非公式的性格が強まれば強まるほど、相互にルールの遵守を期待できず、違反者への制裁も科せられない。したがって、あまりに非公式性の強い予期は、それを裏切る他者に出会ったときに、捨てられることになる。たとえば、人は地面に座ってはいけないという規範はかつての日本では根強くあったが、電車内通路やコンビニ前で座りこむ若者が多数現れるようになると、当初彼ら・彼女らを非難していた人たちも、やがて注目さえしなくなる。つまり、「地面に座る人もいるのだ」と了解せざるを得なくなるのである。このように、当初の予期に反する事実に直面して予期を変更する場合、この種の予期をルーマンは「認知的予期（kognitive Erwartung）」と呼び、「法」に代表される予期すなわち違反に対してなおかつ予期を固持して違反者へ制裁を科そうとする場合の予期を「規範的予期（normative Erwartung）」と呼んだのである。

社会学ではこれら二つの「予期」の直訳を定訳として用いているが、日本語としてこなれたものではない。そこで本章では、これらを日常言語に近づけて言い換え、「である予期（認知的予期）」と「すべき予期（規範的予期）」と呼ぶ(33)。人はまずは「すべき予期」を持つが、他者から裏切られるとそこから学習して新たに「である予期」を作り上げる。だが、「すべき予期」に固執して、これに違反する他者にはもちうる制裁手段を動員して、その責めを負わせるよう努めることもある。この双方の場合において、予期を持っていた人間の内面に葛藤が生ずることが紛争なのである。この紛争の定義は、少なくとも次の三点に関して有意義である。一つには、当事者双方の予期を戦略ないしは意図として確定することによって、紛争状態をその不一致として客観的に把握できる。しかし二つには、仮に相手方に対し明白な要求が出されないときでも、紛争は潜在的に生じているととらえられる。非難の応酬がより激しくなったから紛争になったわけではないのである。そして三つには、紛争の原因は、たえず生じうる。人が世界を意味づける際には、様々な局面で「すべき予期」を過剰生産するからである。それらの一部は「である予期」に移され、なおかつ固持された「すべき予期」の一部が、他者と共有されるルールへと制度化されていく。

このような紛争の定義は、個人のみならず省庁という組織にも当てはまる。まず、交渉を重ねるにつれて、双方の交渉担当者が相手方の行動を予期できるようになる。そして、担当者の予期が組織としての予期に徐々に移行する。つまり、交渉を幾度となく重ねるうちに、担当者の予期が、「すべき予期」と「である予期」との間を往復しながら、徐々に固定化し、やがて組織をあげて共有される予期として確定されていく。したがって、ある協議の場で、「担当者（双方）の人事異動により過去において了解されたものが撤回され、振り出しに戻るなど毎度お馴染みのパターン」が生じていると担当者自身が述懐しているように、担当者双方の予期が合致した上で、これが人事異動を経て担当者が交代しても維持される場合には、組織としての予期の合致がより強固になる。この過程をある実務家は次のように指摘している(34)。

省庁間の折衝においても、しばしば『××省はこういう理由で反対している。』の如き表現が慣用的に使用されています。問題は『××省』の誰が、少なくともどのレベルの人間がそのようにいったのか……（中略）……なのです。また、それが組織の意思として決定されたものであるかどうかも大事な点です。その反対に、窓口段階で全然問題がなかったからといって一〇〇％安心できるものでもないのです。交渉担当者は、交渉する事柄の内容から、相手方の組織にとっての利害関係への影響を客観的に判断するとともに、その軽重に応じて実質的決定権者を推定し、その決定権者の意図が相手方の窓口担当者の発言に反映しているかどうかを確かめなければならないのです。更に、相手方の窓口担当者と実質的決定権者との仕事上の人間関係までも考慮すれば万全でしょう。

こうして、交渉担当者がそれぞれ相手方の組織内の実質的決定権者の意向を考慮しながら、交渉において次第に予期が合致する場合に、合意の形成へと至るのである。しかし、合意はあくまでも予期の合致に過ぎず、その解釈をめぐってたえず新たな予期の不一致という紛争に至ることもある。省間交渉が、一面で合意形成であり、他方でセクショナリズムとなるのは、このような予期理論にもとづいた紛争の定義から導くことができるのである。

②二省間調整における合意形成――「覚書」の機能

だが、問題は、いかなる予期が裏切られ、不一致となりやすいかである。このときにこそ、デュランが指摘しているように、当該案件について各組織がどの程度中核的な所管事項に近いと考えるか、という視点が重要となる。日本の中央省庁では、設置法で概括的に規定された権限をもとに、個々の法律について主務大臣が決定され、主務大臣の省が当該法律を主管する。主管省にとり、当該法律に関わる案件は排他的に管轄することが望ましい。その案件は、省の中核的な所管事項だからである。だが、その事項の中に、他省にとり自らの中核的な所管に近い案件が存在する場合がある。そのときに、他省は、可能な限り主管省の所管に介入しようとする。両者の交渉を経ても、所管が重複する事項については、その処理をめぐって何らかの文書が作成されることが多い。ともに中核的な所管事項であると認めた場合は、法令などの公式の下位規範が作成される。だが、一方にとり中核的とはいえない事項については、より非公式の文書が作成される。その代表例が「覚書」である。一般に、法令事項は、関係省の中核的な所管事項であり、覚書に記載される事項は、少なくとも一方当事者にとっては、中核的ではない事項であると言える。よって後者の場合は、予期が裏切られやすいのである。

これまで検討してきたように、法案作成過程で合意に至る場合、途中で激しい議論の応酬があったとしても最終局面では、いかなる形式で「協議」を規定するかが焦点となる。これについては、省に共通して次の選択肢がある。第一には、協議を法律に規定するか、覚書に規定するかである。第二には、「協議する」と規定するか、「同意」を要件とするかである、たとえば、一九六四年の河川法改正を例にとると、農林省は主管省である建設省に対して、多くの項目について、法律に「合意を要する」という表現を規定するよう要求した。だが、建設省は法律には規定せず、覚書で処理したいと主張し、結局は覚書に多くの項目について「協議」すると規定し、「協議は同意を要する」という趣旨の条項をそこに盛りこむという形で合意を見たのである。(35)

法律に代わって覚書という文書が必要とされるのは、その規範的性質にもとづいている。覚書とは、複数の省間での合意を規定した文書の総称である。名称は様々であり、「覚書」の他、「協定」、「了解事項」、「申し合わせ」、「念書」などの表題を持つこともあれば、「××に関する件」、「××について」など特に名称を持たずに内容に即した表題がつけられることもある。こうした覚書には、単にメモ書き程度のもので了解したと見なされる場合もあり、たとえば予算編成過程で作成される「念書」の多くはこれにあたる。そこでは、概算要求側が将来の措置を大蔵省に確約する証拠の文書として大蔵省に書面を提出するが、概算要求側の署名しかないものが多い[36]。これに対して、法案作成時の懸案事項については、大臣、事務次官、局長など文書管理権者が署名し、公文としての文書番号を持つ覚書がしばしば作成される。

内閣法制局での執務経験を持つ山内一夫は、覚書について、「官庁間の協議は、しばしば関係官庁相互の間で取りかわされる覚書によっても義務づけられる。この種の覚書は、共通の上級官庁の意思によって支持されないかぎり、単に道義的拘束力を持つに止まる」と述べている[37]。「道義的拘束力」とは、法的拘束力ではないことを意味すると同時に、各省大臣の上級官庁である内閣の政治的支持のない覚書には省と省の間の「道義」によって守られるにすぎないものという意味がこめられている。しかしながら、覚書と総称される文書が相当程度多様であるため、ここでいう「道義的拘束力」も多様に機能すると考えなければならない。だがそれは、大別して二つに分けることができる。第一には、口頭了解を文書化する性質の覚書であり、念書に類する文書や、議事録の交換による合意内容の確認といったケースはこれにあたる。これらの特徴は、多くの場合交渉担当者の署名があるにすぎず、合意が担当者かぎりのものであって組織としてのものではない可能性が残っていることである。違反した場合に他方当事者が制裁を加えることが困難である点で、文字通り「道義的拘束力」をもつにとどまる。(38)第二には、法律に準じた公文の扱いを受ける覚書である。省内の正式な決定手続を経た文書である点で、その拘束力は法的拘束力に準じたものであり、これに違反する場合は組織をあげた激しい紛争が起こる。

法案作成過程で協議を設定する覚書とは第二の類型の文書である。では、なぜこの種の覚書が用いられるのであろうか。第一の理由は、覚書が原則として公開を前提としない文書であったからである。二者間で秘密裏に合意を形成することができるため、他省ひいては関係団体・国民にいかなる手続の協議を設定したかを悟られずに済む。その結果二省間で行われる協議を設定する交渉と協議を運用する交渉とがより円滑に行われるのである。もっとも、一九九九年に情報公開に対応した省間交渉を行うよう内閣は方針を転換し、覚書の原則公開を決定したため、省間の秘密交渉の結果を記録する覚書の作成は原則として不可能となった。

第二に、覚書はその効力が省間の交渉という政治的結果によって規定されるため、柔軟に手続を変更することが可能である。覚書の中には、過去の覚書の効力を確認する規定をおくことがある。これが意味するのは、法改正などの状況の変化によって、一方当事者が失効を宣告するという事態を避けようとしていることである。法律の廃止は法律にもとづくが、より簡便な形式によって、覚書の効力自体を将来の省間交渉にゆだねるようにしているのである。

第三に、協議を法律上「合意」と規定する例は少ない。合意と規定すれば、合意のない処分は無効であることになる。だが他方で、「協議」と規定しているからといって、「協議」が調わない場合に、強引に手続を進めるという事態はあまり見られない。その点で、「協議」も「同意」も実際上は変わらない[39]。しかし、法律に「協議」と規定するだけでは運用はできず、協議を行う条件や手続についての細目を別に定める必要がある。これは共同通達という方法でも可能であるし、また同一内容の通達をそれぞれが発するという形でも可能である。だが、まずは覚書を定めて、その上で共同通達を併用するという方式がこれまでは一般的であった。

第四に、覚書に類する省間の文書を作成するのは日本に限らない。アメリカの連邦政府に対する研究では、「メモランダム」[40]や「条約」[41]という名称の「省庁間協定（Interagency Agreement）」が、省間紛争の合意文書となったことを指摘している。またイギリスでの省庁間協定の一例として、農業・漁業・食料省と食品基準庁の間、保健省と食品基準庁の間の文書が、ＢＳＥ問題に関する調査・検討委員会で海外事例の一つとして報告されている[42]。その限りで日本の覚書と等価な機能を持つ文書はむしろ諸国に広く見られるのである。

このように覚書が法律よりも柔軟な規範的性質を持つものとして二省間で作成されることによって、省間の合意形成がより円滑に進む。さらに、協議そのものを円滑に進めるために、そこで生じた合意が覚書として省間に共有される。いわゆるセクショナリズムと呼ばれる省間の対立が、現実には様々な妥協による合意形成によって克服されているのは、この覚書という文書が制度化されているからである。つまり、非公式の規範とは、予期の暫定的な一致を表すのに適した手段であり、またこの暫定性があるからこそ、関係省の当面の合意形成が可能となるのである。

二　省間調整における紛争の類型

以上のように、法案の作成過程で省間の合意が形成された結果、覚書などによって、特定事項について「協議」をすることが定められる。注目すべきは、この「協議」とは、関係省が同等の立場で参加する会議ではないことである。法案の作成者である主管省が、関係省に何らかの事項について「協議」を申し入れ、関係省がこれに同意を与えるという形態をとる。申し入れる側を協議者、同意を与える側を被協議者と呼ぶならば、交渉に臨む役割が明確に分化している(43)。そして、これら協議者と被協議者の間では、協議すべき事項についての重要性が大きく異なる。多くの場合、協議者から見ると、協議すべき事項は、その組織目的の中核というよりは周辺的な事項である。だが、被協議者から見ると、重要な案件だからこそ、法案作成過程での紛争を激化させた上で協議の手続を設定し、協議者の決定に介入することで自らの組織目的の維持を図っている。つまり、協議すべき事項は被協議者にとっては組織目的の中核に位置する事項なのである。

このように、協議事項に対する協議者と被協議者それぞれからみた重要性が異なるため、協議をめぐる予期の不一致が生じやすい。ここに協議をめぐる紛争が生ずる主たる原因がある。

①不履行

まず第一の紛争類型は、なされるはずの協議がなされないという「不履行」である。協議者は、可能な限り協議事項を減らそうとし、これが被協議者からみると本来すべき協議を履行しなかったととらえられる。協議者にとっては、当然の事態が被協議者から見れば「すべき予期」が違背に直面したことになる。いわば協議の不履行と映るのである。

この類型の紛争が起こる原因は、主たる協議事項として了解されたものと、付随的な協議事項との間で重要性に落差があると協議者が判断している点にある。当初の協議事項として法令・覚書等に記載された文言は、起こりうる事態を網羅的に想定した内容ではない。その場合、協議者は、重要度の高い事案について協議を申し入れる反面、付随的と判断した事案については、そもそも協議事項ではないと主張する。つまり、自らに何が協議事項であるかを決定する権限があるとみなし、その上で合意文書の文言を縮小解釈するのである。この協議者による協議事項の決定権限を、「発議権」と呼んでおこう。ところが、被協議者がその種の案件を協議事項と考えていた場合、協議「すべき予期」が裏切られる。つまり、被協議者からみると、履行すべき協議が履行されていないという、協議の不履行に直面するのである。したがって、以後の過程では、文言の解釈をめぐって縮小解釈が妥当かどうかが争われることとなる。

この縮小解釈がどのように生じるかにつき、二つのケースを例示したい。第一には、一九五七年に工業用水道法制定時に締結された通産事務次官と農林事務次官間の覚書・局長間交換書簡をめぐる紛争である。[44] 工業用水道法は、戦後の経済復興と成長を背景に工業用水の需要が高まったために、通産省により制定された法律である。従来の手法では工業用水の取得が困難となり、工業地帯から離れた地点で取水する大規模な工業用水道が必要となる地区が増えたのである。その際に工業用水道事業が農林水産業へ影響を与えることが予想されたために、農林・通産省間で覚書等が交わされた。覚書においては、通産大臣に対して「当該事業の計画に係る水源より取水することが農業水利、流水権、漁業権（許可漁業を含む）等に影響を及ぼし、若しくは及ぼす恐れがある場合、又は農地を当該事業に係る施設の用に供する場合」に、地方公共団体の事業については届出内容の農林大臣への通知、それ以外の事業主体の計画内容については農林大臣との協議を義務づけ、「当該事業の計画による給水区域内に相当面積の集団した農地が存在する場合」、地方公共団体の事業については届出内容の農林大臣への通知、地方公共団体以外の事業主体については農林大臣への意見聴取を義務づけた。これらの規定の構造からは、「通知」や「意見聴取」と比べて周到な手続である「協議」を規定した地方公共団体以外の事業主体の事業計画に対する許可が、重要な位置を占めている。しかしながら、処理件数が多いはずの法施行直後における農林省の担当者によると、在任中に「これら一連の手続について、一回も実行されなかった」というのである。[45]

一九七二年末段階での工業用水道事業数は一七四事業であるが、うち都道府県営事業が一〇七、市営事業が六七、町営事業が三、その他二と圧倒的に農林省に通知義務が課されるだけの地方公共団体の事業で構成されている。さらに、工業用水道の水利権取得に当たっては、農民によって構成される圃場・水路関係の事業団体である土地改良区と事業主体の間で交渉が行われ、同意が獲得されていることが通常であり、中央省庁間で協議する意義は、必ずしも大きくなかった(46)。したがって、協議者である通産省からみた協議手続を要求する事例の僅少性と重要性の低さとが、協議・通知の不履行を招いたと考えられる。

第二にここでいう縮小解釈の特質を鮮明に表す事例として、特定多目的ダム法第四条の基本計画の策定、第三一条の操作規則の制定に関する協議がある。特定多目的ダム法は、基本計画の策定やダムの操作規則の制定などに際して、主管の建設大臣が「関係行政機関の長」に「協議」することを法律上定めている。その上で、農林省との間には、事務次官間の「特定多目的ダム法の運用に関する覚書」、河川局長・農地局長間の「特定多目的ダム法の運用に関する了解事項」が締結された。このうち覚書には、四条・三一条の協議に関して、「建設大臣は、農林大臣と協議をし、協議をととのえた上でこれを行なうものとする」と規定しており、同意を要件とすることを間接的に示した。

そもそも、特定多目的ダムの基本計画については、基準渇水年を定め、流水の正常な機能を維持する「維持流量」と既得水利権の流量を確保した上で、新規利水者の流量を配分するよう計画することが通例となっている。これは、新しい事業によって河川の状況が変化し、既得利水者の取水に影響が出ることが生じうるため、計画とダムの運転によって、そのような支障が出ないようにする必要があるからである。この既得利水者への用水補給を「不特定用水」といい、事業に伴う設備の拡充・新設によって用水補給を受ける場合を「特定用水」という。これらが農業用水である場合、それぞれ「不特定灌漑」、「特定灌漑」と呼ばれている。

農林省は、法第四条・第三一条の協議について、「法律制定時から数年間は、すべてのダムについて厳格に実行されていた」が、「何時からか協議対象ダムは、特定かんがいを含むものに限定されている」と認知していた[47]。建設省の側も、特定多目的ダム法の意義として、不特定用水を「建設省が処理することに手際よくおさめた」と部内の座談会で総括しており[48]、一貫してこれへの管轄を主張してきた。その結果、建設省は幾度も不特定灌漑に関する協議を拒否し、農林省との間で紛争が続いたのである[49]。たとえば、一九七八年九月には、一級水系相模川宮ヶ瀬ダムの基本計画の協議の際に、建設省は農林省に対して「河川管理者の定める特ダムのうち、特定かんがい容量のないダムの建設に関する基本計画の作成等については、特ダム法に基づく協議は必要ない」と主張したため、以後一〇ヶ月にわたる同法の解釈論争が、両省間で展開された[50]。このときも結局は、「総てのダムについて」農林省に対し法律に基づく協議をすることで合意されたが、その後も必ずしも常にこれが守られたわけではない。そもそも、協議の際に、「河川管理者がダム規模を決定する際の水収支計画の内容を我々農水省側に明示しない」など[51]、「協議にあたり河川管理者の裁量の範囲であるとして十分な説明及び資料の提出を拒むことが多い」という[52]。このように、建設省側が、保有する情報を充分に開示しないで交渉を進めることが、協議の不履行と農水省側に認知される原因なのである。

②規制強化

協議者による不履行という紛争類型は、協議者の行った措置に対して、被協議者がこれを「すべき予期」の違背ととらえた場合に発生する。つまり、まずは被協議者の内面で意識される紛争であり、その上で被協議者が協議者に対し協議するよう要求し、これを協議者が不当な要求であると認知して拒否したときに、双方が紛争状態に入ることとなる。

だが、これとは逆に、協議者がまず「すべき予期」の違背を認知する紛争類型もある。すなわち、同意を与える被協議者が何らかの条件を新しく付与して、協議者に圧力をかける場合である。この第二の紛争類型を、ここでは規制強化と呼び、被協議者に同意する権限があると解して、これを同意権と呼ぶ。もちろん、通常想定される同意権の範囲内の要求であれば、協議者は最終的にこれを承諾せざるをえない。だが、同意権を逸脱する要求と見なされた場合や、要求内容が不当であると認知された場合に、紛争が発生することとなる。この種の紛争が恒常的に起こるのは、大蔵省による予算編成や内閣法制局による法令審査など、大蔵省・法制局の同意があってはじめて各省の予算や法律が閣議決定される手続における二省間交渉である。

だが、一般の二省間の協議でもこれは起こりうる。水利権の許可を例にとると、ここでは河川法にしたがって河川管理者が許可権者となり、農業などの利水者が新規の利水を行う場合に、許可を申請する仕組みが取られている。利水者は土地改良区であるが、国営事業の場合は事業主体としての農水大臣が許可申請を行う。一級河川は河川管理者が建設大臣なので、農水大臣が建設大臣に水利権の許可申請を行うこととなり、許可申請の形をとりながらも通常の二省間の協議と同様の交渉が行われる。しかし、農業の場合は、河川法制定以前の江戸時代から、取水口から末端の圃場に至るまで複雑な水利権が慣行として成立している。この多くは古文書などにもとづくものであり、流量の算定が困難な権利形態をとっていた。建設省はこれを許可水利権に切りかえて実質的に水利権量を圧縮することを強く求めている。これが規制強化である。対して、農水省は新規の土地改良事業の際に事業地区の慣行水利権を許可水利権に切りかえることには協力してきたが、ときに建設省が事業地区外の慣行水利権に対しても許可水利権へと切りかえることを求めたときには、強くこれに反対し、激しい交渉を行ってきたのである。

また、より決定的な規制強化の手段もある。それは、協議案件を全面的に否定する要求を突きつけることである。これは、拒否そのものが目的であるというよりは、案件の処理にあたって自らに有利に交渉を進めるための半ば脅迫めいた主張である。たとえば、ある土地改良事業計画についての協議の場で、建設省は、他の利水者への影響度の高い取水形態である上流取水、多点豊水取水、河道外貯留を計画内容に含んでいる協議案件に対して、「議論が切羽詰まると『こんな劣等地区の工事着工案件は、協議成立が不可欠だ』という論調」で牽制を加えたという[53]。農水省側から見れば「河川法の適用を受けない区域まで着工を認めないとは全く根拠のない越権行為」となるが、建設省は着工を抑止するために、協議の際に様々な制裁を加える権限をもっている。これらを背景にした建設省の規制強化に屈して、農水省はしばしば計画を変更することになるという。

農水省には対抗措置がないではない。それが特定多目的ダムの基本計画への同意である。特定多目的ダムの基本計画の策定に際して、建設省河川局は、都道府県を通じて地方建設局による当該地域の利水各部門の需要調査を行ってから計画を策定しており、この作業は河川局内で「お客を探す」と呼ばれていた。だが、一度需要を見込んで計画されたものから「お客」が逃げ出すことによって、計画内容を大幅に変更することは、実質的に計画の失敗を意味しており、建設省にとっては何としても回避したい事態である。そのため、農水省は、基本計画の協議の際に、基本計画から農業部門を撤退させることを時に主張し、有利な合意を導き出そうとしてきた。これは建設省との他の水資源関係の協議で行き詰まったときに、もっとも効果的な制裁手段であったという。[54]

③遅滞

一般に協議の執行において遅滞が生じがちなことは、日本に限らず諸国の行政組織内で半ば常識である。[55]一九六四年の河川法改正時には、「当事者は、相互に誠意をもってすみやかに結論を得るよう努めるものとする」という条項が覚書上に規定されたが、[56]これは協議の長期化が当事者間で共有されていたことを示している。また、一九七二年には、閣議の席で田中角栄首相が「許認可等の申請案件は主管課長が直接受理すること、これら申請案件は原則として一か月以内に処理すること」を指示したため、河川局長通達において水利権の許可に関して四ヶ月が標準処理期間として規定された。[57]しかし、実際には協議は長期化する傾向にあった。〔図Ⅳ-3〕は、一九六六年から八七年までを対象に、農水省が概括的にまとめた水利権の許可に関する協議期間である。ここで算定された協議期間は、協議者である農業側の都合により協議を中断した時間を含むものであり、事業との関係で協議そのものは断続的に行われざるを得ない面もあり、実際の交渉時間を上回る時間である。しかしながら、協議

図IV-3　事業着工から協議成立までの期間の推移

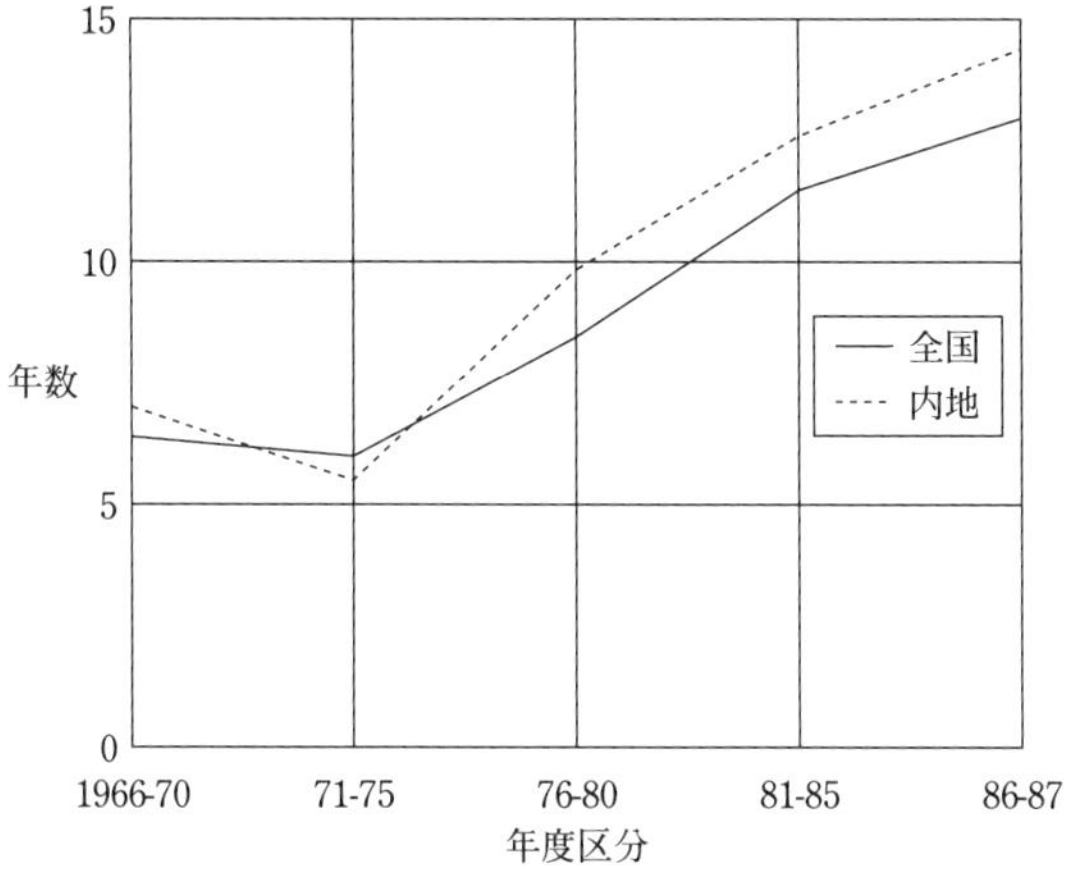

出典）農水省構造改善局農業工学研修所研修課『平成四年度農業土木専門技術研修（河川協議）――河川協議の実務』34 頁.

の長期化は農民への負担を強いるため、特に農業側にとっては期間短縮が切望され、それ自体が「すべき予期」を形成する。にもかかわらず、たとえば建設省側から過去の合意を反古にするなど、協議を長期化させる原因が作り出された場合に、農水省側の「すべき予期」が傷つくことによって、新たな紛争が発生するのである。

他方、予算編成や法令審査の場合では、交渉時間が制度上限定される。予算編成の場合は会計年度であり、法令審査の場合は国会の会期である。したがって、これらの期限内に交渉を集中させるべく当事者は努力し、それでもなおかつまとまらない案件は、水資源開発関係二法の作成過程でも示したように、翌年度の予算や次期の国会会期へと先送りされることとなる。ただし、通常これらの原因は、大蔵省・内閣法制局にあるのではなく、概算・法令審査を要求する省庁側の準備不足に求められることとなり、組織紛争の膠着状態には至らない。この点が二省間の協議と比べた特徴である。

④省間調整の基本構造

以上のように、二省間調整の場では、不履行、規制強化、遅滞という三種類の予期の不一致すなわち紛争類型が存在する。まず、協議者が発議権をもとに協議を申し入れる際に履行すべき案件を取捨選択することによって、被協議者からみた予期の不履行が紛争要因となる。また、同意権を行使する被協議者が、同意権をもとに規制強化を行うときに協議者の「すべき予期」が傷つく。さらに、両者の交渉が膠着したときに、遅滞という現象が認知され、双方が予期の違背を体験することとなる。これらは、〔図Ⅳ-4〕のようにまとめられるであろう。ただし、予算編成・法令審査の際には、遅滞は紛争要因にはなりにくく、協議の不履行は予算の場合執行段階ではじめて生じうるものであることを指摘しておかなければならない。

社会集団間の利益調整としての二省間調整――事例としての「河川協議」

なぜ、予算編成や法令審査と二省間の協議とでは、紛争形態に差が生ずるのであろうか。まず、予算編成、法令審査は、ともに閣議決定前のゲートキーパーとしての役割が強く、ここでの同意権が圧倒的に大きいため、査定要求側・審査要求側に対して多大な譲歩を引き出すことが可能である。だが、「協議」による二省間の調整は、各省が所管する社会部門間の調整であり、各部門の利益を省庁間で

図Ⅳ-4　省間調整遅滞原因の基本構造

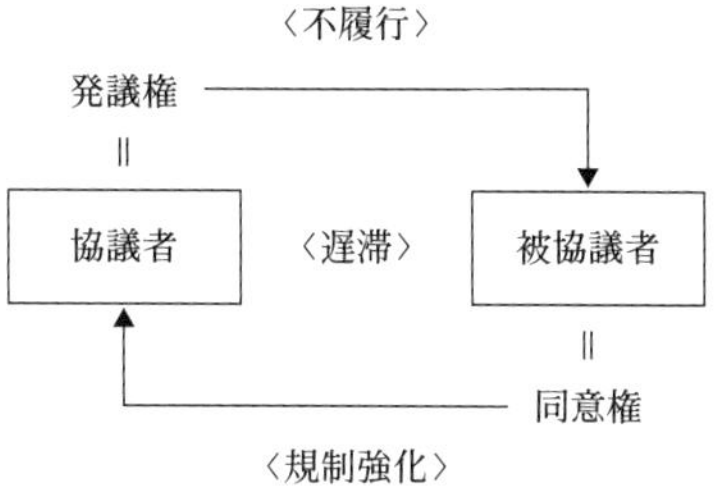

最終的に調整する役割を果たしている。それぞれの社会部門が自己利益に固執すれば、省庁間での合意形成はきわめて困難である。省庁間の「調整」は、社会部門の受容可能な範囲に限られるからである。

部門間の利益調節を目的とする二省間調整の仕組みは様々であるが、その実態をより詳細に検討するため、ここでは「河川協議」と農水省内で呼ばれている水資源に関わる建設省との諸々の「協議」をとりあげる。2で触れたように、戦後水資源は工業化と都市化に伴い高い需要が予測されたにもかかわらず、ほとんどの河川で圧倒的な水量を使用する農業用水が強固な慣行水利権により渇水時の水量をとりつくしていた。よって、河川管理者としての建設省は、ダム建設によって余剰水量を生み出す手法をとった。また、農業従事者の減少に伴い、全体として農業用水の必要水量は減少傾向にあり、建設省は、農業用水の許可水利権への切替による合理化を積極的に推進していた。これに対抗して農水省は、極力既存の農業水利権の維持を図って交渉に臨んだのである。このための二省間協議の枠組みは、［図Ⅳ－5］のようになる。

ここでは、河川管理者として特に一級河川を管轄する建設省は、治水のための河川管理とともに、水資源開発のためダムを整備し、水利権を

図IV-5　利水行政における組織間関係

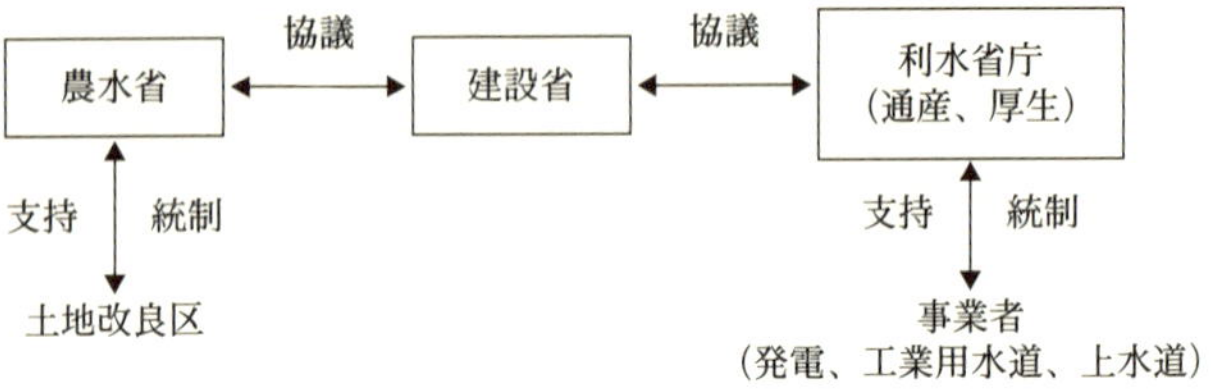

利水者に一元的に配分する役割を果たしている。したがって、利水者を監督する農水省、通産省、厚生省との間で、それぞれ二省間協議を行い、各省から出される要求を最終的に調整している。

他方で、農水省から見ると、土地改良区の要求で、農業用水ダム・取水口・水路の建設、圃場の整備などの公共事業を推進するために、河川管理者から工作物・水利権についての許可手続に関与する。またこの手続とは別に、特定多目的ダムの基本計画の策定、一級河川の指定などについても建設省からの協議を受け、農業用水に対して不利益が生じないように意見を述べている。ここでは、あくまでも土地改良区が権利主体であるため、農水省は建設省に土地改良区の要求を伝えるだけではなく、河川管理者としての建設省の要求を土地改良区に伝えてその同意を調達する役割を持っている。つまり、建設省と土地改良区との双方に対して合意形成可能な解決策をもたらすように努めているのである。(58)

したがって、建設省と農水省との協議とは、河川行政と土地改良行政との接点を模索するための調整にほかならない。そのための調整手続の中核は、件数の多さと内容面での重要性から、河川法第二三、二四、二六条に規定された河川区域内の施設建設と水利使用に関する協議である。そして、事業規模が最も大きく、両省間の交渉が最も複雑であるのは、一級河川に関わる国営土地改良事業である。前にも触れたが、ここでは農水大臣が建設大臣に許可申請を行うため、河川法第九五条により許可手続自体が両省間の「協議」となるからである。

この手続は［図IV-6］のように定められていた。[59] 手続を概括的に説明すれば、土地改良事業を進めるに際して、河川区域内の工事に入るためには図面や水関係のデータなどの関係資料について、建設省の工事事務所に対してまず説明がなされる。これが予備協議である。その上で、本協議に入るときには、地方農政局が工事事務所に許可申請のための「協議書」を提出する。その後、地方農政局と地方建設局との間で協議が進められ、許可処分内容を表す「水利使用規則（案）」が地方建設局から示され、それについてさらに本省間で協議するものと、当面合意されたものとが振り分けられた後に、それぞれ交渉結果を本省担当課に報告する。つづいて、建設省から農水省に河川法第三五条にもとづいた協議が申し入れられる。ここでは、出先機関間で解決されていない問題について再度交渉がなされるとともに、他の類似する事案との間で処理に齟齬がないよう、再検討される。その上で農水省の合意の後に、正式に許可処分がなされるのである。

ここでの制度面での特徴は、第一に、九五条協議と三五条協議という異質の協議が組み合わされていることである。九五条協議とは、河川法第九五条にもとづき事業者である農水省から建設省に許可申請が出され、両省間の協議に付された後、合意を経て許可処分が発せられるという手続の全体を指す。ところが、この手続の最終段階で、河川法第三五条にもとづいた「三五条協議」が挿入され、建

図IV–6　国営土地改良事業地区の水利使用協議

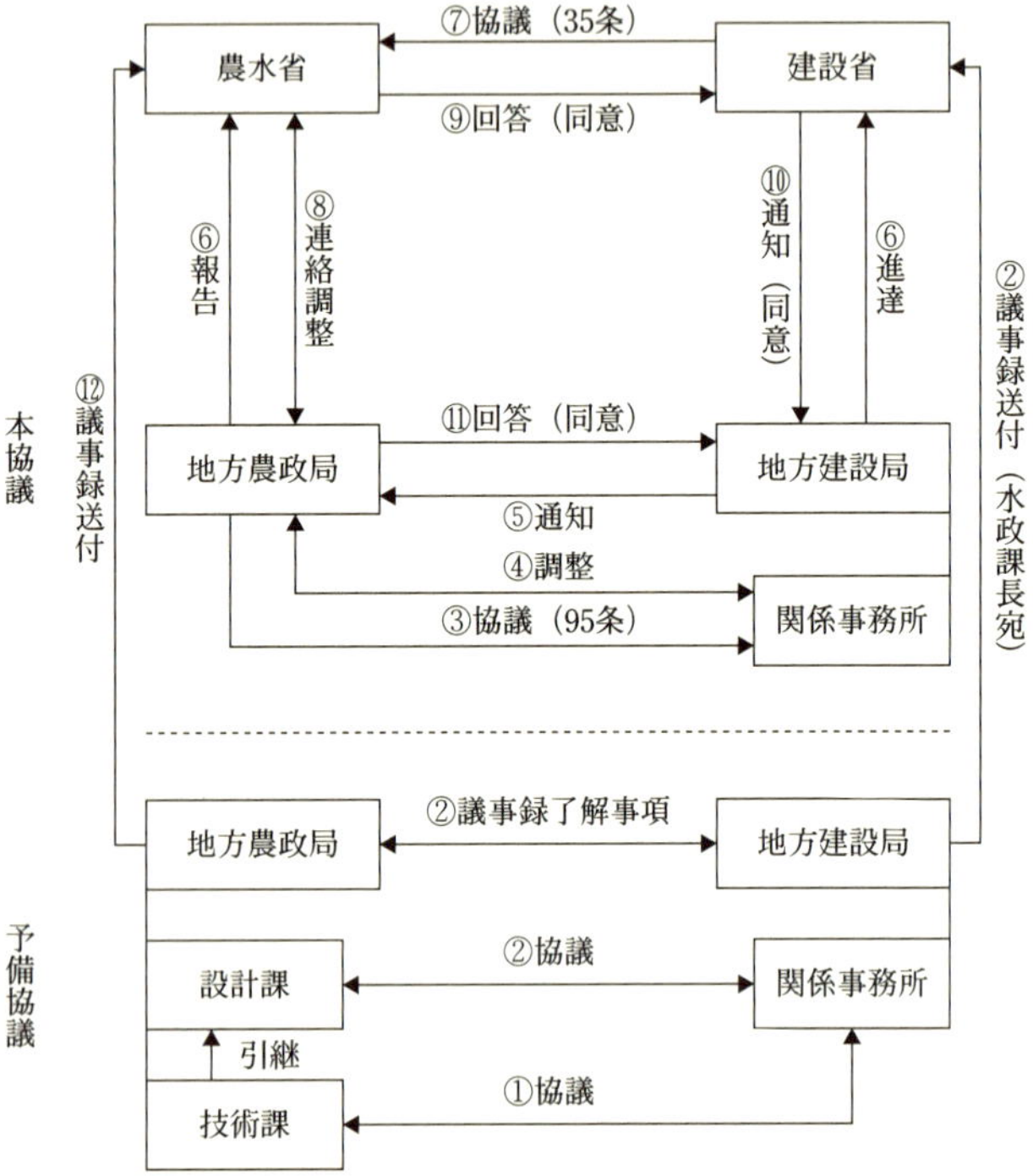

設大臣から農林水産行政全般を所掌する農水大臣に協議がなされ、その同意の後に、許可処分が事業者である農水大臣に発せられる。つまり、許可処分を発する際に、農水省の同意が必要となる点で、建設省と農水省の双方が同意して初めて許可処分が発せられるように制度が設計されているのである。

第二に、九五条協議では事業地区の詳細な計画について、工学技術的観点から審査が行われるため、交渉は主として事務所と地方局間で行われる。しかし、問題が生ずれば、両省とも本省に照会し、その指示を仰ぐ。したがって、協議は、双方が本省の意向を予測しながらも、当該事業計画の妥当性について議論する過程といってよい。

第三に、三五条協議では、農水省内の土地改良事業以外の分野で河川使用に関わる林業などを所管する部局からも意見が出されるが、もっぱら全国の土地改良事業を見渡して、懸案となった事項についての最終判断を行い、同意ないしは不同意を決定している。したがって、出先機関では事業地区固有の事情にもとづいた調整がなされるのに対して、三五条協議の場では、全国の事案を見渡して、何が懸案となっているかをたえずまとめ、対応策が検討されている。まず、当該案件についてルール形成を図るか、それとも個別地区の事情を優先するかが検討される。ルールの形成を図る場合は関係する事案の処理が長期化するのを甘受する。しかし、ルールの形成を断念し、ある地区での建設省の審査方針を受けいれて協議の処理を優先すれば、他の地区で同様のケースがあった場合、そこでも同様の審査方針を受けいれるよう要求される可能性が生ずる。このように農水省が譲歩を重ねた場合には、建設省の審査方針そのものがルールとして受容されることになるのである。

以上の帰結として、農水・建設両省間の協議は、個別事例の処理を優先させつつも、ルール形成とそのための交渉戦略としての取引という性格を帯びる。しかも、合意内容は、事業地区レヴェルか本省レヴェルかで異なり、それぞれどのように合意を文書化するかも異なる。このような過程を経て、双方の「すべき予期」が再構築されて、紛争解決に至るのである。

では、ルール形成はいかなる特徴を持つのだろうか。農水省内では、協議においては、懸案事項として、用水計画、工作物、権利調整、水利使用規則表示などの項目ごとに、さらに細かく問題点がリストアップされている。それらについての処理方針を定型化するという試みは、漸進的に行われてきた。農水・建設双方が合意したルールについては、もっぱら本省課長間の「覚書」として文書化されている。この典型例が、水利使用規則に年間総取水量を表示する際のルールである[60]。農業用水では、たとえば単作の水田の場合、夏期には多量の水を要するが、冬期には生活用水などを除けば農作業としては水を要しない。したがって、許可水利権では、耕作形態に応じて期別最大取水量が異なる形で規定される。これにさらに年間総取水量という上限を設けると、期別最大取水量×通水日数よりも少ない水量で許可することが可能となる。余剰分を都市用水などに転用することを建設省は目指し、農水省は方針としてはこれを受けいれながら、農業の実態に合わせた水量の記載になるよう、工夫を凝らした。その結果が本省課長間の「覚書」なのである。

また、ルール形成が途上である事例として、河道外貯留の取扱がある。これは、いわゆるため池を建設する取水計画であり、河川法の適用を受けない河川外の地区に貯留施設を建造し、用水の一部をここに貯留して、河川水が不足する場合にこの貯留水を利用する計画を指している。通常の取水形態よりも最大取水量が大きくなるため、建設省は他の利水者とのバランスを欠くという調整権者としての立場から基本的に認めない方針を取っていた。しかし度重なる交渉の結果、貯水量の変更により取水量を変更する場合には、変更の許可申請を要するという趣旨を水利使用規則に記載することとし、取水量に変更を生じ又は生じるおそれのある場合には「水利使用規則に基づく措置以外の措置として

図Ⅳ-7　河川協議におけるルールの形成

	全国ルールの形成	個別事案の合意文書
年間総取水量表示	本省課長間「覚書」	水利使用規則
河道外貯留計画	本省補佐間「了解事項」	地方局間の「確認書」

あらかじめ河川管理者に通知する」という合意がなされた[61]。その結果、一九八四年六月一二日に「本省課長補佐間了解事項」が作成された。これについて建設省は、同年九月二五日付で通達と事務連絡を発した[62]。ここでは、貯留量の変更について、①必要水量の変更の際に取水量変更の許可申請を要する趣旨を水利使用規則に記載するとともに、②「必要水量に変更を生じ、又は生じるおそれのあるとき」にはあらかじめ河川管理者に通知することとし、特に②については、地方建設局河川部長と地方農政局建設部長・都道府県農林水産担当部長との間で「確認書」を交わすことが規定されたのである。ここで重要なのはこの②である。ルール形成についての両省の合意が不完全であるため、公式的性格が強い許可処分の文書としての水利使用規則への記載はできない。そこで、本省の課長補佐間「了解事項」と地方局間の「確認書」によって当面の合意確保が図られたのである。

以上二つの事例から、ルールは、［図Ⅳ-7］のように本省間の合意を受けて地方局間で具体的な合意を交わすという形態をとる。共管競合事務での協議について、これまでは「客観的な調整基準が十分に明示されていない」と指摘されていたが[63]、協議の件数を積み重ねることによって、徐々に「調整基準」としてのルールが形成されているのである。

しかし、ルールが形成されることは、二省間調整が実効的であることを意味す

表Ⅳ-3　35条協議処理件数の推移

種別＼年度	1970	71	72	73	74	75	76	77	78	79	計
35条協議処理件数	63	35	54	30	16	7	30	41	24	11	(50〜54 113) 311
上記のうち総取水量表示件数	—	—	—	—	—	4	17	17	11	3	52

注）1. 上記数値は年度内で処理された件数である．
2. 総取水量表示件数は，両省間で合意（1975. 10）した以降のものである．
出典）延藤隆也・佐々木勝「農業用水水利権の年間総取水量表示について（二）」，78頁．

るわけではない。第一に、ルールが確定するまで長期にわたる交渉が不可欠である。年間総取水量表示については、一九七二年から七六年にかけて集中的に交渉が行われた。その間の三五条協議の件数を示したのが［表Ⅳ-3］である[64]。明らかに課長間の覚書が締結される七五年には前後と比べて処理件数が激減している。これはすなわち合意が形成されるまで多くの関連事案の処理が停滞したことを意味しており、間接的にルール形成に対して相当程度の激しい交渉がなされたであろうことを示しているのである。

　第二に、ここで形成されたルールは、懸案事項を全面的に解決する内容ではなく、両省間の最低限の合意事項を文書化したものにすぎない。建設省は、年間総取水量表示と河道外貯留との双方について、個別事業での審査の際に一層の規制強化を図っている、と農水省側は受けとめていた。まず年間総取水量表示について、一九八四年に協議申請がなされたある一級河川における国営事業では、既得水利権量内であるが、事業による乾田化から取水量の増大が見込まれたケースで、増量を「新規利水」にあたるとして、地方建設局から総取水量表示が要求された。そして、九五条協議では総取水量表示をしないことで合意されたにもかかわらず、三五条協議の段階で覚書第二項の「農業用水合理化事業」に該当するという理由から再び建設省より総取水量表示が要求されたという。[65] また河道外貯留についてては、地方局間で本省に進達することが合意された二ケースをみると、一つは河道外貯留施設への注水量が、[66] もう一つは取水口から注水口までの流路工作物の設計変更又は改築の際の河川管理者の事前承認が、[67] 建設省の提示する「水利使用規則（案）」に記載されていた。ともに本省間の協議の中で記載の削除が農水省から要求され、少なくとも前者のケースではこれが認められ、地方建設局河川部長と地方農政局建設部長間の「覚書」で明記することで合意された。

第三に、ルール形成が可能なのは、厖大な協議事項の内、ごく一部に限られている。実際の所、一九八八年から八九年にかけて、土地改良事業費の増大が会計検査院から指摘され、国会審議でも問題とされたことを受けて、農水省は建設省にルールづくりのための「協議会」の設置を呼びかけて、そこで「慣行水利権の法定化、維持流量、河道外貯留施設、多点豊水取水等の主要検討項目について」の「審査基準」の「たたき台」を提案して交渉に入った。[68] ところが、建設省はこういった問題は個別地区ごとの判断に委ねられるべきとして、審査基準の作成に同意せず、結果としては「雰囲気づくり」にとどまったという。[69] こうしてみると、年間総取水量表示、河道外貯留における「覚書」の作成というルール形成は例外的とみなければならない。つまり、ルールの形成はごく狭い事項の範囲内でのみ成立するものなのである。

第四に、ルール形成の正反対の合意調達方法として、異種の協議手続の間で取引がなされることがある。農水省は、特定多目的ダムの基本計画についての協議、一級河川の指定についての協議、工事実施基本計画(70)の作成についての協議で、建設省から協議を受け、同意権を発動できる立場にある。そこで、河川使用の協議で交渉が難航したときに、これらの協議で同意に条件を付けたり、意図的に交渉を遅らせたりして、建設省に圧力をかけ、譲歩を引き出すことを交渉戦略としているという。ルール形成に対して、関係省は多大な組織資源と時間を投入するため、その内容はごく限られた範囲にとどまる。他方で、取引は、異種の協議を交渉の中で関係づける役割を果たしている点で、ルール形成の局面以上に調整の幅を拡げる効果を持っている。もっとも、ルール形成は、案件の大量性及び反復性と、専門技術に関する知識の蓄積とが条件となる。これを満たしうるのは確かに中央省庁である。だが、取引によって、各地区の事業案件が、中央省庁間の交渉の道具となった途端に、地域の問題を住民が自身で決定するという地方自治の理念に真っ向から反する事態となる。このディレンマこそ、中央省庁が、地域の政策課題と社会部門間の調整とを同時に抱えこんだ結果なのである。

紛争要因としての暫定的な予期の一致

以上から、二省間調整においては、合意は関係省それぞれが将来の予期を一時的に合致させたものであるため、合意そのものが潜在的な紛争要因となっている。つまり、二省間調整はセクショナリズムの根源でもあり、政府全体の総合調整の合意の基盤ともなる。この二面性が、調整の病理と生理のそれぞれを表しているのである。

だが、二省間調整にも二つの類型があった。一つには、大蔵省・内閣法制局などの「総合調整」の組織が、各省と個別に交渉する場合である。ここでは、会計年度や国会会期が交渉時間を厳しく限定するため、妥協が得られやすい。二つには、水利権についての協議のような社会部門間の調整の場合は、十分すぎるほどの時間をかけて合意を蓄積する手法をとった。それは確かにセクショナリズムのイメージを帯びるが、他方で調整の枠組みを戦後に長期間かけて徐々に構築する役割をも果たした。したがって、そこでのルールの形成は、迅速な決定をもたらすためというよりは、慎重に決定することで、既存の法的秩序を維持する目的をもっていたのである。

4 「二省間調整」の「総合調整」

権力行使と合意形成

権力の行使としての内閣レヴェルの「総合調整」は、諸々の「総合調整」の組織が、それぞれの観点から「調整」を進めた作業の総和という意味で「総合調整」の「総合調整」となる。他方で、合意形成の場としての二省間調整は、一方当事者が排他的に当該案件を専管とすることで合意される場合と、一方当事者が当該案件を主管し、他方当事者が「協議」を通じてこれに関わる場合とに分かれ、後者の場合では、さらに「協議」の履行をめぐって様々な合意が蓄積される。

ここでいう「総合調整」と二省間調整とは、どのように関係づけられるのであろうか。まず、権力行使の延長として見るならば、それぞれの「総合調整」の組織が省間交渉で相手方を統制している局面を摘出することができる。大蔵省―財務省、内閣法制局など、「総合調整」の機関は、個別に各省と交渉し、その行動を統制する。つまり、二省間調整を全体として統制しているのである。次に、個々の案件ごとの合意が蓄積される場と見るならば、とりわけ多数の省庁が関わる法案作成過程では、過程全体が「総合調整」の「総合調整」であると同時に、以前の二省間の合意が部分的ないしは全面的に再構築される点で、二省間調整の束であるとも言える。ここでは、主管省を中心に、関係各省との交渉結果としての二省間の合意を新しく積み重ねることで、新法を中心に個別の調整手続が徐々に制度化され、全体の意思決定の枠組みが形成される。以下では、2で扱った水資源開発関係二法の事例をこの視角から分析して、二省間合意の再構築について検討した後に、「総合調整」の機関による他省への統制を分析する。

省間合意の再構築――水資源開発関係二法のケース

水資源開発関係二法の制定過程は、「総合調整」の「総合調整」に尽きるケースではない。これは、当初四省の公団設置構想をめぐる紛争であったが、公団の一本化が図られた後の争点は、具体的にどの種の施設が四省それぞれの所管となるかであった。法案作成を結果としてなしとげた「総合調整」が意味するのは、所管領域の再画定なのである。

そもそも一九六一年四月二五日の閣僚会議の決定は、建設省の所管施設についてのみ議論していたため、そのことの意味が激しく争われた。この決定の際に配布された「水資源開発公団法案大綱」では、建設大臣が所管する主たる施設として、「多目的ダム、河口堰、湖沼開発施設及び取水施設で河川に係るものの建設、管理その他の業務に関する事項」と規定しており、ここには治水に限定する文言は存在しない。だが、従来の建設省と他省との合意事項は、元来治水行政を担当していた建設省は、利水を主とする施設を所管しないというものであった。閣僚会議は、これらの合意を新しく再構成しようとする趣旨を含んでいたのである。この文言は、法令審査に供するために経済企画庁が作成した法案においても、「多目的ダム、潮止めぜき、湖沼開発施設及び取水施設で河川に係るものの新築、改築、災害復旧、管理その他の業務に関する事項」（第五九条）にほぼ転用された。

こうした動きに対する農林省側の主張は、一貫して歴史的経緯から省間の合意事項を整理するものであった。まず、党特別委員会の審議中に、農林部会の議員に説明資料「現行法令覚書に基づく水資源開発管理に関する関係各省の権限」をとりまとめて配付している[71]。そこでは、特定多目的ダム法にもとづく法令と「覚書」で、どのように同法の主務官庁であった建設省と農林省などの利水省との間で「協議」が設定されているかを整理している。また付随的に、工業用水道事業法にもとづく農林省と通産省との間の覚書にも触れている。さらに、閣僚会議で公団が一本化された後の事務次官会議・局長会議開催中の内部資料では、Ⅲ章で触れた田中義一内閣下の一九二七年の行政制度審議会報告書における用排水幹線改良事業と河川事務との間の権限画定について触れた後（［表Ⅲ-2］参照）、一九五七年の特定多目的ダム法制定時に、建設・農林省間、建設・通産省間で「覚書」を結び、同法の多目的ダムとは「治水を主とする」ものである旨が規定されていたことを指摘している[72]。水資源開発公団法は、こうした二者間で蓄積された合意を一挙に刷新しようとするものであった。

この問題は、法令審査の最終局面で、水資源開発公団法第五五条の主務大臣の規定をめぐって、激しく争われることとなった。閣僚会議での決定の際に口頭で「各省の従来の権限を犯すものではない」という発言があったという事実を基礎に[73]、農林省と通産省は、明確に建設省所管の施設を治水目的に限定するよう、主張したのである。これに建設省は強く反発したが、法制局は、農林省側の主張を取り入れ、「洪水（高潮を含む。）防禦の機能又は流水の正常な機能の維持と増進を新築又は改築の目的に含む」という限定句を建設省の所管施設に付すという裁定を下した。建設省は、これに反発し、限定句を付していなかった原案に戻すように主張し、各省の反対意見については、法律ではなく「覚書の交換で不満なきようにしたい」と述べた[74]。つまり、法律では施設に限定句を付さず、各省と個別に交渉し、そこでの合意を覚書にまとめて、必要があれば所管施設に限定句を付すという手法をとると暗に主張したのである。だが、法制局はこの主張を無視し、裁定案に沿った法案を審査結果として確定したのである。

なお、建設省と利水三省の対立は、さらに尾を引いた。法制局の裁定案は利水省にとっても建設省が所管施設の拡大へと踏みこんだという受けとめ方であったため、水資源開発公団法の決定の際の閣議了解では、各省の「所管の権限に即して定める」ことがもりこまれ、利水三省は権限の保持に努めようとした。これに目を付けた建設省は、了解の文言に「昭和三六年四月二五日の総理裁定の趣旨に基づき」という文言を挿入させた。これによって、将来における所管施設の拡大の根拠を得ようとしたのである。[75]

このような合意形成過程では、以前の省間の合意事項がどの程度変更されるか、または有効であるかについて省間で激しい交渉が行われる。内閣官房から見ればこの事例は「総合調整」であるが、それは主管省と他省との間に従来形成された二省間の合意の束を再構築する過程であり、その結果再び二省間の合意が蓄積されはじめる。「総合調整」は、このような二省間調整を全体として再構築する過程ともいいうるのである。

大蔵省による「総合調整」と「総括管理」

法案作成における「総合調整」が二省間の合意を再構築する過程であるのは、「総合調整」を主たる任務とする省が、その所掌事務を遂行するときも同様である。これについて、Ⅲ章で触れた行政調査会でも検討されていた大蔵省を例にとってみたい。

行政調査会が問題とした大蔵省の業務は、主として会計規則上の手続、手当関係の支給、国有財産の管理に関して各省大臣が大蔵省に対して行う「協議」であった。このうち前二者は予算の執行における「協議」であり、最後者は国有財産行政における「協議」である。

まず、予算編成・執行をとりあげると、各省は大蔵省に対して編成段階では概算要求に関する折衝を行い、執行段階では様々な連絡と「協議」を行っている。いずれも、通常は大蔵省と各省との二省間でなされる交渉である。一九六〇年代の資料に、この際に大蔵省が各省との間で締結した合意文書を冊子にまとめたものがある。[76] これらを見ると、予算の編成と執行は、二省間交渉の結果を二省間の合意の束にまとめて予算書を作成し、執行する過程となる。毎年度これを繰り返すため、二省間の合意はそのたびに再構築されていくのである。

次に、戦前以来大蔵省の所管であった国有財産行政では、大蔵大臣・財務大臣を「総括」の機関と定めている。これは一九二一年に国有財産法が制定されたとき以来の基本的な位置づけである。法制定以前は、各省が「セクショナリズム的に管理を行」っていたのに対して、法制定後は大蔵省がこれを「総括」し、規定の制定、台帳の集計などを行うだけではなく、国有財産を管理する各省大臣が所管財産の用途廃止など管理上の変更をするにあたって大蔵大臣と「協議」することとした。[77] つまり、大蔵省は、管理者たる各省との間で二省間調整手続を設定し、これを「総括」することとなった。この手続が各省から煩雑とみなされたのが、加藤高明内閣下の行政調査会での議論であったのである。

だが、太平洋戦争前後に、国有財産行政は大きく変容した。太平洋戦争下で、国有財産の管理業務が縮減され、一九四五年の終戦の段階では係長以下四名が国有財産の「総括」にあたり、事実上、法制上の職務を中断していたに等しい状況となる。そして、終戦によって、旧軍用財産の引継機関を大蔵省と定め、さらに食糧増産、民政安定、財政安定のためにこれを積極的に管理処分することが期待されるようになると、大蔵省の業務が飛躍的に増大し、これにあわせて国有財産担当部局も拡大した。四五年一〇月一日に国有財産部が設置され、四七年四月にはこれが国有財産局に昇格し、四九年の大蔵省設置法の施行に際しては管財局へと拡充する。もっとも、厖大な旧軍財産のうち大規模財産の処理がほぼ終了する六四年には縮小再編されて、国有財産局へと名称を変更し、六八年には理財局に吸収される。「総括」機関の問題は、この戦後初期の二〇年間に集中的に表れたのである。

そして、「総括」機関という大蔵省の位置づけは、予算編成におけるその位置とは大きく異なる。それは、予算編成における大蔵省が、歳入情報を独占的に掌握した上で各省の要求に応じて査定を加えていくのに対して、国有財産行政においては実際に国有財産を管理する各省がその情報を掌握しており、大蔵省は各省から協議の申し入れがあったときに、状況を確認することが多いからである。加えて、実態としても、管理処分の主たる対象であった旧軍財産については、書類も現地立会もないまま所管庁たる大蔵省に引き継がれたものが多かったために不法占拠などの事態が個別に指摘されながらも、各地の国有財産の管理状況を把握できない状況が続いていた。これらの一端を表すものとして、一九五五年から六五年時の事務運営について大蔵省担当者は次のように回顧している(78)。

郵政省との間におきましては、非常に郵貯戦争に近いようなトラブルが続いておりました。したがって、「国有財産法」によって大蔵大臣に協議しなければいけない仕組みになっていても一切協議がないとか、国有財産の総合調整について協力がいただけないまま、いつも郵政省とはトラブルが絶えなかった。

これを裏づけるのは、一九五七年に出された国有財産中央審議会答申であり、郵政省を例にとりあげて、「大蔵大臣に対する協議が所定のとおり、行われていない場合があるのではないかとも思われる」と述べている[79]。国有財産法施行令に定める特別会計の普通財産は大蔵省に引き継ぐことなく各省が管理することとされていたため、協議の件数があるべき数よりも少ないと大蔵省はとらえていた。郵政省はその典型例であった。つまり、協議の「不履行」に大蔵省は直面していたのである。

ところが、一九六五年前後に国有財産の管理実態について国民的関心が集まるようになった。放漫な管理処分の実態が全国の様々な地区から指摘され、国会で問題視されるようになった。六三年後半から衆参決算委員会は国有財産の売払いや交換をめぐる問題を指摘し始めた。市民からの国会への投書も相次ぎ、全国紙・地方紙でも度々ずさんな管理実態が報道されるに及んで、ついに六五年には衆参決算委員会で国有財産に関する小委員会を設けて、集中的な討議を行ったのである。総じて国会では、普通財産の払い下げの際に、払い下げ価格の決定や相手方の選定が公正であったかどうか、払い下げを受けた人物が用途指定を守らずに転売し、不当な転売益を得たのではないか、ヤミ献金があったのではないかという諸点について議論された。だが、それら個々の事例から浮かび上がったのは、大蔵省による管理実態の把握が不備であったことである。

その結果、大蔵省は、国有財産の実態調査を徹底化するようになった。すでに一九五七年度より大蔵省所管一般会計所属の普通財産の管理実態調査が開始されていたが、六三年度からは各省庁の一般会計所属財産への調査、六六年度より特別会計所属財産への調査がなされた。これと並行して、六四年の法改正で、各省庁所属の国有財産に対して措置要求権限を強め、閣議決定を条件とする旧法の規定を削除した。また、国会で一般会計所属財産の処分と特別会計所属財産の処分の方法とが、大蔵省と各省の間で不統一であることが問題とされたのを受けて、やはり六四年の法改正で、一定規模以上の特別会計所属財産の売り払いの際に、各大臣は大蔵大臣に協議をすることが規定された。

さらに、六六年には計画協議制度が導入された。国有財産法は、他省庁から所属替を受けたり、新たに財産取得をした省庁は、大蔵省と協議することを定めている。しかし、協議運用の実態では、予算措置を終え、契約当事者間で契約内容の細部まで合意された上で、国有財産局に協議を申し入れるというケースも見られた。このように既成事実が先行すると、国有財産局による審査は法適合性という形式的なものにならざるを得ない(80)。計画協議制度は、各省庁における財産取得等の概算要求の段階で、国有財産局にも計画内容に関する資料提出を行わせるものであった。これにより、国有財産局は、取得等の必要性・規模・土地利用の適否を検討し、結果を各省庁に意見表明し、かつ主計局に予算編成資料として提出する。これによって、国有財産局は計画段階で意見表明を行うことができ、主計局の査定後に、再度個々の地区の協議の際に細部に関する調整を行うことができるようになったのである。

このような制度改正の上に立って、各省庁との間でルール形成が進められた。郵政省との間では、一九七一年八月に「覚書」が締結され、地方の郵便局の財産の取得・処分等に関するものについては協議対象とせず、それ以外の施設の取得・処分に関するものについてはすべて協議対象とすることになったという。また、ほぼ同時期に、空港整備特別会計や国立学校特別会計所属の普通財産の処分の際には、財務局が運輸省・文部省から処分委任を受けて、大蔵省の管理方式で一元的に処分をするというルールも作成されたという。(81)

「二省間調整」の「総合調整」

以上のように、法案作成過程での「総合調整」は、従来存在した関係省間の合意を再構築する過程であった。こうした合意の多くは二省間の合意の束である。そして、大蔵省の所掌事務としての「総合調整」は、二省間の協議を行い、それぞれについてルールを形成し、さらに全体を見渡しながら統一的な秩序を形成するという意味での「総合調整」であり、これもまた「二省間調整」の組み合わせである。大蔵省の場合は、歳入と歳出とを一致させる予算の編成と、それを会計ルールに沿って執行する場合に、省間のバランスを意識しながら「総合調整」を行う。これはすなわち「二省間調整」の「総合調整」である。

したがって、「調整」とは、二組織間の「調整」を基礎として、それらの「総合調整」がまずはなされ、さらには内閣レヴェルで「総合調整」の「総合調整」がなされるという構図で組み立てられているのである。これらの「調整」を重ねることで、行政機構の一体性が維持される。全体を整理すれば、各省内での局間調整を前提に各省の方針が立てられ、これをもとに関係省、大蔵省、内閣法制局それぞれと従来の経緯を十分ふまえた上で合意を再構築していく。内閣から見れば、各省の交渉を促進し、時には首相や与党政治家の構想にもとづいて交渉を主導し、当面の対立を克服することによって、内閣としての決定を下す。さらには、この決定を前提としつつ、従来の合意を再度位置づけ直すための省間交渉が繰り返される。かくして、「調整」とは、以前の「調整」をたえず「調整」しなおす過程なのである。

5 省庁再編下の「調整」の制度設計

省庁再編の特質

だが、これら「調整」の過程を、再び設計しようとしたのが行政改革会議による省庁再編であった。本章のしめくくりにここでの改革の帰趨を分析することで、「調整」の「ドクトリン」がどう機能したかを検討する。

Ⅱ章で述べたように、一九九七年一二月に『最終報告』を提出した後、九八年六月に成立した中央省庁等改革基本法を経て、九九年に内閣法、国家行政組織法、各省設置法などの関連法が成立した。新法は施行期日を二〇〇一年一月としていたため、以後内閣官房を中心に、省の統合を含めて関連する制度改正の措置がとられた。また、この間有識者が改革過程に参与した。一つには、憲法、行政法、行政学者からなる中央省庁再編等準備委員会参与であり、中央省庁等改革基本法作成過程に助言を与えた。二つには、九八年に中央省庁等改革推進本部顧問会議が設置され、随時改革の進行過程の報告を受けた。顧問会議は、二〇〇一年四月に小泉内閣が成立するまで開催されたのである。

だが、省庁再編を推進する体制は大きく変化した。当初は、行政改革会議を設置した橋本首相がそのまま実施に向けて指導力を発揮することが予定されていたが、橋本は中央省庁等改革基本法の成立直後の九八年七月の参院選惨敗によって退陣し、二〇〇〇年四月まで小渕恵三が首相として改革の責任者を務めた。小渕の死後は森喜朗首相の下で二〇〇一年一月の省庁再編を迎えた。このときに行政改革担当大臣として入閣していた橋本は、行政改革会議の最終報告をさらに発展させた行政改革を推進しつつ、森の後継総裁として首相の座に返り咲くことを狙っていた。だが、橋本は二〇〇一年四月の総裁選で小泉純一郎に惨敗し、小泉が新しい省庁体制を実質的に主導することになったのである。

このような省庁再編の過程は、それが実施される以前から各省に対して強い圧力となっていた。この圧力が、従来の「調整」の過程を大きく変化させたのである。

第一に、行政改革会議が唱えた「縦割り行政」の是正、いいかえれば分担管理原則の克服と、内閣機能の強化とが、内閣官房の権限を形式的にも実質的にも強化させるという結果をもたらした。形式的には、『最終報告』は内閣官房に「総合調整」権限のみならず「企画」権限をも付与することを提言しており、これを背景に二〇〇一年一月に向けた準備作業が進行した。また実質的には、『最終報告』の具体化の過程から小泉内閣下の二〇〇三年まで、事務の官房副長官を古川貞二郎が務め、改革過程を陣頭指揮した。そして、2で見た内閣官房以外の「総合調整」の機関であった内閣法制局、大蔵省、総理府外局はそれぞれ省庁再編過程で影響力を失墜させた。内閣法制局長官以上に官房副長官の権威が増大し、大蔵省は官僚バッシングの中で金融部門を分離され、「総合調整」を担う総理府外局は省庁再編の結果、内閣府政策統括官の下の部局となるか他省と統合されたからである。こうして、すでに省庁再編の準備過程で進行していた内閣官房の影響力の拡大が、小泉内閣の「官邸主導」の制度的基盤となった。

第二に、改革過程の透明性が強く求められるようになった。情報公開制度の検討と施行によって、公文書開示が原則として義務づけられるようになり、またＩＴ化の進展を背景にした電子政府計画の推進によって政府情報がウェブサイトで公開された。これに伴い、九五年には従来公開されていなかった審議会・懇談会等の諮問機関の議事が原則として公開されることになり、それらはウェブサイトにアップロードされるようになった。並行して、覚書の公開と秘密の覚書の作成が禁止された。問題の発端は、バブル経済の崩壊に伴う住専破綻の際に、九三年段階で大蔵省と農水省の担当局長が交わした「覚書」によって農協系金融機関に負担が生じないような合意がなされていたために、これへの国民の不満が高まり、メディアと国会で政府・大蔵省が激しく追及されたことである[82]。これを機に従来広くは知られていなかった覚書が、メディアを介して国民の関心を集めた。その結果、中央省庁等改革基本法の国会審議で、各省庁間で取り交わされたすべての覚書を提出するよう民友連が求めたところ、外務省などから「原則として公開しない、特定されたときだけ公開する」といった抵抗にあったことが問題とされた。これを受けて政府は覚書の公開を各省に命じたのである[83]。

第三に、処理の加速である。すでに行政改革会議の最終報告は、内閣に「機動的な意思決定」を求めていたが、ＩＴ化とグローバル化の進展のもとでは、テロ、疾病の流行、金融危機など、様々な国際的な要因が内政に瞬時に影響を与えはじめた。これは日本に限らず、ドイツにおける連邦各省共通執務規則の改革や、イギリスにおけるJoined-Up Governmentと命名された柔軟な省間調整手続の導入などに表れている(84)。その結果、従来のように慎重かつ正確な意思決定よりは、迅速な意思決定こそが求められるようになった。したがって、二省間協議が長期化するといった事態は到底社会的に許容されなくなっていった。

第四に、政府全体の人事交流の拡大である(85)。一つには、省庁再編を機に内閣官房が肥大化するとともに、各省も優秀な人材をここに派遣するようになった。二つには、省庁再編が省庁の統合をもたらしたことによって、建設省と運輸省、文部省と科学技術庁など、従来全く異なる歴史的経緯で成立した省庁の官僚集団が、同一組織の中で勤務するようになり、従来の省の枠が相対化された。三つには、省を超えた専門官のネットワークの強化である。特に財政危機の中で削減が進行しはじめた公共事業の分野では、技官集団の連携が進み始めた。四つには、小泉内閣は、二〇〇四年二月の閣僚会議の席で中央省庁の課長級の一割を対象として、他府省庁との間で人事交流を行うよう指示した。これが意味するのは従来調整が容易でなかった分野での調整力の強化である。事実、まずは、幼稚園と保育所の一元化に関係する文部科学省と厚生労働省、情報通信分野での総務省と経済産業省、食の安全での厚生労働省と農水省などで人事交流が開始された。幼保一元化の一環としての認定こども園制度の創設に見られるように、これらの領域の中には、従来以上に政策面での調整が進んだものも現れたのである。

二　省間調整の変容

①政策調整システムの作成と実施

Ⅱ章で触れたように、行政改革会議の最終報告は、内閣官房による総合調整、内閣府ないしは内閣府特命担当大臣による総合調整、各省が直接他省と行う能動的な調整の三種類の調整手続を提案した。これらは、中央省庁等改革基本法では最終報告に沿った形で規定されたが、内閣法・国家行政組織法・各省設置法などの改正法である中央省庁等改革関連法では、明示的には規定されなかった。これらの調整手続については、二〇〇〇年に「政策調整システム運用指針」として手続は閣議決定されたが、このうち第三の省間調整については、これを明示的に運用したケースはあまり報告されておらず、実際には利用されない手続となった。

まず、法規定について概観すると、中央省庁等改革基本法は、最終報告に沿って、第八条第二項で内閣官房の総合調整を規定し、第一〇条第一項及び第一一条で内閣府による総合調整を規定した。第八条では、「閣議に係る事務等を処理するほか、国政に関する基本方針の企画立案、国政上の重要事項についての総合調整、情報の収集及び分析、危機管理並びに広報に関する機能を担う」と規定し、第一〇条第一項でも「内閣官房を助けて国政上重要な具体的事項に関する企画立案及び総合調整を行」うと規定したが、さらに第一一条では特命担当大臣に「当該国務大臣に強力な調整のための権限を付与する」と明示しているのが特徴となっている。また第二八条は「政策調整」と題して、省間の能動的な調整について規定し、「府省間における政策についての協議及び調整」という表現が用いられた。さらに、各省の編成方針では、特定事項について調整の中核となることが指定されているケース（外務省の担当する「政府開発援助の対象国に関する総合的な援助方針」の策定等、国土交通省の担当する交通安全行政、労働福祉省の担当する少子高齢社会への総合的な対応）や、二八条の政策調整を活用することが明示されるケース（農林水産省の担当する農村及び中山間地域の振興、環境省の有する「横断的な調整機能」）が見られる。また特定事項について関係省庁を明示的に挙げて「関係の緊密化」「相互の連携を強化」「相互協議」を図る、といった規定も見られる。これらは統一的観点から表現されたものではなく、「必ずしも法律にすることを想定して書かれたわけではない最終報告を忠実に条文化する」ものであり、「各省の抵抗を廃して立案作業を進め、その結果、通常であれば法律の条文になりにくいようなものまで条文化され」たものであった。(86)

しかしながら、中央省庁等改革関連法案は、これらの多くを従来の法制上の文言に戻している。その結果、調整権の規定は、「関係行政機関の長に対し、必要な資料の提出及び説明を求め、並びに当該関係行政機関の政策に関し意見を述べることができる」という文言を基礎にしている。内閣府設置法では内閣府の職務に関してその担当大臣としての総理大臣に、国家行政組織法では各省大臣に、この権限を認める規定が設けられた。さらに各省設置法では、中央省庁等改革基本法で調整の中核となるとされた事項について「関係行政機関の行う企画及び立案の調整」を認める文言が規定された。また、環境大臣と内閣府設置法の特命担当大臣の調整権限には、関係行政機関の長への勧告権と関係行政機関の長からの報告義務が規定されているが、これは総理府外局の大臣庁の調整権の規定を継承したものである。

この過程の中で、中央省庁等改革基本法案について、中央省庁再編等準備委員会参与から、「中央省庁等改革基本法（案）に関する意見」として、「重大な疑問」が投げかけられた。第一には、法一一条の国務大臣の権限に指示権も含まれることを明示すべきとし、第二には内閣官房による調整の中核となる省の指定権が、各省固有の調整権に優越する旨を明らかにすべきとしたのである。また新聞や国会審議でも、勧告権よりも強化された調整権であることを表す「協議」「調整」といった文言がないことや、調整過程の透明性の確保についての規定がないことが批判されている(87)。

これらの批判に応えたのが、政策調整システムの手続の整備であった。だが、問題はその実施である。最初の政策調整システムの発動と位置づけられた事例では、二〇〇一年三月に決定された「公務員制度改革の大枠」について、担当大臣であった橋本龍太郎が、これを政策調整システムにもとづくものと述べた(88)。これは能力・実績などを反映した人事システムの構築、人事院の権限縮小など、以後の公務員制度改革の発端となる決定であり、人事院などを含めた関係機関との協議を特に経ることなく、首相の特命で担当大臣が断行するという経緯をたどった事例である。

また、政策調整システムの運用としてふさわしい事例としては、中央省庁改革で国土交通省の所管とされた観光政策での政策調整がある。小泉内閣下の観光行政については、二〇〇三年一月の首相の施政方針演説で観光振興が取り上げられ、二〇一〇年に訪日外国人旅行者を倍増の一〇〇〇万人とする目標が掲げられた。二〇〇三年五月には観光立国関係閣僚会議が設置され、九月には国土交通大臣が観光立国担当大臣に発令され、二〇〇四年五月には諮問機関として観光立国推進戦略会議が設置され、一一月には提言をまとめた。このような内閣の一貫した方針の下で、国土交通省は外国人旅行者のビザ取得に関わる負担軽減を外務省などの他省に働きかけ、さらには観光関係省庁連絡会議（局長級）を活用して、訪日教育旅行の促進については文科省・総務省などへ、国際会議の誘致拡大については経産省・外務省などへ意見を申し入れているという[89]。

他にも、日本国内でのBSE発生により、発生を防ぐことができなかった事態を検証するために設置された「BSE問題に関する調査検討委員会」では、中央省庁改革後、農水・厚生労働省間での密接な連絡体制確立の要請を受けて、年一回の「食肉・食鳥処理問題調整協議会」を開催しており、これが政策調整システムにもとづく協議体制であることが担当者から説明された[90]。もちろん、この体制では到底リスク管理に基づいた処分が行えないとして、委員会の報告書は食品安全に関する関係省庁間でのリスク管理のための相互協議システムを構築することを提言している[91]。

以上のように、従来以上に省間の「調整」は濃密に進められており、それが機動的なものとなるかどうかは内閣の方針によるという仕組みが制度化されつつあるということができるであろう。

②従来の「二省間調整」の変容

それでは、伝統的な二省間調整の場ではいかなる変化が生じたのであろうか。3で検討した河川協議を再度事例に取り上げると、Ⅱ章で触れた一九九四年の第三次行革審の最終答申は、「個別省際問題」として、「水利使用に関する調整について、必要に応じ関係行政機関による連絡調整の場を設けるなど緊密な連携を図る」と提言し、国土庁、厚生省、農水省、通産省、建設省を関係省としてあげていた。当時からこの問題に関わった農水省関係者にインタヴューをしたところ、概ね以下の特徴があるという(92)。

第一に、建設省との間で九四年より本省の河川協議担当者間の人事交流が始まり、九九年からは地方でも専門官クラスでの人事交流が進められた。並行して財政再建のための公共事業の削減によって、専門技術者間で省を越えた交流が始まった。従来なかった省を越えたコミュニケーションの広がりと深まりにより、協議の相手方の立場や主張への理解がより内実を伴うものとなった。一つには覚書に頼ることなく合意を蓄積することが可能となり、協議は円滑に進んだ。二つには、協議をサボタージュすることが少なくなり、協議が格段に加速されて進むようになった。

第二に、省庁再編により、農水省の組織が再編され、構造改善局が農村振興局へと改組された。構造改善局時代の局長は事務官であったが、農村振興局では技官も局長に就任する場合がみられた。そのため、技官が局長を務めた時期には、同じく技官が局長を務める国土交通省河川局との間で早い時期に局長間で直接の話し合いが持たれることもあった。局長間でまず大筋の対応方針が合意され、それを下位レヴェルで処理していくような案件が増えたのである。

確かに、省庁再編によって建設省と運輸省が合併した国土交通省では、航空行政と道路行政の調整が円滑になったという効果が現れるといった形で、合併による調整の内部化が指摘されている。さらにいえば、ＩＴ化に伴う電子稟議の導入や、イントラネットの活用によって従来以上に意思決定が加速化し、これが省間調整を加速化している面も否定できない。九〇年代に入って、第三次行革審、細川内閣の誕生という政権交代、省庁再編の中で、少しずつ省間調整のスタイルも変化を遂げたのである。

「官邸主導」と「総合調整」

省庁再編は、他の戦後日本の行政改革と同様、内閣の「総合調整」機能の強化を目的としていた。そのため、二〇〇一年一月の新体制発足後、森内閣の橋本行革担当相は、「政策調整システム」にもとづいて、特命担当大臣として他省の反対を押し切って、「公務員制度改革の大枠」を閣議決定に持ちこんだのであった。

しかし、行政改革会議は当初から内閣官房に企画権限を付与することを提言しており、新しい内閣官房・内閣府はこれを手中に収めていた。しかも、内閣官房の定員は新体制後飛躍的に拡大した。こうして、省並みに企画権限を行使できる体制が次第に整えられたのである。

このような変化を推進したのは、二〇〇一年四月に成立し、「官邸主導」の政策決定を打ち出した小泉内閣であった。一面では、これは党に対する官邸の優位を意味し、党政調会という「抵抗勢力」の反対を無視して官邸が法案の国会提出を決めていった。だが他面では、もろもろの「本部」が内閣官房・内閣府に設置され、各省の発想を超えてそこで政策が決定されていくことをも意味していた。小泉内閣前半の官房副長官であった古川貞二郎によれば、「政策や予算編成について、大胆に言えば従来は各省で企画・立案をし、内閣官房が総合調整を行うというやり方が中心であったが現在は大きく転換し、まず総理の下で大きな方針を示し、各省はその方針や工程にそって政策などを具体化していくやり方に変わった」のである[93]。

特に重要なのは、小泉内閣の中心的施策であった「構造改革」を推進する駆動機関として、内閣府に設置された経済財政諮問会議である。これは、マクロ経済政策、財政金融政策を初め、規制緩和・構造改革特区制度の推進、さらには『日本二一世紀ビジョン』のような総合的な社会ヴィジョンの作成などをも手がけた。ここでは、各省への周到な事前の調整はなく、首相の支持のもと、竹中平蔵経済財政担当大臣と民間議員が経済関係大臣と公開の討論に臨み、そこでの決定がそのまま政府の施策になるという手続がとられた。不良債権の処理、郵政民営化による金融市場の改革など、経済構造の改革を目的に、「改革の加速」が叫ばれ、それにふさわしい手法がとられた。かくして、内閣の中心的施策は、「総合調整」によってではなく、内閣官房・内閣府の企画立案によって進められたのである[94]。

だが、内閣官房・内閣府の企画立案は、「総合調整」なしに推進されたわけではない。次の文章は、二〇〇一年の省庁再編後の省間調整を経済財政諮問会議から的確に描写したものである[95]。

　強大な霞が関と渡り合うには学者やシンクタンクの研究者のように政策のタマをひねり出せる知見を持つだけでは足りない。官僚ならではの修辞学「霞が関文学」による文書の骨抜きなどに目を光らせる実務能力。政策を閣議決定や法案などの形に落とし、政府・与党内の意思決定プロセスに乗せていく実務の勘所や手順を熟知していること。日々流動的な政局や国会運営の流れを読み、情報を集めて政治的タイミングを的確に判断する資質。これら必須条件を最も備えた「最強の協力者」はやはり官僚なのだ。

本章であげた調整類型にもとづいて整理するならば、二〇〇一年の改革は、官邸による「総合調整」の「総合調整」を一方で強化し、他方で「政策調整システム」によって「二省間調整」を能動的に変化させようとしたものといえる。これと並行して、法令用語上「総合調整」を原則として内閣が行う調整に限定したことに表れるように[96]、「二省間調整」の「総合調整」が相対的に劣化した。財務省は経済財政諮問会議の活性化によって予算編成・財政政策への影響力を弱め、内閣法制局は内閣官房と比べて影響力を低下させたのである。

だが、このシステムには次の問題点がある。まず、「二省間調整」は、「政策調整システム」によって活性化されてはいないことである。河川協議のように、人事交流を通じて、徐々に決定の迅速化が部分的に図られているのが現状なのである。よって、この領域での変化は、漸進的なものにとどまっている。

そうであるならば、「二省間調整」の「総合調整」が十全に機能しないかぎり、「総合調整」の「総合調整」は十分に機能しないと考えられる。事実、これを先の描写の著者は、次のように観察してい

る。(97)

竹中時代を通して、諮問会議は財務省主計局が牛耳る予算編成プロセスにいかに食い込み、主導権を奪うかに腐心してきた。(中略)節目節目で予算編成に介入する機会を設けることで、諮問会議の発言権の増大を狙った。主計局も諮問会議といたずらに敵対するより、首相が議長である諮問会議を盾にして予算編成への自民党からの圧力をかわし、時にはトップダウンで抑え込む舞台装置として活用しようと試みる場面が増えてきた。予算編成の事務そのものは財務省が担い、各省要求の査定や計数の積み上げ・整理も実働部隊を抱える主計局が担当する。基本方針という名の「大枠」は首相や諮問会議が示し、「詰め」は主計局が請け負う役割分担だが、現実の境線はテーマや時々の政治情勢、力関係などで変わってくる。ただ、諮問会議には与党への根回しやギリギリの政治的調整を引き受ける能力も実働部隊もない。予算の具体的な金額まで踏み込んで与党と対峙するのは査定権を持つ主計局にならざるを得ない。

このように、小泉内閣時代は、特に二〇〇五年の歳出・歳入一体改革の時期から財務省はその影響力を再び強めていった。また、内閣法制局の影響力も、相対的な劣化にとどまっていた。だが、二〇〇六年九月に小泉の後継総裁として内閣を組織した安倍晋三は、官邸に補佐官と各省からの「公募スタッフ」を置いて、一層の「官邸主導」を図った。(98) また安倍首相は大臣に対してトップダウンの「指示」を多用して、「スピード感」ある迅速な決定を目指した。それは小泉内閣の意思決定方式を極限まで推し進めるものであり、そこには官房長官をはじめ官邸スタッフ間の意思疎通さえ行われていないと報道される程であった。その結果、政策立案過程は極度の混乱を招き、国会審議が停滞すると、「首相の指示」のもと、強行採決を繰りかえす事態となった。首相の指導力に疑問符がつく中で、二〇〇七年七月の参院選では自民党は参院第一党を民主党に譲るという歴史的敗北を喫した。選挙後指摘されたのは、官邸の「調整力」の不足であり、その責任をとらされる形で、八月の改造で塩崎恭久官房長官は更迭された。小泉内閣での「官邸主導」は、確かに官邸すなわち内閣官房の主導する意思決定ではあったが、そこには各省との「総合調整」は事前ないし事後的になされていたと言うべきであろう。

しかも、安倍内閣は、財務省をはじめ官僚と官邸との接触を遮断し、集団的自衛権行使の可能性を探るため、これに反対する内閣法制局に対して強い圧力をかけていた。これら「二省間調整」の「総合調整」が不活発である中では、官邸による「総合調整」の「総合調整」が機能する余地はきわめて狭かったのである。ここに、「首相の指示」のみで政策形成を図ろうとすれば、その破綻はごく自然な成り行きであった。

したがって、今後省庁再編の改革を継承するのであれば、「二省間調整」の「総合調整」の一層の活性化が不可欠である。従来の制度的枠組みの上に立てば、財務省・内閣法制局の復権が不可避であるが、もしそうではないとするならば、これらの組織が担った「二省間調整」の枠組みを継承する機関の新設が欠かせない。この条件が満たされたときにはじめて、一層の官邸主導体制の構築が可能になるであろう。

おわりに

「調整」の「ドクトリン」と諮問機関

本書で議論したように、「調整」は法規定であり、現実の活動の描写であり、さらには一層の構想実現のための現行制度への批判と提言であった。このような概念が行政改革の中核概念となったのには理由がある。「行政の現実」において、何らかの形で存在する「調整」活動は、階統型組織の垂直的コミュニケーションを補完するだけではなく、より高度な活動を生むための駆動力であったからである。この駆動力をさらに駆動させるという一見強力なプランこそ、「調整」の「ドクトリン」であった。それは、「調整」自体の改革を実現させるだけではなく、「調整」の改革によって、他の改革構想を実現するための駆動力を得るという副次的な目的を負わされた。こうして、野心的な行政改革であればあるほど、その条件として政府の活動を高めるために「調整」の改革が不可欠になる。「調整」の改革が改革案の中に挿入されることによって、改革の「ドクトリン」全体の説得力を高めようという効果が期待される。かくして、「調整」は改革構想に不可欠の要素となったのである。

そして、この種の改革構想が政府内部ではなく、政府から一定範囲で独立した諮問機関によって作成されたのは、行政の実態を調査し提言するには、政府から隔絶された組織でも、政府内部そのものでも不可能だからである。行政学は、このような政府機構とぎりぎり接する場で誕生した。政府の活動を微細に把握し、かつその代替選択肢を構想するとは、現実への繊細な把握力と、大胆な構想力とを結びつけるというきわめて困難な作業である。この作業を繰り返しうる場こそ、諮問機関なのである。今後とも行政学者が諮問機関に参画するかどうかとは別に、少なくとも諮問機関での調査から見渡せる「行政の現実」とは何であるか、を考察し、現実への繊細な把握と大胆な改革構想とを思考実験によって結びつけることは必要不可欠であろう。他のディシプリンと比べた行政学の優位性は、やはりこの点にあると言わなければならないからである。

にもかかわらず、戦後の臨時行政機構改革審議会、第一次・第二次臨時行政調査会、行政改革会議のいずれをとっても、そこでの審議過程への綿密な分析はきわめて少ない。その理由は諮問機関の国際比較によって明らかになる。諮問機関が制度的に堅固に定着したアメリカ、イギリス、オーストラリアでは、正統性が自明である諮問機関によって、改革の「ドクトリン」が提言された。そのため分析は直接これらの「ドクトリン」に及ぶ。だが、ドイツや日本のように、諮問機関が雑多である場合は、まずは諮問機関自体について必要性と批判との言説が衝突し、その上で提言された改革の「ドクトリン」が分析される。たとえば行政改革会議の最終報告は「政策審議、基準作成を行う審議会」を原則として廃止するよう提言しており、諮問機関の限定的活用という「ドクトリン」が提案されている。つまり、日本では諮問機関が確固として権威づけられてはいない。したがって、改革の「ドクトリン」は、正統性の不確かな諮問機関の「ドクトリン」の上に立つという不安定性を払拭し得ないのである。このため、従来の行政学は、改革の「ドクトリン」への分析に直接入るのをためらっていたのではないかと思われる。だが、本書の分析を介することによって、諮問機関の国際比較により「ドクトリン」の意義を自覚し、これを周到に「理論」・「政策」と識別することが可能となる。このように「ドクトリン」の論理構造を緻密に構築することによって、諮問機関に制度的脆弱性があろうとも、これを補う強靭な「ドクトリン」による分析が可能になるであろう。そのときにはじめて、行政学者は「行政の現実」と正面から対峙することができるのである。

「調整」と内閣制・省庁制

日本において、本書が定義する「調整」の「ドクトリン」が対象としたのは、内閣制と省庁制であった。「総合調整」の「ドクトリン」と、省間調整の「ドクトリン」とが繰り返されたのは、前者が内閣制の制度設計と結びつき、後者が省庁制の制度設計そのものであったからである。だが、明治期の内閣制度創設の際に、井上馨が看破したように、両者は本来一体の制度である。だからこそ、「調整」は省庁の下層から大臣レヴェルまでの各層で行われるのである。

こうした「調整」にまつわる「行政の現実」に対して、近年は「官邸主導」が主張されている。これは、各省による「調整」の派生物であった「総合調整」における省の影響を遮断する目的で試みられたものである。すなわち、省間調整の延長としての「総合調整」を否定するものであった。だが、

「調整」が官邸を駆動させるものであることを考えあわせれば、「調整」を否定した「官邸主導」が無力化するのは明らかである。

第一に、「官邸主導」は単なる上意下達ではなく、現場から霞ヶ関さらには官邸へと、問題処理をめぐって「上げたり下げたり」する意思決定過程である。いくら政治が内閣・省庁の決定過程を完全にコントロールすることを目指したとしても、この各省内の意思疎通を政治家あるいは政治的任命職がすべて掌握するのは不可能である。官僚間の調整過程においては、官僚による裁量が多分に残らざるを得ないのである。

第二に、もしこの「調整」の方式を刷新するために新しい制度を設計する場合、これを可能にするのは官僚を置いてない。つまり、実効的な「調整」の改革は、「官邸主導」ではなく、せいぜい「総合調整」によって進展するに過ぎないのである。

よって第三に、大臣を中心とする政治家集団と官僚集団とが良好なチームを形成し得たときにはじめて、新しい「調整」の様式が登場する。このチームの組織力が、政権を活性化させ、よりダイナミックに懸案を処理することを可能とするのである。

第四に、九〇年代の統治機構改革により、国と対等となった地方自治体、独立性を強めた司法部、日銀、公正取引委員会など、五五年体制下では内閣と各省がコントロールしていた制度領域が、その影響力を受けなくなってきた(1)。つまり、内閣の事実上の守備範囲が縮小したのである。「官邸主導」でさえ、この狭隘な守備範囲の中で影響力を発揮するに過ぎない。今後の内閣には、これら自治・独立機関と内閣の意思疎通手段こそが重要である。

したがって、政治家には情報を掌握した上での判断こそが求められるのであり、「官邸主導」とは、その範囲での官邸の影響力の発揮なのである。政治的任命職は官僚のよきパートナーとして、この過程に参画し、政治家を補佐する。そこで必要なのは、まずは政策の専門知識と、これを一般の国民にわかりやすく解説する言語能力である。対して「調整」の技術とは、制度を知悉した官僚の執務知識にならざるを得ない。現代社会における「政治指導」とは、このような役割分担の中ではじめて機能するものなのである。

ところが、政治学者からはしばしば、上意下達の「政治指導」が「調整」の障害を突破しうることが強調されてきた。特に、イギリスの議院内閣制を導入することによって、日本でも「総合調整」がより容易になるであろうという見通しが、一九九〇年代の政治改革の中で繰り返し主張されてきた。これは、本書の結論とは、強調の力点が異なる上に、見方によっては正反対の主張に映るであろう。

だが、問題は、この種の主張が現実適合的か、という点にあるのではない。これらの主張は、「政治」の「ドクトリン」だからである。つまり、矛盾やあいまいさをはらみつつ、何らかの説得力を具備しようとした言説なのである。たとえば、松下圭一・飯尾潤は、現状を「省庁代表制」あるいは「官僚内閣制」ととらえ、これに対して「議院内閣制」・「国会内閣制」を対置した(2)。この主張は、自民党批判や安倍内閣下の公務員制度改革の文脈でメディアでしばしば引用されてきた。従来用いられない表現で現状を言い当てることで、説得力を増した「ドクトリン」の好例なのである。

そして、本書のように「行政」の「ドクトリン」を抽出し、その歴史的形成過程を追跡することによって、「政治」の「ドクトリン」の限界が明らかになる。つまり、「政治指導」は、あくまでも「調整」を先取りしていなければ有効に作動しない。その限りで、上意下達の指導ではなく、下意上達すなわち官僚との協力関係が暗黙の内に含まれているのである。ところが、既存の「政治」の「ドクトリン」は、あたかも官僚との協力関係を否定するような身振りを示すことで、マスメディアの支持を得てきた。つまり、説得力を備えてきたのである。だが、その種の説得力は、今後の日本政治が政権交代のある政党システムへと変容する際には有効とは言い難い。長期的に見て、官僚との協力関係なしには、政権担当能力を説得的には示せないからである。官僚との協力がいかなる意味で「政治指導」と両立するのかを解き明かし、それを強靭な「ドクトリン」へと変換することによって、野党が選挙で勝利して政権入りするという政権交代の局面にふさわしい「政治」の「ドクトリン」を構築できる。そのときに、本書のような「行政」の「ドクトリン」への分析方法は、一助になるであろう。

「ドクトリン」と行政学

最後に、いわゆる「理論」を含めた既存の言説を「ドクトリン」と自覚した場合、これへの行政学者の態度はおそらくは次の四つに分かれるように思われる。

第一には、「ドクトリン」自体の分析である。本書で繰り返し述べたように、「ドクトリン」は従来「理論」ととらえられ、類型化や新しい概念の鋳造などの方法で、「理論」化が図られてきた。こうした議論が一概に無益であるとは言えないが、説得的であるとも言い難い。なぜならば、「理論」化を進めようとする論者の多くが、その議論の説得力について十分に敏感とは言えないように見えるからである。だがこれを「ドクトリン」と見たとき、人は「なぜ特定の『ドクトリン』が説得力のある言説として受容されたのか」という問いを立てるであろう。理由は、現実との適合性かもしれないし、単なる流行かもしれない。あるいは、権威的決定であったからかもしれない。いずれにしても、そうした説得力を前提としつつ、「理論」化を考えるべきであることが、「ドクトリン」という視角から引き出せる分析姿勢なのである。

第二には、「ドクトリン」から様々な分析上のパズルを引き出す、科学的分析である。一九八〇年代以降、徐々に発展してきたこの分析方法は、今後とも大きな可能性がある。ただし、「ドクトリン」そのものを直接の対象にする必要はない。およそ行政について事例研究を行うならば、必ずその中に諮問機関での調査報告が顔を出すであろう。あるいは仮説を構築する際に、「ドクトリン」で使用される独特の言語は、一定範囲で有用であろう。だが、政治学・経済学・社会学など隣接分野の方法の単なる官僚制への応用に終わらないためにこそ、「ドクトリン」への繊細な解釈が行政学者には求められる。「ドクトリン」がいかに「理論」を基礎とし、いかに現実の「政策」に接続しているかをもっとも精細に理解できるのは、行政学者をおいていないはずだからである。それを武器にしえた行政学者の科学的分析には、他の分野の研究者とは異なる独自性が表れるのではないだろうか。

第三には、「ドクトリン」の応用である。すなわち、諮問機関なり、市民運動なりに参画し、「ドクトリン」の分析を基礎に、自ら改革の「ドクトリン」を作り出そうとするのである。おそらくは、政府の諮問機関や、運動に参画する行政学者は、大なり小なりこの方法に意識的であったと思われる。そうした行政学の第一人者ともいうべき西尾勝の言うように、このアプローチは「政治的な行為」である。すなわち、「審議会等の答申・勧告はこれを受け取った設置者・任命権者によって実現に移されなければ、その意味を失うとまでは言えないにしろ、その意味を大きく損なわれることになる。そこで、審議会等の答申・勧告を審議会等内部の幅広いコンセンサスを得たものにするだけでなしに、これを政治的にも実現可能なものに仕上げようとすれば、審議会等を取り巻く外部の政治状況に十分に配慮しなければならない。（中略）審議会等による審議と答申・勧告もまたこの政治過程のひとこまである以上、今この状況でどこまでのことが可能かを慎重に見極め、この可能性の範囲をぎりぎり一杯まで拡大するように努める必要がある」[3]。諮問機関の学識委員には、何らかの「ドクトリン」を作る責任があるというのである。それには、いうまでもなく、「政策」への幅広い視野と「理論」への深い洞察が欠かせない。既存の「ドクトリン」からいかなる新しい「ドクトリン」を作り出すか、それは実践的な課題であると同時に、分析上も興味深い課題であろう。

第四には、本書のとった歴史学的アプローチである。この方法の意義は四つある。一つには、特定の「ドクトリン」がなぜ説得的か、という問いに、直接答えうる。歴史的経緯をたどり、「ドクトリン」の形成過程を跡づけることで、なぜ他の可能性が選びとられなかったかを説明できる。二つには、「ドクトリン」の形成過程の中に、学術論稿のみならず、政策構想についての諸文書をも含めてとらえ、それら全体を行政学の「理論」とみることによって、より豊かな言説の場として行政学をとらえることができる。三つには、「ドクトリン」の説得力をその時代の全体的な政治構造から説明することで、政治構造そのものの特性を問い直すことができる。四つには、従来圧倒的な影響力をもっていたアメリカ以外の国の「理論」を「ドクトリン」とみることで有用な分析対象とした上で、諸国の「ドクトリン」の形成過程を比較することができる。本書は、この歴史学的アプローチを採用したが、もちろん他の三つの方法とは十分両立可能である。だが、この方法での十分な研究蓄積なくして、他の三つの方法が有効になるともまた考えられない。日本の行政についての筆者の偽らざる感想は、いまだ基礎的な資料が直接示している基本的な事実が知られなさすぎていることだからである。

官僚制は歴史的生成物であり、官僚制の改革もまた歴史的に継続されてきた。そこには、現状を抜本から変えようとした事例もあり、またにもかかわらず継続してきた官僚制の特質もある。戦時体制から占領期の官僚制を回顧して、辻清明は「行政を論ずることは、そのまま日本の政治（government）を論ずる状況」であったと述べている(4)。官僚制を取り巻く憲政と行政の相互作用を行政学の鍵と見たのは、ローレンツ・フォン・シュタインも、ウッドロウ・ウィルソンも同様であった。官僚制を歴史的視野からとらえ、その改革を構想するのは、行政学の生命である。ここに基礎を置く限り、いつの時代でも歴史学的アプローチは不可欠なのである。

[注]

はじめに

(1) 藤田宙靖「行革よもやま話——法と政治の間で」一九九八年九月一〇日・日本法律家協会東北支部総会。(http://www.law.tohoku.ac.jp/~fujita/hotoseiji.html 二〇〇九年四月六日アクセス)
(2) 西尾勝『行政学(新版)』(有斐閣、二〇〇一年)、四七頁。
(3) この発想の原型については、牧原出「書評・村松岐夫『行政学教科書——現代行政の政治分析』有斐閣、一九九九年」『季刊行政管理研究』第八八号(一九九九年)、四七—五二頁で、試論として論じた。
(4) 坂野潤治『明治憲法体制の確立』(東京大学出版会、一九七一年)。同『日本憲政史』(東京大学出版会、二〇〇八年)。
(5) 官僚制を対象とする占領期研究では、この種の文書が活用されている。天川晃「地方自治制度の改革」東京大学社会科学研究所編『戦後改革3 政治過程』(東京大学出版会、一九七四年、二三一—二八六頁)、同「新憲法体制の整備——内閣法制局と民政局の対応を中心にして」近代日本研究会編『太平洋戦争——開戦から講和まで』(山川出版社、一九八二年、一八九—二二〇頁)、岡田彰『現代日本官僚制の分析』(法政大学出版局、一九九四年)、伊藤正次『日本型行政委員会制度の形成』(東京大学出版会、二〇〇三年)などの諸研究を参照。とりわけ天川が示した地方制度における分離と融合という分類軸は、日本の行政学界の共通財産となっているが、それは天川が綿密な歴史研究を基礎に理論化を図ったからである(同「変革の構想——道州制論の文脈」[大森彌・佐藤誠三郎編『日本の地方政府』東京大学出版会、一九八六年、一一一—一三七頁])。もちろん、新しい研究も登場しつつあり、行政学からは、打越綾子『自治体における企画と調整』(日本評論社、二〇〇四年)が、政治史学では、村井哲也『戦後政治体制の起源——吉田茂の「官邸主導」』(藤原書店、二〇〇八年)が注目すべき論稿である。

I章

(1) Andrew Dunsire, "Administrative Doctrine and Administrative Change," *Public Administration Bulletin*, Vol. 15 (1973), p. 39.
(2) ここで主たる対象とされている政府諮問機関報告書は以下の通りである。環境省などの巨大省の設置を提言した The

Reorganisation of Central Government, Cmnd. 4506, 1970. イングランド地方自治体の統合などの改革を提言した Local Government in England: Government Proposals for Reorganisation, Cmnd. 4584, 1971. そしてＮＨＳの改革を提言した National Health Service Reorganisation: England, Cmnd. 5055, 1972.

（3） Andrew Dunsire, *Administration: The Word and the Science* (Martin Robertson, 1973).

（4） Andrew Dunsire, "Why University Cources at all? Which Universities?" *PAC Bulletin*, No. 6 (1969), pp. 44–52; idem, "Then and Now Public Administration, 1953–1999," *Political Studies*, Vol. 47 (1999), pp. 360–378.

（5） Christopher Hood & Michael Jackson, *Administrative Argument* (Dartmouth, 1991).

（6） Ibid., p. 173.

（7） それまで、イギリスでも「新経営主義（new managerialism）」「新公経営主義（new public managerialism）」などと標記が一致していなかった改革潮流を、ＮＰＭという言葉へ定式化したのが、フッドであった（Christopher Hood, "A Public Management for All Seasons?" *Public Administration* (London), Vol. 69 (1990), pp. 3–19）。

（8） 一九世紀半ばイギリスのノースコート・トレヴェリアン報告、一九三七年に提出されたアメリカの行政管理に関する大統領委員会報告、そして一九七〇年代のオーストラリアにおいて連邦・州の労働党政権のブレーンとなったピーター・ウィレンスキーがニュー・サウス・ウェールズ州の改革委員会においてまとめた報告書である。

（9） The Royal Society Study Group, *Risk: Analysis, Perception and Management: Report of a Royal Society Study Group* (The Royal Society, 1992).

（10） 森田朗『許認可行政と官僚制』岩波書店、一九八八年。伊藤正次「『文化理論』と日本の政治行政研究――その限界と可能性」『季刊行政管理研究』第八二号（一九九八年）、七三―八五頁。永戸力「行政改革理論の構造――クリストファー・フッドの所論を中心に（一）（二）」『法学論叢』第一五三巻第六号（二〇〇三年）、一〇一―一三一頁、第一五四巻第一号（二〇〇三年）、一一六―一四一頁などがある。

（11） Hugh McDowall Clokie & J. William Robinson, *Royal Commissions of Inquiry: The Significance of Investigations in British Politics* (Stanford University Press, 1937), pp. 24–53.

（12） Harold F. Gosnell, "British Royal Commissions of Inquiry," *Political Science Quarterly*, Vol. 49 (1934), p. 84.

（13） T. J. Cartwright, *Royal Commissions and Departmental Committees in Britain: A Case-Study in Institutional Adaptiveness and Public Participation in Government* (Hodder and Stoughton, 1975), pp. 35–37.

(14) 一九九七年に発足したブレア内閣のもとでは、一九九九年段階で二つの王立委員会が設置されたが、省庁委員会を代替するものとして、臨時の「タスク・フォース」が多数設置されているという（Anthony Barker with Iain Byrne & Anjuli Veall, *Ruling by Task Force: The Politico's Guide to Labour's New Elite*, Politico's 1999, p. 13）。

(15) 基本的な位置づけは、Kenneth Kernaghan & David Siegel, *Public Administration in Canada*, 4th edition（International Thomson Publishing, 1999）, pp. 143–155. また代表的な文献として、以下のものがある。Watson Sellar, "A Century of Commissions of Inquiry," *The Canadian Bar Review*, Vol. 25（1947）, pp. 1–28; John C. Courtney, "In Defence of Royal Commissions," *Canadian Public Administration*, Vol. 12（1969）, pp. 198–212; Hugh R. Hanson, "Inside Royal Commissions," *Canadian Public Administration*, Vol. 12（1969）, pp. 356–364; C. E. S. Walls, "Royal Commissions—their Influence on Public Policy," *Canadian Public Administration*, Vol. 12（1969）, pp. 365–371; Audrey D. Doerr, "The Role of Coloured Paper," *Canadian Public Administration*, Vol. 25（1982）, pp. 365–379; Nicholas d'Ombrain, "Public Inquiries in Canada," *Canadian Public Administration*, Vol. 40（1997）, pp. 86–107; A. Paul Pross, Innis Christie & John A. Yogis（eds.）, *Commissions of Inquiry*（Carswell, 1990）; Allan Manson & David Mullan（eds.）, *Commissions of Inquiry: Praise or Reappraise?*（Irwin Law, 2003）.

(16) R. J. K. Chapman, "Implementation: Some Lessons from Overseas," in R. F. I. Smith & Peter Weller, *Public Service Inquiries in Australia*（University of Queensland Press, 1978）, p. 266.

(17) さしあたり、New Zealand, *Royal Commissions and Commissions of Inquiry*（A. R. Shearer, Government Printer, 1974）.

(18) インド、ケニア、ガーナ等にもみられるとも指摘されている（R. L. Wettenhall, "A Brief History of Public Service Inquiries," in R. F. I. Smith & Patrick Weller（eds.）, *Public Service Inquiries in Australia*, University of Queensland Press, 1978, p. 16）。なお、これらを比較した研究は極めて少なく、若干の概説的な俯瞰としては、Scott Prasser, *Royal Commissions and Public Inquiries in Australia*（Lexis Nexis Butterworths, 2006）, pp. 40–56がある。ここでは、カナダでは非能率であるとの理由から、とりわけ一九九〇年代以降王立委員会の設置数は限定的であるのに対して、ニュー・ジーランドでは近年設置数は急激に減少しているものの、その議論は論争を生む傾向にあると指摘されている。いずれもイギリス、オーストラリアとは異なる趨勢である。

(19) Clokie & Robinson, op. cit.; R. V. Vernon & N. Mansergh（eds.）, *Advisory Bodies: A Study of their Uses in Rela-*

tion to Central Government 1919–1939 (George Allen & Unwin, 1940).

(20) K. C. Wheare, *Government by Committee: An Essay on the British Constitution* (Clarendon Press, 1955).

(21) Charles J. Hanser, *Guide to Decision: The Royal Commission* (The Bedminster Press, 1965); Gerald Rhodes, *Committees of Inquiry* (George Allen & Unwin, 1975).

(22) Martin Bulmer (ed.), *Social Research and Royal Commissions* (George Allen & Unwin, 1980).

(23) Geoffrey Vickers, *The Art of Judgment: A Study of Policy-Making* (Sage, 1995), p. 64.

(24) Frank Burton & Pat Carlen, *Official Discourse: On Discourse Analysis, Government Publications, Ideology and the State* (Routledge & Kegan Paul, 1979).

(25) Jackson & Hood, op. cit., pp. 179–197.

(26) Hanser, op. cit., pp. 220–234.

(27) 政治学的分析の本格的対象となる以前の傾向を俯瞰するものとして，Thomas E. Cronin & Sanford D. Greenberg (eds.), *The Presidential Advisory System* (Harper & Row Publishers, 1969)。また Martin Bulmer, "An Anglo-American Comparison: Does Social Science Contribute Effectively to the Work of Governmental Commissions?", *American Behavioral Scientist*, Vol. 26 (1983), pp. 659–664.

(28) George T. Sulzner, "The Policy Process and the Uses of National Governmental Study Commissions," *Western Political Quarterly*, Vol. 24 (1971), p. 439, fn. 4.

(29) 比較的簡便な観察としては，Hans W. Baade, "Die verfassungsrechtliche Stellung und das Führungsinstrumentarium des Präsidenten der Vereinigten Staaten von Amerika Teil II", in Projektgruppe für Regierungs- u. Verwaltungsreform, *Anlagenband: Erster Bericht zur Reform der Struktur von Bundesregierung und Bundesverwaltung*, August 1969, S. 236ff.

(30) Carl Marcy, *Presidential Commissions* (King's Crown Press, 1945).

(31) Thomas R. Wolanin, *Presidential Advisory Commissions: Truman to Nixon* (The University of Wisconsin Press, 1975).

(32) Martha Derthick, "On Commissionship—Presidential Variety," *Public Policy*, Vol. 19 (1971), pp. 623–638.

(33) Michael Lipsky & David J. Olson, *Commission Politics: The Processing of Racial Crisis in America* (Transac-

tional Books, 1977). なお、この時期の制度論的な研究として、Frank Popper, *The President's Commissions*（The Twentieth Century Fund, 1970）がある。

（34） David Flitner Jr., *The Politics of Presidential Commissions*（Transnational Publishers, 1986）.

（35） Richard O. Levine, "The Federal Advisory Committee Act," *Harvard Journal on Legislation*, Vol. 10, No. 2（1973）, pp. 217–235.

（36） Michael H. Cardozo, "The Federal Advisory Committee Act in Operation," *Administrative Law Review*, Vol. 33, No. 1（1981）, p. 12. ただし、政府間関係諮問委員会、政府調達委員会、連邦政府職員のみが委員である委員会、議会が明示的にＦＡＣＡの適用外とするもの、ＣＩＡ、ＦＲＢには適用されない。

（37） たとえば、Mark P. Petracca, "Federal Advisory Committees, Interset Groups, and the Administrative State," *Congress & the Presidency*, Vol. 13, No. 1（1986）, pp. 83–114 ; Steven J. Balla & John R. Wright, "Interest Groups, Advisory Committees, and Congressional Control of Bureaucracy," *American Journal of Political Science*, Vol. 45, No. 4（2001）, pp. 799–812.

（38） Amy B. Zegart, "Blue Ribbons, Black Boxes : Toward a Better Understanding of Presidential Commissions," *Presidential Studies Quarterly*, Vol. 34（2004）, pp. 366–393.

（39） 先行研究としては、Barry Dean Karl, *Executive Reorganization and Reform in the New Deal : The Genesis of Administrative Management, 1900–1939*（The University of Chicago Press, 1963）; Richard Polenberg, *Reorganizing Roosevelt's Government : The Controversy over Executive Reorganization 1936–1939*（Harvard University Press,1966）の二つがあるが、これらからは充分に諮問機関での審議過程が明らかになってはいない。また、委員長であるブラウンローの回顧録（Louis Brownlow, *A Passion for Anonymity*, The University of Chicago Press, 1958, pp. 312–382）も、ブラウンローとギューリックのメモランダムを採録するなど、重要な事実を明らかにしているものの、審議過程の全貌を詳細に記述しているわけではない。本書では、ルイス・ブラウンロー・ペーパー（ジョン・Ｆ・ケネディ図書館所蔵）をもとに主として報告書作成までの過程を叙述する。

（40） "Journal"（Louis Brownlow Paper A–II–58, Box 45）.

（41） Luther Gulick, *Notes of Conference with Franklin Delano Roosevelt*, November 14, 1936（Louis Brownlow Paper, Box 47）.

(42) "Brownlow Lecture, Administrative Management in the National Government 2," pp. 35–36 (Louis Brownlow Paper, Box 48).

(43) "Brownlow Lecture, Administrative Management in the National Government 1," p. 28 (Louis Brownlow Paper, Box 48).

(44) Schuyler C. Wallace, *Federal Departmentalization: A Critique of Theories of Organization* (Columbia University Press, 1941), p. vii.

(45) Luther Gulick & L. Urwick (eds.), *Papers on the Science of Administration* (Institute of Public Administration, 1937).

(46) "President's Role in Administrative Management" (Louis Brownlow Paper A-II-39, Box 45).

(47) Gulick & Urwick, op. cit., p. 13.

(48) 大統領府設置についての特集論文も同様である("The Executive Office of the President: A Symposium," *Public Administration Review*, Vol. 1, No. 1, 1940, pp. 101–140)。

(49) Luther Gulick, *Administrative Reflections from World War II* (University of Alabama Press, 1948).

(50) 一九三六年に発刊されたJ・ガウスの論文には、組織について「調整」概念を重視する傾向が見られる(John M. Gaus, "A Theory of Organization in Public Administration," in John M. Gaus, Leonard D. White & Marshall E. Dimock (eds.), *The Frontiers of Public Administration*, University of Chicago Press, 1936, pp. 66–91)。しかし、行政管理に関する大統領委員会以降は、ここでの報告書を前提に「調整」概念が議論されるようになっていった(Wallace, op. cit., pp. 74–90)。

(51) 従来の日本での理解は、もっぱらD・ワルドーの学説研究にもとづいている(今村都南雄「アメリカ行政学の受け止め方」『年報行政研究一七 行政学の現状と課題』一九八三年、九九―一一八頁。大戦前後の学説史を理論内容の変容から説明してきた包括的な研究は、井出嘉憲「アメリカにおける行政理論の転換過程」、高橋勇治・高柳信一編『政治と公法の諸問題』東京大学出版会、一九六三年、一〇九―一五九頁)。だが、今村都南雄がこの時期に活躍したL・ギューリックについて、「ギューリックの謎」と指摘したように(今村、前掲『組織と行政』八二―九一頁)、この方法では一九三〇年代から四〇年代にかけての理論思潮の変化を説明できない。また、一九三九年にアメリカ行政学会が組織化されたという重要な歴史的事実を無視する結果につながる。さらなる問題は、ワルドーの学説研究が、アメリカの国外での研究をさほど参照していない研究者による自国研究という、閉鎖的な理論研究であったことである。よって、二一世紀の現在においては、この自己理解としての学説史を国際的な文脈に置き、再検討する作業が不可欠である。

(52) 特にB・ウィットロックを中心とする研究集団の成果を参照。邦語では、さしあたり苅田真司「社会科学史の再構成に向けて」『社会科学研究』第四七巻第三号（一九九五年）、二九九―三一五頁がある。また注(106)も参照。

(53) 「倫理」を強調した一九七〇年代の「新しい行政学運動」が、一九九〇年代には構築主義を基礎にして、行政のイデオロギー批判に力点を置いているという理論動向からも明らかである。H・G・フレデリクソンを中心とするこの集団は、現在はPAT－netに基礎を置いている。この間の経緯については、O. C. McSwite, *Legitimacy in Public Administration: A Discourse Analysis* (Sage, 1997), pp. 198–237. また、これについては、二〇〇一年のライデン大会で筆者に様々な知見を与えてくれた堀雅晴立命館大学教授に謝意を表したい。

(54) 戦後日本の行政学者は、アメリカ行政学を過度に高度な学問と見なそうとしすぎる傾向にあり、その学問的前提を分析しないまま、理論的成果物を早急に輸入してきた。政治行政分断論・政治行政融合論、行政責任論、バーナードとサイモンの組織理論のすべてにこれがあてはまる。新設大学に行政学講座が設置され始めた時期の課題であったとしても、こうした受容過程そのものを検討しないまま、アメリカ行政学と日本の行政学との接合とが困難であると結論づけることはできない、とするのが本書の立場である。

(55) Luther Gulick, "War Organization of the Federal Government," *The American Political Science Review*, Vol. 38 (1944), pp. 1166–1179.

(56) Paul H. Appleby, *Policy and Administration* (University of Alabama Press, 1949), p. 16.

(57) Herbert A. Simon, "The Proverbs of Administration," *Public Administration Review*, Vol. 6 (1946), pp. 53–67.

(58) Herbert A. Simon, *Administrative Behavior: A Study of Decision-Making Processes in Administrative Organization*, Third Edition (The Free Press, 1976).

(59) James G. March & Herbert A. Simon, *Organizations* (John Wiley & Sons, 1958), Chapter 6.

(60) Herbert A. Simon, "Comments on the Theory of Organization," *American Political Science Review*, Vol. 46 (1952), pp. 1130–1139; Harold Guetzkow (ed.), *Groups, Leadership and Men: Research in Human Relations* (Russel & Russel, 1951); Harold Guetzkow & Martin Kriesberg, "The Use of Conference in the Administrative Process," *Public Administration Review*, Vol. 10 (1950), pp. 93–98; Harold Guetzkow, "Interagency Committee Usage,"

Public Administration Review, Vol. 10 (1950), pp. 190–196; Harold Guetzkow & John Gyr, "An Analysis of Conflict in Decision-Making Groups," *Human Relations*, Vol. 7 (1954), pp. 367–382; Herbert A. Simon & Harold Guetzkow, "The Impact of Certain Communication Nets upon Organization and Performance in Task-Oriented Groups," *Management Science*, Vol. 1 (1955), pp. 233–250; Herbert A. Simon & Harold Guetzkow, "A Model of Short- and Long-Run Mechanisms involved in Pressures toward Uniformity in Groups," *Psychological Review*, Vol. 62 (1955), pp. 56–68.

(61) 西尾勝『行政学の基礎概念』（東京大学出版会、一九九〇年）、八六—九四頁。

(62) この経緯については、牧原出「『省庁体系』に関する一考察」『季刊行政管理研究』第八七号（一九九九年）、一—一五頁を参照。

(63) Fritz Morstein Marx, "Einführung," in Niklas Luhmann, *Funktionen und Folgen formaler Organisation* (Duncker & Humblot, 1964), S. 11. ドイツから移住し、アメリカ行政学の構築に貢献した研究者としては、アルノルト・ブレヒト、カール・J・フリードリヒをもあげなければならない。

(64) Fritz Morstein Marx, "The Departmental System," pp. 191–198, in idem, *Elements of Public Administration* (Prentice-Hall, 1946).

(65) これら三つの系譜は、それぞれ現在においては、歴史的新制度論、合理的選択論、比較行政学に対応するであろう。

(66) 実はオーストラリアとドイツほど、「調整」概念の役割が明瞭に検出されないのはイギリスである。これは、理論形成に対して「敵対的」な知的伝統が存在したためであろう（Dunsire, "Then and Now Public Administration, 1953–1999."）。そして、従来の日本の行政学が本書のように諮問機関報告書に着目しなかったのは、アングロ・サクソン諸国ではアメリカとイギリスの行政学のみを摂取し、これを他のアングロ・サクソン諸国と比較しつつ、さらに大陸諸国との差異に関心を払うという視点を充分に備えていなかったからであろう。

(67) W. Harrison Moore, "Executive Commissions of Inquiry," *Columbia Law Review*, Vol. 13 (1913), pp. 500–523.

(68) Leonard Arthur Hallett & Haddon Storey, *Royal Commissions and Boards of Inquiry: Some Legal and Procedural Aspects* (The Law Book Company, 1982).

(69) Smith & Weller (eds.), op. cit.; Patrick Weller (ed.), *Royal Commissions and the Making of Public Policy* (Macmillan, 1994).

(70) 集計は、王立委員会（Royal Commission）、諮問委員会（Board of Inquiry）をはじめ、さまざまな機関による調査活動（Inquiries）の総数である。なお、このうち王立委員会と諮問委員会とは、機能的にはほぼ等価であるが、制度的には以下の違いがあるとされている。第一に、前者の方が、イギリス以来の伝統、その構成員、頻用されない会議体であることという諸点でよりエリート的性格が強い。第二に、前者は制度上総督によって設置されるが、後者は総督によって設置される必要はない。第三に、イギリスでは諮問機関は、強制力のある調査権限をもたないが、オーストラリアでは一九五八年証拠法にもとづいて王立委員会は強制権限をもち、ヴィクトリア州とタズマニア州では諮問委員会も同様の権限を持つ（Hallett & Storey, op. cit., pp. 10,14–16; Scott Prasser, "Royal Commissions," in Brian Galligan & Winsome Roberts, *The Oxford Companion to Australian Politics*, Oxford University Press, 2007, pp. 521–524）。

(71) Prasser, *Royal Commissions and Public Inquiries in Australia*, pp. 46–56.

(72) Gosnell, op. cit., p. 84.

(73) Prasser, *Royal Commissions and Public Inquiries in Australia*, p. 26. なお、連邦裁判所判事として委員に任命された人物によれば、委員を経験した一六の委員会の内、一二が一名、残り四が三名の委員によって構成されていたという（Edward Woodward, "An Insight into Royal Commissions," *Law Institute Journal*, Vol. 58（1984）, pp. 1458–1461）。

(74) 委員会設置に至る過程については、インタヴューを多用することによって過程を整理した次の論稿によった。Geoffrey Hawker, R. F. I. Smith & Patrick Weller, *Politics and Policy in Australia*（University of Queensland Press, 1979）, pp. 232–250.

(75) Cameron Hazlehurst & J. R. Nethercote（eds.）, *Reforming Australian Government: The Coombs Report and Beyond*（Australian National University Press, 1977）, pp. vii-ix.

(76) 一九七五年三月時点で、のべ人数で事務局長の下には一六名、文書の事前審査などを所掌する特別補佐官室には四名、調査部には二七名、広報部には五名、委員長室には五名、図書室には二名の職員が配置されている（M. Bourke, G. N. Hawker, J. R. Nethercote & K. J. Tucker, "The Royal Commission on Australian Government Administration," *Public Administration*（Sydney）Vol. 36（1975）, pp. 138–141）。

(77) 委員会内での検討過程については、Brouke, et al., op. cit.; Royal Commission on Australian Government Administration, *Report*, Australian Government Publishing Services, 1976, pp. 3–9, Attachments によった。また、最終報告書作成過程については、Geoffrey Hawker, "Inside Coombs Inquiry," in Smith & Weller（eds.）, op. cit., pp. 59–62

に依拠した。

(78) Trevor Matthews, "Implementing the Coombs Report: The First Eight Months," in Smith & Weller (eds.), op. cit., pp. 256–275.

(79) Bruce Stone, "Success in Public Inquiries: An Analysis and A Case Study," in Weller (ed.), op. cit., pp. 244–258.

(80) Leon Peres, "So Where's the Coordinating Capacity Coming From?" in Smith & Weller (eds.), op. cit., p. 249.

(81) A. J. A. Gardner, "Co-ordination of Government—A Summing Up," *Public Administration* (Sydney), Vol. 26 (1967), pp. 58–74.

(82) L. F. Crisp, "Central Co-ordination of Commonwealth Policy-Making: Roles and Dilemmas of the Prime Minister's Department," *Public Administration* (Sydney), Vol. 26 (1967), pp. 28–54; G. J. Yeend, "The Department of the Prime Minister and Cabinet in Perspective," *Australian Journal of Public Administration*, Vol. 38 (1979), pp. 133–150.

(83) L. F. Crisp, "The Commonwealth Treasury's Changed Role and its Organisational Consequences," *Public Administration* (Sydney), Vol. 20 (1961), pp. 315–329.

(84) Frederick Wheeler, "Some Observations on the Commonwealth Public Service Board as a Co-ordinating Authority," *Public Administration* (Sydney), Vol. 26 (1967), pp. 7–19.

(85) Cabinet, "Interdepartmental Co-ordination at the Cabinet and Official Levels," *Public Administration* (Sydney), Vol. 17 (1958), pp. 314–330.

(86) Patrick Dunleavy, "Estimating the Distribution of Positional Influence in Cabinet Committees under Major," in R. A. W. Rhodes & Patrick Dunleavy (eds.), *Prime Minister, Cabinet, and Core Executive* (Macmillan Press, 1995), pp. 298–321.

(87) 「省庁（ministerial department）」概念については、牧原出「『官房』の理論とその論理構造」『年報行政研究四〇 官邸と官房』（二〇〇五年）、四七―六七頁を参照。

(88) A. C. T. Regional Group, "Commonwealth Policy Co-ordination," *Public Administration* (Sydney), Vol. 14 (1955), pp. 193–213.

(89) Wheeler, op. cit., p. 19.

(90) Martin Painter & Bernard Carey, *Politics between Departments: The Fragmentation of Executive Control in Australian Government* (University of Queensland Press, 1979).

(91) Patrick Weller & James Cutt, *Treasury Control in Australia: A Study in Bureaucratic Politics* (Ian Novak Publishing, 1976).

(92) Patrick Weller et al. (eds.), *Reforming the Public Service: Lessons from Recent Experience* (Macmillan Education Australia PTY LTD, 1993).

(93) さしあたり，代表的な行政学者が寄稿したものとして，Mark Considine & Martin Painter (eds.), *Managerialism: The Great Debate* (Melbourne University Press, 1997).

(94) Andrew Parkin & Judith Healy, "Coordination in State Administration: A Case Study," *Public Administration* (Sydney), Vol. 41 (1982), pp. 219–231; Martin Painter, "Premier's Departments and the Coordination Problem: New South Wales, South Australia and Victoria in the 1970s," *Politics* (Canberra), Vol. 17 (1982), pp. 8–21.

(95) Martin Painter, *Steering the Modern State: Changes in Central Coordination in Three Australian State Governments* (Sydney University Press, 1987), pp. 180–185.

(96) M. Forrest, "Coordination—Some Background Material," Royal Commission on Australian Government Administration Research Paper, No. 39 (1). 明示はされていないが，ここでいう「消極的調整」は，後述するドイツのF・シャルプの議論に影響を受けたものであろう。Cf) Painter & Carey, op. cit., p. 78.

(97) P. Esler, "Coordination," Royal Commission on Australian Government Administration Research Paper, No. 39 (2).

(98) P. B. Carey, H. Craig & P. Esler, "Coordination and Control in the Australian Public Service," Royal Commission on Australian Government Administration Research Paper, No. 40.

(99) Martin Painter, "Policy Co-ordination in the Department of the Environment, 1970–1976," *Public Administration* (London), Vol. 58 (1980), pp. 135–154; idem, "Whitehall and Roads: A Case Study of Sectoral Politics," *Policy and Politics*, Vol. 8 (1980), pp. 163–186.

(100) Leon Peres, "Principle or Interest? Changing Roles within Australian Government," *Melbourne Journal of Politics*, No. 3 (1970), pp. 26–33.

(101) Martin Painter, "Central Agencies and the Coordination Principle," *Australian Journal of Public Administration*, Vol. 40 (1981), pp. 265–280.

(102) Martin Landau, "Redundancy, Rationality and the Problem of Duplication and Overlap," *Public Administration Review*, Vol. 29 (1969), pp. 346–358; Jonathan Bendor, *Parallel Systems: Redundancy in Government* (University of California Press, 1985); Donald Chisholm, *Coordination without Hierarchy: Informal Structures in Multiorganizational Systems* (University of California Press, 1989).

(103) Franz-Xaver Kaufmann, Giandomenico Majone & Vincent Ostrom (eds.), *Guidance, Control, and Evaluation in the Public Sector: The Bielefeld Interdisciplinary Project* (Walter de Gruyter, 1986).

(104) Glyn Davis, *A Government of Routines: Executive Coordination in an Australian State* (Macmillan Education Australia PTY LTD, 1995).

(105) Glyn Davis, "Executive Coordination Mechanisms," in Patrick Weller, Herman Bakvis & R. A. W. Rhodes (eds.), *The Hollow Crown: Countervailing Trends in Core Executives* (Macmillan Press, 1997), pp. 126–147.

(106) Björn Wittrock, Peter Wagner & Hellmut Wollmann, "Social Science and the Modern State: Policy Knowledge and the Political Institutions in Western Europe and the United States," in Peter Wagner et al. (eds.), *Social Sciences and Modern States: National Experiences and Theoretical Crossroads* (Cambridge University Press, 1991), pp. 28–85. なお、ウィットロックらの社会科学への社会学研究は、全般的傾向として、経済学、社会学、政治学の総体として「社会科学」を観念した上で、この発展について、アメリカとヨーロッパ大陸とを比較する点で、二重に粗雑な理論化を図る傾向にある。しかしながら、本書においては、「社会科学（social science）」は「政策科学（policy sciences）」に言い換えられている点で、その政策提言としての側面に限定されて論じられており、他の研究報告書とは異なり、W・ヤン、H・ヴォルマンなどドイツ語圏の研究者の寄与が随所に見られ、またそのこと自体が間接的に指摘されている（p. 14）。よって、ドイツと他の英語圏諸国とを比較する本章においては、部分的に依拠しうるであろう。

(107) Klaus Mayer und Roswitha Görgen, "Die wissenschaftliche Beratung der Bundesministerien," *Aus Politik und Zeitgeschichte*, Bd. 38 (1979), S. 31ff; Ferdinand Müller-Rommel, "Sozialwissenschaftliche Politik-Beratung," *Aus Politik und Zeitgeschichte*, Bd. 25 (1984), S. 26ff.

(108) さしあたり、Alexander Nützendal, *Stunde der Ökonomen: Wissenschaft, Politik und Expertenkultur in der Bundes-*

republik 1949–1974 (Vandenhoeck & Ruprecht, 2005) ; Olaf Bartz, *Der Wissenschaftsrat: Entwicklungslinien der Wissenschaftspolitik in der Bundesrepublik Deutschland 1957–2007* (F. Steiner, 2007).

(109) 現段階でインタヴューを駆使して実態に迫った最も包括的な研究は，Ralf Altenhof, *Die Enquete-Kommissionen des Deutschen Bundestages* (Westdeutscher Verlag, 2002).

(110) Klaus Lompe, Hans Heinrich Rass, und Dieter Rehfeld, *Enquête-Kommissionen und Royal Commissions* (Vandenhoeck & Ruprecht, 1981).

(111) 比較的初期の研究として概括的に制度と手続双方の観点から検討しているものとしては Diether Haas, "Ausschüsse in der Verwaltung," *Verwaltungsarchiv*, Bd. 49 (1958), S. 14ff. を挙げておく。

(112) Winfried Brohm, "Sachverständige Beratung des Staates," in Josef Isensee und Paul Kirchhof (Hrsg.), *Handbuch des Staatsrechts der Bundesrepublik Deutschland Band II* (C. F. Müller Juristischer Verlag, 1987), Fn 25.

(113) 稲葉馨『行政組織の法理論』(弘文堂，一九九四年)，二頁。Friedrich E. Schnapp, *Amtsrecht und Beamtenrecht* (Duncker & Humblot, 1977), S. 103ff.

(114) Ernst-Wolfgang Böckenförde, *Die Organisationsgewalt im Bereich der Regierung*, Zweite Auflage (Duncker & Humblot, 1964), S. 253ff.

(115) Thomas Groß, *Das Kollegialprinzip in der Verwaltungsorganisation* (Mohr Siebeck, 1999). もっとも，グロースは，合議体の定義に，委員が三名以上と複数であることと，決定権限のあることとを挙げており，他の論者よりも限定的にとらえた上で類型化を行っている。

(116) Klaus Lompe, "Die Rolle von Sachverständigengremien im Prozess der politischen Willensbildung," *Zeitschrift für Politik*, Bd. 16 (1969), Fn. 13.

(117) Müller-Rommel, op. cit., S. 29; Brohm, a. a. O., S. 223.

(118) 『合議体報告書 (Gremienbericht)』と略称された四つの報告書がある (Bundestagsdrucksache Nr. 12/594 vom 21. Mai 1991; Bundestagsdrucksache Nr. 13/10761 vom 20. Mai 1998; Bundestagsdrucksache Nr. 14/9210 vom 30. Mai 2002; Bundestagsdrucksache Nr. 16/4835 vom 16. Februar 2007)。ただし，第一報告書は一九九四年の連邦合議体議席法制定以前の試みである。

(119) Sven T. Siefken, "Expertengremien der Bundesregierung—Fakten, Fiktionen, Forschungsbedarf," *Zeitschrift*

für Parlamentsfragen, Jg. 34 (2003), S. 484ff.

(120) J・ハーバーマスの一連の論稿をあげるべきであろう。Jürgen Habermas, *Technik und Wissenschaft als ›Ideologie‹* (Suhrkamp, 1968) ; derselbe, *Strukturwandel der Öffentlichkeit*, mit einem Vorwort zur Neuauflage (Suhrkamp, 1990), S. 355ff.

(121) この時期にハーバーマスと理論面で論争を展開していたN・ルーマンは、学問・科学システムと応用システム（Anwendungssytem）との分化から、社会科学による調査と政策決定との連携を正統化する（Niklas Luhmann, "Theoretische und praktische Probleme der anwendungsbezogenen Sozialwissenschaften: Zur Einführung," in Wissenschaftszentrum Berlin (Hrsg.), *Interaktion von Wissenschaft und Politik: Theoretische und praktische Probleme der anwendungsorientierten Sozialiwissenschaften*, Campus Verlag, 1977, S. 16ff.)。

(122) Winfried Brohm, a. a. O., S. 240; derselbe, "Sachverständige und Politik: Rechtsfragen der Beratung in der Wirtschafts- und Sozialpolitik der BRD," in Roman Schnur (Hrsg.), *Festschrift für Ernst Forsthoff zum 70. Geburtstag* (C. H. Beck'sche Verlagsbuchhandlung, 1972), S. 45.

(123) Fritz Morstein Marx, "Commissions of Inquiry in Germany," *American Political Science Review*, Vol. 30 (1936), pp. 1134–1143.

(124) Stefan Fisch und Wilfried Rudloff (Hrsg.), *Experten und Politik: Wissenschaftliche Politikberatung in geschichtlicher Perspektive* (Duncker & Humblot, 2004).

(125) Karl-Peter Sommermann (Hrsg.), *Gremienwesen und staatliche Gemeinwohlverantwortung* (Duncker& Humblot, 2001).

(126) Thomas Ellwein, Joachim Jens Hesse, Renate Mayntz, und Fritz W. Scharpf, "Einführung," *Jahrbuch zur Staats- und Verwaltungswissenschaft*, Bd. 5 (1991), S. 9.

(127) ドイツの行政学史について代表的な論者の二〇年前の論稿と比較的最近の論稿とを挙げる。Thomas Ellwein, "Verwaltungswissenschaft: Die Herausbildung der Disziplin," *PVS*, Sonderheft 13 (1982), S. 34ff.; Arthur Benz, "Status und Perspektiven der politikwissenschaftlichen Verwaltungsforschung," *Die Verwaltung*, Bd. 36, Heft 3 (2003), S. 362ff.

(128) こうした文脈からドイツ政治における「調整」概念を論じた邦語文献に、網谷龍介「ヨーロッパにおけるガヴァナンスの生成と民主政の困難――『調整』問題の視角から」『神戸法学雑誌』第五一巻第四号（二〇〇二年）、一―三九頁。

(129) Harm Prior, *Die Interministeriellen Ausschüsse der Bundesministerien: Eine Untersuchung zum Problem der Koordinierung heutiger Regierungsarbeit* (Gustav Fischer Verlag, 1968), S. 5 Fn 2.

(130) Hans Peter Bull, "Koordination des Regierungshandelns—wieviel Öl braucht der Motor?," *Jahrbuch zur Staats- und Verwaltungswissenschaft*, Bd. 5 (1991), S. 29.

(131) §3(1), §11(3), §20(2).

(132) Hans W. Baade, "West Germany's 'Brownlow Committee': The First Report," *Law and Contemporary Problem*, Vol. 35 (1970), pp. 626–665.

(133) ＰＲＶＲについては、解散前後の関係者からの要約として、Manfred Lepper, "Das Ende eines Experiments zur Auflösung der Projektgruppe Regierungs- und Verwaltungsreform," *Die Verwaltung*, Bd. 9 (1976), S. 478. ff.; Hans Hegelau, "Die Arbeit der Projektgruppe 'Regierungs- und Verwaltungsreform' als Beispiel einer Kooperation zwischen Verwaltung und Verwaltungswissenschaft," in Wissenschaftszentrum Berlin, a. a. O. S. 166 ff. Heribert Schatz, "Auf der Suche nach neuen Problemlösungsstrategien: Die Entwicklung der politischen Planung auf Bundesebene," in Renate Mayntz und Fritz Scharpf (Hrsg.), *Planungsorganisation* (R. Piper & Co. Verlag, 1973), S. 9 ff. がある。レッパーは事務局長、ヘーゲラウとシャッツは委員であった。以下の叙述はこれらを中心にしているが、近年、公開公文書を用いた研究として、Winfried Süß, "'Rationale Politik' durch sozialwissenschaftliche Beratung? Die Projektgruppe Regierungs- und Verwaltungsreform 1966–1975," in Fisch und Rudloff, a. a. O. S. 329ff. が発表されており、本章は特にこれに相当程度依拠している。なお、邦語文献としては、平島健司『ドイツ現代政治』東京大学出版会、一九九四年、八八―一二六頁。原田久『社会制御の行政学――マインツ行政社会学の視座』（信山社、二〇〇〇年）、二九―五五頁。

(134) Projektgruppe für Regierungs- und Verwaltungsreform beim Bundesminister des Innern, *Erster Bericht zur Reform der Struktur von Bundesregierung und Bundesverwaltung*, August 1969, S. 1.

(135) Baade, "West Germany's 'Brownlow Committee': The First Report," p. 627.

(136) Projektgruppe für Regierungs- u. Verwaltungsreform beim Bundesminister des Innern, *Erster Bericht zur Reform der Struktur von Bundesregierung und Bundesverwaltung*, August 1969; Projektgruppe für Regierungs- u. Ver-

waltungsreform beim Bundesminister des Innern, *Bericht zur Verlagerung von Aufgaben aus den Bundesministerien*, Februar 1972; Projektgruppe für Regierungs- u. Verwaltungsreform beim Bundesminister des Innern, *Dritter Bericht zur Reform der Struktur von Bundesregierung und Bundesverwaltung*, November 1972; Projektgruppe für Regierungs- u. Verwaltungsreform beim Bundesminister des Innern, *Vierter Bericht zur Reform von Bundesregierung und Bundesverwaltung: Die nichtministerielle Bundesverwaltung*, November 1975, BAK B106/49651, 49765.

(137) Projektgruppe für Regierungs- u. Verwaltungsreform beim Bundesminister des Innern, *Untersuchung zur Reorganisation des Bundesministeriums für Verkehr*, November 1975; Dietrich Garlichs und Edda Müller, “Eine neue Organisation für das Bundesverkehrsministerium,” *Die Verwaltung*, Bd. 10 (1977), S. 343ff.; Fritz W. Scharpf, “Does Organization Matter?: Task Structure and Interaction in the Ministerial Bureaucracy,” in Elmer H. Burack & Anant R. Negandhi (eds.), *Organization Design: Theoretical Perspectives and Empirical Findings*, The Comparative Administration Research Institute, 1977, pp. 149–167.

(138) Hans-Urlich Derlien, “Probleme des neuen Planungssystems im Bundesministerium für Ernährung, Landwirtschaft und Forsten,” *Die Verwaltung*, Bd. 8 (1975), S. 363ff.

(139) Hans-Urlich Derlien, *Innere Struktur der Landesministerien in Baden-Württemberg* (Nomos Verlagsgesellschaft, 1988).

(140) Christopher Wilkes, “Die Reform der Ministerialorganisation: Vergleich der Projektgruppe Regierungs- und Verwaltungsreform mit der Bulling-Kommission,” *Verwaltungsarchiv*, Bd. 80 (1989), S. 460ff. なお、委員会報告そのものについては、Manfred Bulling, Gerhard Teufel und Joachim Kohler, “Regierungsreform in Baden-Württemberg,” *Verwaltungsarchiv*, Bd. 77 (1986), S. 43ff.; Joachim Kohler und Gerhard Teufel, “Bericht: Reform der Landesverwaltung in Baden-Württemberg”, *Die öffentliche Verwaltung*, Jg. 38 Heft 24 (1985), S. 1051ff.

(141) Lepper, a. a. O., S. 478ff.

(142) 二〇〇七年九月に公文書館のアーキビストから入手したＰＲＶＲ関係文書一覧によると、文書番号 B106/49405〜49811の中に文書が収められている。ＰＲＶＲについては、Ｗ・ズュースによる研究（注（133））があるが、本章では、この文書一覧の中に整理されたシャルプ関係の文書から、その概念構築過程を検討する。

(143) Fritz W. Scharpf, "Stellung und Führungsinstrumentarium der Regierungschefs in den Bundesländern," in Projektgruppe für Regierungs- u. Verwaltungsreform, *Anlagenband: Erster Bericht zur Reform der Struktur von Bundesregierung und Bundesverwaltung*, August 1969.

(144) Süß, a. a. O., S. 340.

(145) Uta Gerhardt, Hans-Urlich Derlien und Fritz Scharpf, "Werkgeschichte Renate Mayntz," in Hans-Urlich Derlien, Uta Gerhardt und Fritz Scharpf (Hrsg.), *Systemrationalität und Partialinteresse: Festschrift für Renate Mayntz* (Nomos Verlagsgesellschaft, 1994), S. 29.

(146) Fritz Scharpf et al., *Begleituntersuchungen zum Planungssystem: Fallstudien zu Entscheidungsprozessen in der Bundesregierung*, BAK, B106/49606.

(147) Renate Mayntz und Fritz Scharpf, *Untersuchungen zum Entscheidungsprozeß und zur Organisation: Programmentwicklung in der Ministerialorganisation*, BAK, B106/49721.

(148) なお、二つの概念は直訳すれば、「積極的調整」と「否定的調整」となるが、本書では、「能動的調整」・「受動的調整」という対句を用いる。これについては、シャルプの調査に協力した英語圏のアナリストによる報告書が「能動的(active)」、「受動的 (passive)」と言い換える方が、規範的ではないという意味でより叙述的であり、わかりやすいと述べていることを参考にした (J. K. Friend, R. Harris, D. A. Hickling, J. de B. Pollard, & J. Stringer, *Problemstrukturierung: A Review of the Concepts and of the Application*, p. 5, BAK, B106/49722)。

(149) Reimut Jochimsen, "Zum Aufbau und Ausbau eines integrierten Aufgabenplanungssystems und Koordinationssystems der Bundesregierung," *Bulletin des Presse- und Informationsamtes der Bundesregierung*, Nr. 97 vom 16. 7. 1970, S. 949ff. 本書の執筆に当たっては、これを再掲載した以下の論稿を参照した。Volker Ronge und Günter Schmieg (Hrsg.), *Politische Planung in Theorie und Praxis* (R. Piper & Co. Verlag, 1971), S. 184ff.

(150) Wolfgang Fach, John Friend, Allen Hickling, Fritz Scharpf, Hermann Schunck und John Stringler, *Methoden der Problemstrukturierung: Positive Koordination in der Langfristplanung*, BAK, B106/49722.

(151) Mayntz und Scharpf (Hrsg.), *Planungsorganisation*; Fritz W. Scharpf, *Planung als politischer Prozeß* (Suhrkampf Verlag, 1973), S. 73ff.; Renate Mayntz & Fritz W. Scharpf, *Policy-Making in the German Federal Bureaucracy* (Elsevier, 1975).

(152) 枚挙にいとまがないがさしあたり、Fritz W. Scharpf, "Positive und negative Koordination in Verhandlungssystemen," *PVS*, Sonderheft 24 (1993), S. 57ff.

(153) 教科書的著作としては、Renate Mayntz, *Soziologie der öffentlichen Verwaltung*, 3 überarbeitete Auflage (C. F. Müller, 1985)(レナーテ・マインツ『行政の機能と構造――ドイツ行政社会学』成文堂、一九八六年、第五章)。その他については例示にとどめるが、Günther Schmid und Hubert Treiber, *Bürokratie und Politik: Zur Struktur und Funktion der Ministerialbürokratie in der Bundesrepublik Deutschland* (Wilhelm Fink Verlag, 1975); Wolfgang Bruder, *Sozialwissenschaften und Politikberatung: Zur Nutzung Sozialwissenschaftlicher Informationen in der Ministerialorganisation* (Westdeutscher Verlag, 1980) などがある。

(154) Edda Müller, *Innenwelt der Umweltpolitik: Sozial-liberale Umweltpolitik— (Ohn) macht durch Organisation?* (Westdeutscher Verlag, 1986).

(155) PRVR設置直前の段階でオーストラリアの議論も視野に入れつつ、ドイツの議論状況を俯瞰したものとして、Klaus von der Groeben, "Probleme der Interministeriellen Koordinierung," *Die Verwaltung*, Bd. 4 (1968), S. 25ff.

II章

(1) 御厨貴『首都計画の政治』(山川出版社、一九八四年)、六頁(同『明治国家をつくる』藤原書店、二〇〇七年に再録)。

(2) たとえば枢密院書記官長の村上恭一は、一九三六年に発表した論稿の中で、「国の行政部内に於て一定の事項の審議を担任する合議機関」として「委員会」を定義した上で、これを議事機関と執行機関に分け、さらに議事機関の下位類型として議決機関と諮問機関とをあげるが、諮問機関が多数であると整理している(同「委員会制度の善用」『自治研究』第一二巻第一号、四七―六〇頁、一九三六年)。

(3) ただし、蠟山政道『行政組織論』(有斐閣、一九三〇年)、二九五―二九八頁。

(4) 『東京朝日新聞』一九四〇年八月一〇日。

(5) 『東京朝日新聞』一九四〇年一〇月二〇日。

(6) 行政管理庁管理部『行政機構年報』第一巻(一九五〇年)、九〇頁。

(7) 佐藤功は「審議会」を「国家行政組織法第八条に基く合議制の諮問的・調査的その他の行政機関」と定義する(佐藤功「審議会」[田中二郎ほか編『行政法講座 第四巻』有斐閣、一九六五年、九七頁])。

(8) 牧原出『内閣政治と「大蔵省支配」』(中央公論新社、二〇〇三年)、一八八―一九六頁。
(9) 第一次臨時行政調査会『中央省庁に関する改革意見』一九六四年。
(10) 岡部史郎「政策形成における審議会の役割と責任」・荻田保「審議会の実態」(『年報行政研究七』一―一九頁、二七―七一頁、一九六九年)、山田博幸「審議会制度の現状について」・「座談会・審議会」(『ジュリスト』一九七二年七月一五日号、一四―一七頁、三四―六〇頁)。ヤング・パーク「審議会論(上)(下)」(『自治研究』第四八巻第五号、二〇―三八頁、第六号、八一―九六頁、一九七二年)。
(11) 金子正史「審議会行政論」(雄川一郎・塩野宏・園部逸夫『現代行政法大系 第七巻』有斐閣、一九八五年、一一三―一五八頁)。
(12) 『都市問題』一九七二年一〇月号所収の諸論稿及び「特集・政策決定と審議会Ⅰ、Ⅱ」所収の諸論稿(『地域開発』一九七八年第一、二号)。
(13) 臨調・行革審OB会監修『日本を変えた一〇年――臨調と行革審』(行政管理研究センター、一九九一年)、二五五―二五六頁。
(14) 辻中豊「社会変容と政策過程の対応――私的諮問機関政治の展開」『北九州大学法政論集』第一三巻第一号(一九八四年)、二一―六九頁、同「私的諮問機関の役割と靖国懇」『ジュリスト』一九八五年一一月一〇日号、六七―七六頁。曾根泰教「やらせの政治『審議会方式』を検証する」(『中央公論』一九八六年一月号、一四八―一五五頁)。篠田徹「男女雇用機会均等法をめぐる意思決定」(中野実編『日本型政策決定の変容』東洋経済新報社、一九八六年、七九―一一〇頁)。
(15) 佐藤功『行政組織』(日本評論社、一九五一年)、四二―四三頁。
(16) 辻清明『新版 日本官僚制の研究』(東京大学出版会、一九六九年)、六〇頁。
(17) さしあたり、岩田一彦「法令用語としての『総合調整』」『季刊行政管理研究』第四五号(一九八九年)、三七―四八頁。
(18) ここで「トップ・マネージメント」という概念が採用されたのは、直接的には、一九五五年七月の国際行政学会に出席した岡部史郎行政管理庁管理部長が「公企業及び私企業の管理面での共通要素について」と題された報告の中で「トップ・マネージメント」に議論が集中していた点に示唆を受けたものである(岡部史郎「公企業の管理における諸問題・その他――国際行政学会」『人事行政』第六巻第一二号、一九五五年、七四―八八頁、同『行政管理論』良書普及会、一九五七年、二五頁)。もちろん、五五年三月に設立された日本生産性本部が、経営セミナー並びに海外視察のテーマに「トップ・マネージメント」を挙げており、すでにこの言葉がメディアを通じて流布していたことも大きく寄与していたと考えられる。

(19) 臨時行政調査会『臨時行政調査会第四回総会議事録』一九六二年三月七日、一三―一四頁。

(20) 『意見』作成過程の一端については、佐藤竺『日本の自治と行政(上)――私の研究遍歴』(敬文堂、二〇〇七年)、六六―七一頁。

(21) 蠟山政道「行政管理における調整の意義」(同『行政学研究論文集』勁草書房、一九六五年、一八五頁)。

(22) 西尾勝「企画と調整の概念――臨時行政調査会の意見書について」(『行政管理』一九六五年一〇月号、一一一頁)。

(23) 行政管理庁『共管競合行政に関する監察結果報告書』一九六二年八月、七頁。この前段は、意見書の「2 共管競合による不都合発生の一般的原因」にそのまま再録されている。本文で述べたように、監察結果報告書が内閣の「総合調整」に解決を求めたのに対して、意見書は各省レヴェルの対応を提言するにとどめており、内閣の「総合調整」と共管競合事務との関係を意図的に遮断しているのである。なお、本資料は、佐藤竺教授から貸与を受けた。佐藤教授からは、臨調の審議状況と意見書執筆の雰囲気について、貴重な回顧談をききとることができた。ここに謝意を記したい。

(24) 後に西尾が、この論文を「行政計画」として再整理したときには、この記述は収録されていない(西尾勝「行政計画」、同『行政学の基礎概念』東京大学出版会、一九九〇年、一八九―二五〇頁)。西尾は、「ドクトリン」を整理した原論文を改訂することで「理論」化しようとしたのであろうが、そのために「ドクトリン」の意義が看過されてしまった。したがって、本章では、あえて原論文を中心に西尾の議論を検討する。

(25) 以後の研究は枚挙にいとまがないが、今村都南雄『組織と行政』(東京大学出版会、一九七八年)、毛桂榮『日本の行政改革――制度改革の政治と行政』(青木書店、一九九七年)などがある。

(26) Herbert A. Simon, Victor A. Thompson & Donald W. Smithburg, *Public Administration* (Transaction Publishers, 1991), pp. 226–228.

(27) I章で述べたように、「ドクトリン」の生命は、政治状況の下での説得性であり、厳密さよりはあいまいさこそがその性格である。「理論」に「ドクトリン」を混在させて、概念整理を行い厳密に理論化を図る研究は、かえって「ドクトリン」の生命を損なう可能性が高いというべきである。

(28) 臨時行政調査会『行政改革に関する第三次答申――基本答申』一九八二年七月三〇日(前掲『日本を変えた一〇年』二四三―二五三頁)。

(29) 臨時行政調査会『行政改革に関する第五次答申――最終答申』一九八三年三月一四日(前掲『日本を変えた一〇年』三

一九頁)。

(30) 臨時行政改革審議会『行政改革の推進方策に関する答申』一九八五年七月二二日（前掲『日本を変えた一〇年』五五一―五六三頁)。

(31) 前掲『日本を変えた一〇年』五四六頁。

(32) 同右、五五二頁。

(33) 行政管理研究センター『諸外国における行政の総合調整に関する調査研究報告書』一九八〇年三月。行政管理研究センター『「総合調整」の概念の明確化に関する調査研究報告書』一九八七年五月。

(34) 毛桂榮、前掲『日本の行政改革』。

(35) 地方分権改革推進会議での農水省へのヒヤリングでは、第三次行革審最終報告で指摘された問題の内、海岸保全行政、下水道等汚水処理施設で、他省との間で連絡調整を行うための通達が出されたことを主張している（地方分権改革推進会議『農林水産省関係ヒヤリング参考資料　公共事業一般について』二〇〇二年四月二六日、一〇―一二頁)。(http://www8.cao.go.jp/bunken/h14/012iinkai/4-1.pdf（二〇〇九年四月六日アクセス）

(36) 『朝日新聞』一九九六年九月二二日。

(37) 田中一昭・岡田彰『中央省庁改革』（日本評論社、二〇〇〇年)、三四頁。

(38) なお、本文では行政改革会議の議事・議事資料については、行政改革会議ホームページを参照した。(http://www.kantei.go.jp/jp/gyokaku/index.html#gijigaiyou 二〇〇九年四月六日アクセス）

(39) 磯部力・稲葉馨・大石眞・小早川光郎・森田朗「中央省庁等改革基本法（案）に関する意見」一九九八年二月一二日。

(40) なお、「ドクトリン」を抽出することが目的である本章は、行政改革会議最終報告をもとにした内閣法・国家行政組織法・各府省設置法等については検討しない。これらについては、Ⅳ章で触れる。

(41) 大森彌「序」（前掲『「総合調整」の概念の明確化に関する調査研究報告書』一頁)。

(42) Martin Landau, "Redundancy, Rationality, and the Problem of Duplication and Overlap," *Public Administration Review*, Vol. 29 (1969), pp. 346–358; idem, "On the Concept of the Self-Correcting Organization," *Public Administration Review*, Vol. 33 (1973), pp. 533–542; Jonathan B. Bendor, *Parallel Systems: Redundancy in Government* (University of California Press, 1985).

(43) Donald Chisholm, *Coordination without Hierarchy: Informal Structures in Multiorganizational Systems* (Univer-

sity of California Press, 1989).

Ⅲ章

（1）この過程を帝国議会開設の政治過程の中で論じたのが、御厨貴『明治国家形成と地方経営』（東京大学出版会、一九八〇年、同『明治国家をつくる』藤原書店、二〇〇七年に再録）である。ここでは、「長派」のリーダーシップ確立の観点から農商務省改革を論じているが、本章では、省内の大臣と次官の関係に焦点をあてながら、内閣官制、各省官制通則、各省官制の改正過程を分析する。また、佐々木隆『藩閥政府と立憲政治』（吉川弘文館、一九九二年）は、帝国議会開設後の政府と議会の対抗関係を分析しており、内閣官制の制定、各省官制通則の改正などの制度改正についても触れている。だが、佐々木の場合は、対議会関係を機構改革に投影した結果、各省の中でも内務省が主たる事例となり、白根専一と歴代内務大臣の緊張関係が特に強調されている。その結果、大臣の権限を拡大するという改革については言及しているものの、その意味づけは、やや分析の焦点からはずれているように思われる。

（2）蠟山政道「太政官制度と内閣制度」（同『行政学研究論文集』勁草書房、一九六五年、一一一―一三三頁）、山崎丹照『内閣制度の研究』（高山書院、一九四二年）。辻清明「統治構造における割拠制の基因」（同『新版 日本官僚制の研究』東京大学出版会、一九六九年、五九―一一五頁）。

（3）近年の研究として、宮地英敏「初期農商務省の政策対立」『歴史と経済』第一八三号（二〇〇四年）、三八―五一頁。

（4）井上馨、黒田清隆宛書簡（一八八九年六月一四日）（伊藤博文関係文書研究会『伊藤博文関係文書 第一巻』塙書房、一九七三年、二三七―二三八頁）。

（5）同右、二三九頁。

（6）「農商務省官制改正案閣議提出申請」（原敬文書研究会『原敬関係文書 第五巻 書類篇』日本放送出版協会、一九八六年、二八一頁）。

（7）一八八九年五月二一日の項（岩壁義光・広瀬順晧『影印原敬日記 第二巻』北泉社、一九九八年、六〇頁）。

（8）「殖産上教育ノ事務ヲ農商務省ノ主管トナスヘキ理由大要」「海面区域並ニ水面埋立ニ関スル事項ヲ農商務省ニ属スヘキ理由大要」「内務省地理局主管ノ事務ヲ農商務省ニ移シ地理局ヲ設クヘキ理由大要」（前掲『原敬関係文書 第五巻』二七六―二八〇頁）。

（9）一八九〇年六月一三日の項（前掲『影印原敬日記 第二巻』一三〇―一三一頁）。

(10)「農商工ニ関スル事項協議ノ件大要」(前掲『原敬関係文書 第五巻』二八〇頁)。
(11)政務と事務の区分を強調した制度設計者である井上毅は、逓信省の官制改革案が、大臣官房に次官を置き、事務の根幹である文書業務を総務局から大臣官房に移管している点を批判して、「次官ニシテ大臣官房ニ在ルハ次官ノ体面ヲ失フ者ナリ」と批判し、「政務ト省務トノ混淆ヲ醸生スルノ端ヲ開ク者ナリ」と記している(「逓信省官制改正意見案」〔一八八九年〕)、井上毅伝記編纂委員会編『井上毅伝 史料篇第二』一九六八年、一三二頁)。
(12)「衆議院の政府委員更換決議について」(前掲『原敬関係文書 第五巻』四九八頁)。
(13)渡辺治発言(『衆議院第一回通常会議事速記録第二六号』一八九〇年一二月九日、六六頁)。
(14)「農商務大臣就任挨拶」(国立国会図書館憲政資料室所蔵『陸奥宗光関係文書』六四―二)。
(15)「日記」一八九一年一月三一日、二月九日の項(前掲『原敬関係文書 第五巻』二一五―二一七頁)。
(16)「次官ト総務局長トヲ分立セシムルノ議」(国立国会図書館憲政資料室所蔵『井上馨関係文書』六五八―一二)。
(17)一八九一年五月九日の項(伊藤隆・尾崎春盛編『尾崎三良日記 中巻』中央公論社、一九九一年、四八七頁)。
(18)『尾崎三良日記』によると、陸奥は一連の改革作業に六月五日に参加して九日までは官制改革につき検討したが、九日に俸給令改正が議題になってからは専らこの問題の処理に尽力した(前掲『尾崎三良日記 中巻』四九五―五〇九頁)。
(19)一八九一年五月九日の項(前掲『尾崎三良日記 中巻』四八七頁)。
(20)同様の問題意識は、一八九二年の総選挙に至る過程を回顧しつつ、原敬が修正を施した内閣組織論にも見られる。ここでは、「各省ニ於ケル行政分権」が論じられており、大臣は「内閣ヨリ些末ナル干渉ヲナス可カラス又其省内属僚ヲシテ大臣ノ缺所ニ乗シ種々ノ口藉ヲ設ケ陰ニ之ヲ掣制セシムベカラス」とされている。大臣の省内外のリーダーシップの確立は、一八九一年七月の官制改革以後も内閣組織論の課題であった(「実力アル内閣組織他」〔前掲『原敬関係文書 第五巻』五〇九頁〕)。
(21)「内閣官制ニ関スル意見」(日本大学編『山田伯爵家文書 五』一九九二年、七七―八一頁)。
(22)村瀬信一「『第一内閣規約』再考」『日本歴史』第七一四号(二〇〇七年)、五三―七〇頁。
(23)春畝公追頌会編『伊藤博文伝 中巻』一九四三年、一〇五一頁。
(24)「政務部設置ニ関シテ」(前掲『陸奥宗光関係文書』六三―一)。
(25)「官制意見案 第一・第二」(井上毅伝記編纂委員会編『井上毅伝 史料篇第一』一九六六年、三七〇―三八二頁)、前掲「逓信省官制改正意見案」。なお注(5)の井上書簡にも同様の用法が見られる。

(26)「第一　内閣規約」(前掲『陸奥宗光関係文書』六三―二)。
(27) この勅令が制度発展の分水嶺となっていることについては、様々な文献で指摘されている。村上恭一「権限争議(一)」『自治研究』第一二巻第九号(一九三六年)、三〇頁、教育史編纂会『明治以降教育制度発達史　第五巻』一九三九年、七七九頁、鉄道省『日本鉄道史　下篇』一九二一年、六八九頁。四つの事項の内、「産業講習所」はこの時期に法制上の機関としては存在しない模様であり、蚕業講習所、農業講習所などの諸々の講習所の総称ではないかと思われる。
(28) 宮地正人『日露戦後政治史の研究』(東京大学出版会、一九七三年)、一―一二七頁。
(29) 鉄道広軌化もその一環である(三谷太一郎『増補　日本政党政治の形成』東京大学出版会、一九九五年、一七九―二二九頁)。
(30) 以下の記述は主として、前掲『日本鉄道史　下篇』六七七―六九〇頁にもとづき、適宜国立公文書館所蔵の公文書を参照した。
(31) 前掲『日本鉄道史　下篇』六八三―六八四頁。
(32) 一九〇六年一二月一八日の項(岩壁義光・広瀬順晧『影印原敬日記　第五巻』北泉社、一九九八年、三〇九―三一〇頁)。
(33)「電気鉄道主管ニ関スル件」一八九二年一〇月五日(国立公文書館所蔵『電気鉄道主管ニ関スル件』)。
(34)「電気鉄道主管ニ関スル件」一八九三年九月二〇日(国立公文書館所蔵『電気鉄道主管ニ関スル件』)。
(35)「摂津電気鉄道敷設ノ件」一八九六年一二月二八日(国立公文書館所蔵『摂津電気鉄道敷設ノ件』)。
(36) 前掲『日本鉄道史』六八八―六八九頁。
(37)「日誌」一九〇八年七月二九日の項(東京大学社会科学研究所所蔵『江木翼関係文書』)。
(38) 加藤高明内閣の成立時における行財政整理の位置づけについては、奈良岡聰智『加藤高明と政党政治』(山川出版社、二〇〇六年)、二六四―三〇二頁。
(39)「行政調査会に関する件　上奏原議」(国立公文書館所蔵『各種調査会委員会文書・行政調査会書類・一行政調査会ニ関スル件(上奏原議)』)。
(40)「行政調査会第一回会議ニ於ケル加藤内閣総理大臣挨拶(一九二五年五月一四日)」(国立公文書館所蔵「各種調査会委員会文書・行政調査会書類・十三議事録(総会)第一号」)。なお、早い時期に行政調査会に着目し、これを紹介した矢野達雄「労働法案をめぐる行政調査会議事録(一)(二)」『阪大法学』第一〇五巻、一三七―一七五頁、第一〇六巻、一七一―二〇四頁(一九七八年)は、労働関連法案が行政調査会で審議されたことには官制上疑義が出されていたことを指摘していると、議事録自体にはそうした場合を当初から想定していたことが読みとれる。
(41) 以上の任命状況については、前掲「行政調査会に関する件　上奏原議」に収録されている任命に関する文書を参照した。
(42) 頼母木桂吉委員発言（「第二十五回委員速記録（一九二七年四月八日）」（国立公文書館所蔵『各種調査会委員会文書・行政調査会書類・七十三第二十五回委員会速記録』）。
(43) 田中内閣の政策全般については、伊藤之雄『大正デモクラシーと政党政治』（山川出版社、一九八七年）、二一五―二四四頁。
(44) 立憲政友会史編纂部『立憲政友会史　第六巻』一九三三年、二七四頁。
(45) 『国民新聞』一九二七年六月七日。
(46) 「行政制度審議会第一回会議ニ於ケル内閣総理大臣挨拶（一九二七年六月一八日）」（国立公文書館所蔵『各種調査会委員会文書・行政制度審議会書類・三委員会議事録』）。
(47) この点は、御厨貴が水利統制の視角から分析する論稿の中で指摘している所である（同『政策の総合と権力』東京大学出版会、一九九六年、一二四頁）。
(48) 前掲「行政制度審議会第一回会議ニ於ケル内閣総理大臣挨拶」。
(49) 浜口雄幸委員発言（前掲「第二十五回委員会速記録」）。
(50) 「水利政策」に着目して、御厨貴は、行政調査会の決定を「内務省の優位の喪失」と見ている（前掲『政策の総合と権力』一二八―一三三頁）。確かにそれは量的にも確かめることができるが、大蔵省による各省への統制の緩和を図ろうとする動きとあわせて考えると、行政調査会は、「内務省・大蔵省の優位」を掘り崩そうとするものであった。
(51) 「第六十四回行政調査会幹事会議事録（一九二六年一〇月一三日）」（国立公文書館所蔵『各種調査会委員会文書・行政調査会書類・十九幹事会会議録第五号』）。
(52) 「第九回各庁事務系統整理ニ関スル特別委員会議事録」（一九二七年四月一二日）（国立公文書館所蔵『各種調査会委員会文書・行政調査会書類・十四議事録（総会）第二号』）。
(53) 「各庁事務系統ノ整理ニ関スル件特別委員会報告案（未決）」（国立公文書館所蔵『各種調査会委員会文書・行政調査会書類・四十八各庁事務系統ノ整理ニ関スル件特別委員会報告案（未決）』）。「各庁権限整備に関する件（第一回）」・「報告書第七号　官庁権限整備ニ関スル事項十四件報告書」（国立公文書館所蔵『各種調査会委員会文書・行政制度審議会書類・一報告書原議』）。なお、「満州行政改善及拓殖省設置に関スル報告書」（国立公文書館所蔵『各種調査会委員会文書・

行政制度審議会書類・一報告書原議』)については、満州における指揮命令関係の整理についての項目が多く、省庁間の権限配分について提言をしているとはいいがたいので、ここでは触れない。

(54) 「第一回各庁事務系統整理ニ関スル特別委員会議事録」(一九二七年一一月八日)(国立公文書館所蔵『各種調査会委員会文書・行政調査会書類・十三議事録(総会)第一号』)。

(55) 「第三回各庁事務系統整理ニ関スル特別委員会議事録」(一九二七年一一月三〇日)(前掲『各種調査会委員会文書・行政調査会書類・十四議事録(総会)第二号』)。

(56) 「大蔵大臣ニ協議ヲ要スル事項等ニ関スル件小委員会報告案」(国立公文書館所蔵『各種調査会委員会文書・行政調査会書類・八十五議案並諸資料・大蔵大臣ニ協議ヲ要スル事項等ニ関スル件』所収)。この時期の会計制度全般についての定評ある解説として西野元『会計制度要論』(日本評論社、一九二六年)が、収録された関係法令を含めて有益である。

(57) 『報告書第四号　大蔵大臣ニ協議ヲ要スル件』(国立公文書館所蔵『各種調査会委員会文書・行政調査会書類・八十五議案並諸資料・大蔵大臣ニ協議ヲ要スル事項等ニ関スル件』)。

(58) 総動員機関についての概説は、防衛庁防衛研修所戦史室『戦史叢書　陸軍軍需動員〈1〉計画編』朝雲新聞社、一九六七年。研究書としては、企画院設置までは御厨貴「国策統合機関設置問題の史的展開」(前掲『政策の総合と権力』一三―九六頁)があり、企画院設置後については、古川隆久『昭和戦中期の総合国策機関』(吉川弘文館、一九九二年)がある。

(59) 「軍需工業動員法施行に関する各庁関係業務綱要に関する件」(防衛省防衛研究所所蔵『陸軍省大日記　甲輯　一九一二年第一、二冊』)。

(60) 「請議理由」(前掲「軍需工業動員法施行に関する各庁関係業務綱要に関する件」所収)。

(61) 『資源の統制運用準備施設に就いて』(防衛省防衛研究所所蔵『陸軍省大日記　一九二八年 甲第四類第二冊』)。

(62) 松井春生は、一九一七年に内務省に入省し、法制局参事官を経て、資源局企画課長、総務部長、企画部長などを歴任し、資源局長官に就任した後、その廃止とともに退官した。資源局との関わりについては二つの談話記録の中で詳細に語っている(「座談会・日本行政の回顧(その三、四)」『行政と経営』一九六二年二月号、一三頁、四八―五七頁、三月号、六―二二頁、「商工行政史談会速記録[3]――資源局から企画院へ(松井春生氏を囲む)」[産業政策史研究所『商工行政史談会速記録　第一分冊』一九七五年、三一―五三頁])。

(63) 松井春生『経済参謀本部論』(日本評論社、一九三四年)、二四六―二六〇頁。

(64) 同右、二四〇頁。
(65) 同右、二四一―二四六頁。
(66) 「総動員計画実施ニ関スル件中進・海軍省軍務局長」、「資源局及企画庁ノ機構ニ関スル意見・星埜少将」(大久保達正他編『昭和社会経済史料集成 第四巻 海軍省資料 (4)』大東文化大学東洋研究所、一九八二年、二頁、一五一頁)。
(67) 「資源局及企画庁ノ所掌事務ニ関スル意見」(前掲『昭和社会経済史料集成 第四巻』一四一頁)。
(68) 「資源局及企画庁ノ機構ニ関スル意見・星埜少将」(資源局 海軍側事務官)(前掲『昭和社会経済史料集成 第四巻』一五〇頁)。
(69) 企画庁と資源局を合併した場合に、「合併シタリトスルモ、各庁事務ノ統合調整ノ項ハ法制局ニテ削ラル 事実各庁事務ノ統合調整ガ出来ルモノニアラズ」という見通しが、海軍部内でも披瀝されていた(「企画庁・資源局合併問題意見・高田中佐」(前掲『昭和社会経済史料集成 第四巻』一四九頁))。
(70) 『枢密院会議筆記』一九三九年六月七日(『枢密院会議議事録 九十一 昭和編四九』東京大学出版会、一九九六年、一八三頁)。
(71) 『東京朝日新聞』一九四〇年七月一〇日。
(72) 『枢密院会議筆記』一九四一年一月一五日(『枢密院会議議事録 九十二 昭和編五〇』東京大学出版会、一九九六年、三二七―三二八頁)。
(73) 『東京朝日新聞』一九四〇年八月二日。
(74) 通商産業省『商工政策史 第三巻 行政機構』(商工政策史刊行会、一九六二年)、二六九―二七一頁。
(75) 牧原出『内閣政治と「大蔵省支配」』(中央公論新社、二〇〇三年)、四一―四二頁。

Ⅳ章

(1) 猪口孝・岩井奉信『族議員の研究――自民党政権を牛耳る主役たち』(日本経済新聞社、一九八七年)、二二頁。
(2) 藤田宙靖「省庁再編案作成に向けての覚え書き(その三)」(一九九七年七月二三日)。
(3) 「二省間調整」それ自体も、「省内調整」の結果を二省間で調整するといいうるから、それは「省内調整」をさらに「二省間調整」の中で調整し直したものとみることもできる。確かに、各省の文書管理規則の中には、省内決裁を終えた後に他省との合議に入るよう規定する条項も見られる。しかし、省間調整と比べた場合、一つの省としての人的一体性が強い省内調整は、調整の様式としては質的に異なると考えるべきであろう。したがって、本章は省内調整を対象としない。それはまた、行政改革の「ドクトリン」が多くの場合省内調整の活性化を特に議論しないことを傍証とし得るであろう。

(4) 今村都南雄『官庁セクショナリズム』(行政学叢書1、東京大学出版会、二〇〇六年)。

(5) 研究文献としては、御厨貴「水資源開発と戦後政策決定過程——水資源政策の複層的展開と制度的完成をめぐって」(同『政策の総合と権力——日本政治の戦前と戦後』東京大学出版会、一九九六年、一五九—二〇二頁)。農林省側の資料としては、いわゆる法制定過程についての「白表紙」としての、愛知用水公団『水資源開発関係二法案の経過』一九六一年六月がある(以下では、同資料を『経過』と略称する)。この全一〇〇一頁からなる資料集は、関係省の提出文書が時系列的に収録されており、農林省ないしは利水省側としての偏りがあるとはいえ、「調整」の過程を考察する上で最良の資料である。そして、この偏りを正すためのオーラルヒストリーとしては、大蔵省の担当主計官宮崎仁の回顧(総合研究開発機構『戦後国土政策の検証(上)——政策担当者からの証言を中心に』一九九七年、三七—一三五頁)があり、日本河川協会の「河川行政に関するオーラルヒストリー実行委員会」が行っているインタヴュー・シリーズでは、建設省側の証言が収録されている。さらに、第一次臨時行政調査会での調査の一環で、当時の内閣官房副長官であった細谷喜一への聞き取りとして、臨時行政調査会第一専門部会『内閣及び総理府について(その3——細谷喜一氏)』一九六二年七月がある。これだけの条件がそろった事例は、戦後の中で必ずしも多くないといえるであろう。

(6) 『経過』一〇頁。

(7) 『経過』二七頁。

(8) 「次官の柴田さんと相談して、田中さんにお目にかかり、これまでのいきさつを説明して助力方を頼んだわけ。そしたら『よしゃ判った』とその場で池田総理に電話され、特別委員長を引受けてくれた。『わしゃ泥をかぶってもやるから』と言う豪気さは頼もしいもんだった」と山本三郎河川局長は回顧している(「河川総合開発事業に関する山本三郎氏の発言集」(河川行政に関するオーラルヒストリー実行委員会編『河川オーラルヒストリー　河川総合開発』日本河川協会、二〇〇六年、一五四頁)。

(9) 『経過』五〇〇—五〇一頁。

(10) 『経過』四九九頁。

(11) 『経過』五八〇頁。

(12) 御厨、前掲『政策の総合と権力』一九七頁。

(13) そもそも、自民党政調会の「総合調整」が、行政なかんずく内閣官房の「総合調整」に支えられていたであろう面も否定できない。単一の事例ではあるが、村山富市内閣時代に、総務庁長官官房総務課長であった東田親司は、政調審議会で了承を得られなかった案件について、官房副長官であった古川貞二郎に相談したところ、古川とともに政調会長に直接会見し、了承をとりつけたことを回顧している（政策研究大学院大学C・O・E・オーラル・政策研究プロジェクト『東田親司オーラル・ヒストリー』二〇〇五年、一〇三―一〇四頁）。

(14) 総合研究開発機構、前掲『戦後国土政策の検証（上）』八三―八四頁。

(15) 『経過』四七五頁。

(16) CABINET, "Interdepartmental Co-ordination at the Cabinet and Official Levels," *Public Administration* (Sydney), Vol. 17, No. 4 (1958), pp. 314-330.

(17) Jack Hayward & Vincent Wright, *Governing from the Centre: Core Executive Coordination in France* (Cambridge University Press, 2002), p. 265.

(18) 利水三省の利水事業公団法案と、建設省の水資源開発公団法案である（『経過』四六三頁）。

(19) 前掲『内閣及び総理府について』二〇―二一頁。

(20) 「水資源開発促進法および公団についてのメモ」（通産省の内部意見）（『経過』二四六頁）。

(21) 「水資源開発公団法案要綱に対する意見」（『経過』二四七―二四八頁）。

(22) 非公式な場で農林省に述べた意見である（『経過』四五七頁）。

(23) 経済企画庁「水資源開発に関する両公団法案の問題点」（一九六一年四月六日）（『経過』四五九頁）。

(24) 前掲『内閣及び総理府について』九―一〇頁。

(25) 『経過』五四八頁。

(26) 本節の記述は、牧原出「『協議』の研究（三）～（五）」『国家学会雑誌』第一〇八巻第九・一〇号、六九―一二七頁、第一〇九巻第五・六号、一―六九頁、第一〇九巻第七・八号、一四七―二〇三頁（一九九五―九六年）にもとづいている。この論文のための調査は一九九二年に行っていたため、事例の記述も概ねこの時期の状況を反映している。しかしながら、二〇〇一年以前の比較的静態的な省庁編成の下での「調整」の特性を抽出するという目的からすれば、この時期の調査にもとづいて叙述をしたとしても問題はないものと判断している。本文では、事例のエッセンスを要約しながら「調整」の性質を論じているが、より詳細な事例の背景や紛争解決過程については、原論文を参照されたい。なお、農林水産省は、戦後当初は「農林省」であったが、一九七八年に「農林水産省」に改称したため、七八年以前は「農林省」、以後は「農林水産省」と表記する。

(27)「特定多目的ダム法の運用に関する了解事項」（一九五七年四月一五日　通産省公益事業局長、建設省河川局長）（『経過』二八六頁）。

(28)「特定多目的ダム法の運用に関する了解事項」（三二農地第一六四一号　一九五七年四月一一日　農林省農地局長、建設省河川局長）、「特定多目的ダム法の運用に関する覚書」（三二農地第一六四一号　一九五七年四月一一日　農林事務次官、建設事務次官）。いずれも農林省構造改善局企画調整室監修『土地改良事業のための河川協議の手引　一九七八年版』（公共事業通信社、一九七八年）、二二六―二二八頁。

(29) Anthony Downs, *Inside Bureaucracy* (Little, Brown and Company, 1967), p. 214.

(30) 経営学の組織理論では、ドメイン・コンセンサスなどの概念セットが提示されているが、ここでは行政組織を政治学的にとらえる議論にのみ限定して検討する。

(31) Robert F. Durant, *When Government Regulates Itself: EPA, TVA, and Pollution Control in the 1970s* (The University of Tennessee Press, 1985); Robert F. Durant, Larry W. Thomas, Roger G. Brown & E. Fletcher McClellan, "From Complacence to Compliance: Toward a Theory of Intragovernmental Regulation," *Administration & Society*, Vol. 17 (1986), pp. 433–459.

(32) Niklas Luhmann, *Rechtssoziologie*, 3. Auflage (Westdeutscher Verlag, 1987).（初版の邦訳として、ニクラス・ルーマン『法社会学』岩波書店、一九七七年。）

(33) なお、「規範的予期」は、行為のみならず状態についての「規範」をも含むと解することができるので、「あるべき予期」という方が、より原語の幅に近い。だが、本章で問題にする予期はすべて行為に関わる予期であるため、「すべき予期」という訳語をとることとする。

(34) 佐竹五六『政策推進の論理と手法――決定・情報・交渉の実務』（創造書房、一九八五年）、一九二頁。

(35) このような選択が如実に表れるのが、一九六四年の河川法改正時における建設省の農林省との交渉である（農林省農地局『河川法改正の経緯』一九六七年九月）。

(36) たとえば、大蔵省主計局『他省庁との覚書・申合せ・了解事項に関する調（一九五五～一九六一年四月）』一九六一年五月二〇日。理財局資金課『財政投融資関係覚書集』一九六七年九月。

(37) 山内一夫『新行政法論考』（成文堂、一九七九年）、一七四頁。

(38) たとえば、建設省と河川使用の許可をめぐって交渉にあたっていた農林官僚は、「担当者（双方）の人事異動により過去に於いて了解されたものが撤回され、振り出しに戻るなど毎度お馴染みのパターン」と回顧している（古川和夫「関東局における水利権協議の実態」『農業土木』第四六七号、一九八八年）。

(39) 一九六四年の河川法改正の際に「同意については法制局より協議と余り異ならない旨の意見があった」とある（前掲『河川法改正の経緯』一〇頁）。

(40) Philip Selznick, *TVA and the Grass Roots: A Study of Formal Organization* (University of California Press, 1949), Ch. 5; Robert Durant et al., "From Complacence to Compliance: Toward a Theory of Intragovernmental Regulation."

(41) Mathew Holden Jr., "'Imperialism' in Bureaucracy," *American Political Science Review*, Vol. 60 (1966), p. 946; Robert Durant, op. cit., p. 81. 西尾勝『権力と参加』（東京大学出版会、一九七五年）、二四一頁。

(42) 「イギリスの農漁食料省（現：環境・食料・農村地域省）と食品基準庁、保健省と食品基準庁の覚書」。(http://www.maff.go.jp/work/020218/dai6/sanko1.pdf　二〇〇九年四月六日アクセス)

(43) 協議者・被協議者という呼称は一般的に流布したものではないが、少なくとも水利権の許可をめぐる建設省と農林省との間の協議における慣用表現である。本章はこれに従った。

(44) 能登外廸「工業用水道事業法の運用について――その農林水産業への影響」『農地』一九五八年六月号、一一一―一二〇頁。

(45) 能登外廸『河川法と農業水利権――水利問題研究会報告書』（日本農業土木総合研究所、一九八九年）、一一三頁。

(46) 肥田登『日本の工業用水供給』（多賀出版、一九八二年）、一二七―一八四頁。

(47) 能登、前掲『河川法と農業水利権』一〇頁。

(48) 國宗正義発言（「座談会・河川行政の回顧と展望（上）」『河川』一九七八年三月号、二三頁）。

(49) これについては、過去の農水省担当者へのインタヴューでも確かめられた。

(50) 中川稔編『水利秩序論』（二世出版、一九八三年）、五二頁。なお、河川管理者とは、一級河川の場合、建設大臣を指しており、本文の文脈では建設本省・地方支分部局をまずは指している。

(51) 西野明「河川協議について」『水と土』第六七号、一九八六年、六九頁。

(52) 農林水産省構造改善局水利課『国営かんがい排水事業業務参考資料（河川協議関係、地方交付税関係、後進地域補助率

差額関係)』一九八九年八月、九二―九三頁。もっとも、一九九二年に筆者の行った農水省担当者へのインタヴューでは、特定多目的ダム法の基本計画に関する協議は、すべてのダムについて履行されるようになっているという。

(53) 古川、前掲「関東局における水利権協議の実態」。

(54) 過去の農林省担当者へのインタヴューによる。

(55) Laurence J. O'Toole, Jr. & Robert S. Montjoy, "Interorganizational Policy Implementation: A Theoretical Perspective," *Public Administration Review*, Vol. 44 (1984), pp. 491-503.

(56) 「河川の使用に関する処分についての協議要領」(四〇農地A第七九七号、建河発第一三四号　一九六五年四月一七日)。前掲『土地改良事業のための河川協議の手引　一九七八年版』六三―六五頁。

(57) 『行政監察月報』一九七二年一二月号、三頁。

(58) 筆者による、ある農水省担当者へのインタヴューの中では、「霞ヶ関ですむならば協議がこんなに長期化したりしない」という感想が吐露された。ここに農水省の置かれた環境に基因する合意形成の困難さがうかがえる。

(59) ここでは、農水大臣が事業主体となる国営土地改良事業であって、大規模な取水を一級河川から行い、建設大臣が河川管理者となるケースを図示した。この種の事業がもっとも規模が大きく、省庁間対立が複雑な様相を帯びるからである。なお、この手続そのものについては、二〇〇九年現在も変化はない。

(60) 「年間総取水量表示について」(一九七五年一〇月一三日)。この内容については左記の通りである。またこの解釈について新たな「覚書」(「総取水量表示に関する覚書第一項第二号の解釈について」、一九七六年一二月二七日)が締結されている。これらについては、延藤隆也・佐々木勝「農業用水水利権の年間総取水量表示について(一)(二)」『水と土』第四二号、八二―八六頁、第四三号、七八―八四頁、一九八〇年を参照。

農業用水水利権の総取水量表示について

総取水量表示については、建設・農林両省において、水利権の尊重、権利内容の明確化、流水量の確保、取水量の遵守を目標として協議を継続してきたが、当面、特定水利使用に係る下記に掲げる内容のものについて行うものとする。

なお、表示された総取水量は、関連土地改良事業実施後の水利使用の実施状況により、必要に応じて変更できるものとする。

また、総取水量の表示については、下記以外のものの取扱いを含め、両省間で引き続き協議を進めるものとする。

記

1 施設等の新築又は改築に係るものであって、次に掲げるもの
(1) 流域変更するもの。なお、取水後の水が取水した河川に還元しないものを含むものとする。
(2) ダム等流水の貯留施設により補給されるもの
(3) 以上のほか、新規利水に係るもの
2 農業用水合理化事業に係るもの
なお、上記1及び2の解釈運用については、具体案件の処理と併行して、両省間で協議のうえ、可及的速かにその細目を作成するものとする。

昭和五〇年一〇月一三日

建設省河川局
水政課長 佐藤毅三
開発課長 佐々木才朗
水利調整室長 三橋壮吉
農林省構造改善局
計画部技術課長 後藤孝
建設部水利課長 木村幸雄
参事官 鶴岡俊彦

(61) 農水省構造改善局『河川協議上の主要検討項目』一九八六年一二月、九九頁。
(62) 「かんがいを目的とする水利使用における河川区域外の工作物の設計の変更等の取扱いについて」(建河調発第三号、建河源発第四号)、一九七四年九月二五日。「かんがいを目的とする水利使用における河川区域外の工作物の設計の変更の取扱いについて」(事務連絡)一九七四年九月二五日。建設省河川局水利調整室監修『水利権実務ハンドブック』(加除版)大成出版社、五七二七—五七二九頁。
(63) 西尾勝『行政学の基礎概念』(東京大学出版会、一九九一年)、二〇八頁。
(64) 前掲、延藤・佐々木「農業用水水利権の年間総取水量表示について(二)」七八頁。

(65) 前掲『河川協議上の主要検討項目』二六三頁。覚書第二項については、注(60)を参照されたい。
(66) 同右、二九七―二九八頁。
(67) 同右、二九九頁。
(68) 池田豊三「河川協議～その課題と展望～」『農業土木』第四七七号、一九八九年。
(69) 筆者による農水省関係者へのインタヴューによる。
(70) 水系ごとに作成される計画であり、水利権水量計算の要素である基準地点の維持流量が記載されるなど、農業用水への影響が大きい計画であるため、農水省側は計画変更の協議に当たっては慎重に対応する方針を取っている。
(71) 『経過』二八四―二八八頁。
(72) 「水資源対策と河川法適用との関係」(『経過』四八九―四九〇頁)。
(73) 『経過』五〇一頁。これは、閣僚会議後の農林大臣が農林官僚に語った会議の模様である。
(74) 『経過』五八〇頁。
(75) 『経過』六三七―六四一頁。
(76) 前掲『他省庁との覚書・申合せ・了解事項に関する調』。前掲『財政投融資関係覚書集』。
(77) 大蔵省昭和財政史編集室『昭和財政史 第八巻 国有財産・営繕』(東洋経済新報社、一九五八年)、一九―二〇頁。
(78) 大蔵省財政史室『財政史史談会記録(第一一九・一二二回)国有財産行政について(一九八八年一二月二一日、一九八九年三月一五日)』(元理財局国有財産鑑定課長高橋茂氏述)、五八頁。
(79) 国有財産中央審議会『国有財産中央審議会答申』一九五七年三月、一八頁。ここでは、「郵政省―同省所管の国有財産は、三〇年度末現在で四二七億円であるが、そのうち九七%、四一四億円は特別会計所属の財産である。―の三〇年度中の協議件数はわずかに一三件にすぎない」と述べている。これは外務省のゼロ件を除いて全省庁中最低の件数である。また翌一九五六(昭和三一)年度中の郵政省との協議件数は一九件であって、会計検査院の一件、外務省の七件について低い件数である。
(80) 前掲『財政史史談会記録』三六―三七頁。原田正俊「国有財産行政の現状及び課題と再編の方向(上)」『ファイナンス』一九六七年五・六月号、二六頁。
(81) 前掲『財政史史談会記録』五九―六〇頁。
(82) 真渕勝『大蔵省はなぜ追いつめられたのか――政官関係の変貌』(中央公論社、一九九七年)、二一一―二一四頁。

(83) 枝野幸男委員発言（『第百四十二回国会衆議院予算委員会議録第二十八号』一九九八年三月一九日、一〇頁）。同委員発言（『第百四十二回国会衆議院行政改革に関する特別委員会議録第五号』一九九八年四月二二日、七頁）。牧野隆守委員発言、小里貞利国務大臣発言（『第百四十二回国会衆議院行政改革に関する特別委員会議録第十三号』一九九八年五月一一日、一五頁）。

(84) Vernon Bogdanor (ed.), *Joined-Up Government* (Oxford University Press, 2005).

(85) 牧原出「小泉〝大統領〟が作り上げた新『霞が関』」『諸君！』二〇〇五年二月号、一四六―一四八頁。

(86) 三辺夏雄・荻野徹「中央省庁等改革の経緯（一）」『自治研究』第八三巻第三号（二〇〇七年）、三七頁。

(87) 『朝日新聞』一九九九年三月二五日。枝野幸男委員発言（前掲『第百四十二回国会衆議院予算委員会議録第二十八号』一〇頁）。

(88) 二〇〇〇年三月二七日橋本龍太郎元行政改革担当大臣記者会見概要。(http://www.gyoukaku.go.jp/minister/hashimoto.html#h130327 二〇〇九年四月六日アクセス)

(89) 藤井直樹「省庁間の政策調整システム――橋本行革における提案と中央省庁再編後の実態について」『公共政策研究』第六号（二〇〇六年）、五六―六三頁。

(90) 「第5回BSE問題に関する調査検討委員会議事録」二〇〇二年一月三一日。(http://www.mhlw.go.jp/shingi/2002/01/txt/s0131-1.txt 二〇〇九年四月六日アクセス) なお、BSE問題における省庁間調整については、手塚洋輔「BSE問題におけるリスク認識と事前対応――制度組織型リスクの増幅と減衰という観点から」『公共政策研究』第六号（二〇〇六年）、一〇二―一一二頁を参照。

(91) 『BSE問題に関する調査検討委員会報告』二〇〇二年四月二日。(http://www.kantei.go.jp/jp/singi/shokuhin/dai1/1siryou2-2.pdf 二〇〇九年四月六日アクセス)

(92) 太田信介元農水省農村振興局長へのインタヴュー。

(93) 古川貞二郎「官邸と官房」『年報行政研究四〇 官邸と官房』（二〇〇五年）、一四頁。

(94) 経済財政諮問会議についての文献は多数あるが、さしあたり牧原、前掲「小泉〝大統領〟が作り上げた新『霞が関』」、同「〝戦後政治の総決算〟が間もなく終わる――歴史からみた経済財政諮問会議とその将来像」『論座』二〇〇五年八月号、五三―六二頁、飯尾潤「経済財政諮問会議による内閣制の変容」『公共政策研究』第六号（二〇〇六年）、三二―四二頁。

(95) 清水真人『経済財政戦記――官邸主導 小泉から安倍へ』（日本経済新聞社、二〇〇七年）、七三頁。

(96) 藤田宙靖『行政組織法　新版』(有斐閣、二〇〇五年)、九八頁。
(97) 清水真人、前掲『経済財政戦記』二四三―二四四頁。
(98) 牧原出「首相官邸機能の強化を考える――改革競争下の政治主導」『毎日新聞』二〇〇六年一〇月二一日。その後の顛末として、上杉隆『官邸崩壊――安倍政権迷走の一年』(新潮社、二〇〇七年)。清水真人『首相の蹉跌――ポスト小泉権力の黄昏』(日本経済新聞社、二〇〇九年)。

おわりに

(1) 牧原出「公務員制度改革と官僚制」(人事院編『人事行政の課題と展望』二〇〇八年)、一五九―一七三頁。
(2) 松下圭一『政治・行政の考え方』(岩波書店、一九九八年)、飯尾潤『日本の統治構造』(中央公論新社、二〇〇七年)。
(3) 西尾勝「審議会等委員の責任についての断想」(成田頼明・園部逸夫・塩野宏・松本英昭編『行政の変容と公法の展望』有斐閣、一九九九年)、三四三―三四四頁。
(4) 辻清明「私の行政学」『年報行政研究一七　行政学の現状と課題』一九八三年、四頁。

あとがき

『公的価値の創造（*Creating Public Value*）』と題された本をとりあげ、「大変重要な本である」と述べた後、C・フッド教授はこう続けた――「では、『行政が公的価値を傷つける』のは、どのような場合だろうか」。二〇〇〇年秋、まもなくオックスフォード大学に異動することが決まっていたフッド教授によるLSEでの最終年度の講義の一こまである。この日の授業では、横領、汚職、詐欺などの研究事例が紹介された後、オーストラリアのクイーンズランド州の警察改革についての報告書をめぐって討論が開始された。

この授業は、日本でイギリスの行政学に慣れ親しんできたはずの筆者にとって、まさに驚きであった。機知に富んだフッド教授の話はもちろんのこと、扱う理論がベンサムからNPMに至る歴史的視野の中でとりあげられ、素材としても、事例研究の文献よりは、英語圏の諮問機関などの報告書を幅広くとりあげていたからである。アメリカやイギリスのみならず、日本では接近しがたいオーストラリア、カナダ、シンガポールなどの動向が、ごく普通に話題に上る。確かに図書館では、これら英語圏諸国の行政学・市政学関係の雑誌が相当程度網羅的に備えられている。イギリス行政学は、広く英語圏諸国の研究と実務の動向の上に成り立っているのである。

ある日、第一次世界大戦後のイギリスの行政機構改革の指針を示した「ホールデン委員会」の報告書を手に取り、周囲のコマンド・ペーパーが並んでいる棚を眺めているときに、このような報告書がいわゆる行政学理論を構成していることに思い当たった。この発見は、日本ではなかなか手に取ることのできない *Public Administration Bulletin* に掲載されたA・ダンサイアの「行政のドクトリン」に関する論文を見て、確信に変わった。ダンサイアのいう「理論」に敵対的なイギリス行政学の伝統は、行政の「ドクトリン」の中に行政学がどっぷりつかっていることの証左である。そしてまた、英語圏の諸国の行政学は、各国の諮問機関の「ドクトリン」とそれぞれ距離をとりつつ発展してきたのである。

これは日本も同様である。数々の審議会答申は「ドクトリン」の宝庫のはずだからである。だが、なぜ日本の行政学者は審議会答申を逐一分析し、そのときどきの理論と綿密に対応させようとしてこなかったのか。多くの行政学者が、中央・地方の審議会に委員として参画しているにもかかわらず、である。日本の行政学者は、フッドが行ったように、まずは英語圏の諮問機関の「ドクトリン」を国際比較のもとにおき、その上で日本の「ドクトリン」の言説構造を明らかにする必要があるのではないか。こういった問題意識を持つことができたのは、イギリス留学の収穫であった。

とはいえ、この問題意識を論稿に結びつけるのはきわめて困難であった。まず、諸外国の諮問機関についての比較研究が皆無である。また、それぞれの二次文献は必ずしも正確な情報を記載していない。したがって、個々について、現地でのみ入手可能な研究文献や、報告書や審議会関係資料などの一次資料を収集する必要がある。行政が各国固有の制度的・歴史的文脈にもとづいているため、一次資料に支えられた事実の上に立ち、そこでの通念になじむよう努めなければ、「理論」ひいては「ドクトリン」を理解できないからである。諸外国の情報の入手に多大なコストを要した過去においては、一国の専門研究者が、研究を積み重ねた後に、ようやくこの種の資料に接近できたといっても過言ではなかったが、IT化によって、現在ではウェブと電子メールを通じて資料の所在を短期間に把握することができる。行政学が実態に即した国際比較の視座をもてなかった時代に、比較法の上に立つ行政法学や、特定地域を綿密に研究する外国研究に対抗するには、行政学は日本固有の行政の実態にのめりこまなければ独自性を発揮し得なかった。だが、今やようやくこれらに比肩する視野で諸国の「行政の現実」に接近できるようになったのである。

筆者にとり、ロンドン、ケンブリッジ、ボストン、ニュー・ヨーク、メルボルン、シドニー、ベルリン、コブレンツといった都市の大学図書館・資料館を訪問し、文献を収集・複写する作業は、静かな閲覧室の空気と、宿舎に戻り一日を反芻する時間とともに思い出される。比較的長期にわたって滞在したロンドンとベルリンをのぞけば、資料収集旅行は、都市の景観をゆっくり楽しむ時間を惜しんで、ひたすら資料館で資料を読む生活である。それは、資料館の机という世界の一点から、あたかも万華鏡をのぞくように、資料の織りなす広大な空間を見つめている時間である。またそれは、官僚制から政治構造を見渡そうとする行政学研究にも通じる眼差しでもある。こうした場に立ち合うことができたのは、二〇〇〇年度学術振興会海外特別研究員と二〇〇三―二〇〇五年度科学研究費若手研究(B)「英国・ドイツ・日本の経済省庁の比較による比較行政学理論の枠組みの構築」のゆえでもあった。また、ともすればドイツの行政については接近しかねていたところに、二〇〇五・二〇〇七年日独ワークショップに誘って頂いた平島健司東京大学教授には、心よりお礼申し上げたい。その席で公文書館での資料の存在を説明してくれたK・ゲッツ教授、A・ベンツ教授が、言外に筆者をコブレンツへと駆り立ててくれたからである。

諸外国で一次資料を重視する以上、日本の行政に対しては、一層一次資料に対して厳密に向き合わなければならない。東京大学法学部の助手採用が決まり、指導教官となる西尾勝先生にごあいさつをしたときに、先生は、兄弟子にあたる先生方の処女論文を机の上に置いて説明をされた後、歴史に関心のある筆者をいくらかは意識されて、行政学の基礎文献として、蠟山政道先生の『行政学研究論文集』、古本屋で購入されたという手製製本の辻清明先生の助手論文「現代官吏制度の展開と科学的人事行政」を読むようにと指示された。が、ふと本棚の方に歩みより、「最近はこんな面白い官僚制の歴史研究がある」と二冊の本を取り出された。それは御厨貴教授の『明治国家形成と地方経営』と『首都計画の政治』だった。歴史へと筆者を誘う図書との幸福な出会いを頂いた指導教官への感謝の念はつきない。本書が審議会にこだわったのは、多くの審議会での西尾先生のご活躍に何かしら学問的に応えねばという義務感のゆえでもある。

そして、国土計画のオーラルヒストリー・プロジェクトをきっかけに御厨教授と諸々のオーラルヒストリー・プロジェクトや幾多の研究会に参加するようになる中で、政治史学としての行政学とは何かを考えざるを得なくなった。そしてまた、助手時代から数多くのご著作とともに筆者に範を示して頂いている坂野潤治先生からは、政治史学から官僚制に目を向ける斬新な視点をお示し頂いている。先生からいただいた『史学雑誌』第七五編第九号上のご論文表題の「藩閥と政党」という言葉が、官僚制のみならず政党に目を向けよと常時筆者を叱咤している。政治史のお二人の先生には感謝の言葉もない。せめて研究を発表し続けることでいくらかでもご恩返しができればと祈るばかりである。

他方、日本の諮問機関そのものを分析するためには、東北大学法学部・法学研究科という環境が、またとない場であった。とりわけ法学部赴任以来、公私共々お世話になっている藤田宙靖名誉教授からは、行政改革会議が発足したときに会議に提出するペーパーを検討する会に加わるようお誘い頂いた。この場で審議会の進行を同時に体感する経験は、二〇〇〇年代に入って、九〇年代の改革を回顧する際に、筆者の貴重な財産となった。現在最高裁判所判事としてお忙しい中、先生は、年に数回筆者たちと顔を合わせるたびに、最高裁判所での「良質な法律論」に接しておられることを感慨深げにおっしゃられる。後進の研究者に豊かなご経験を手渡して下さる先生には篤くお礼を申し上げたい。

しかも、二〇〇四年に開校した東北大学公共政策大学院では、各省から来る多数の実務家教員が、実務の現場とは離れた比較的自由な立場から省の枠を越えて議論をする場に居合わせることができた。また筆者の留学の成果を確かめるため、フッド教授の教育スタイルを参考に、理論文献と日本の審議会報告書を組み合わせる授業を担当し、毎年重要審議会の議論を追跡し、それに対する学生の感度を確かめることができた。大学院設置作業と設置後の運営に従事している筆者にとり、行政機関・諮問機関・研究機関の間で政策提言の選択肢が加速度的に提示され、さらにこの内外で様々な対抗的な言説が投げこまれている、といった言説状況がまずは行政学を形作っており、またこれを「観察」することによって、N・ルーマンの言う「セカンド・オーダー」の行政学——それはほとんど政治学そのものというべきである——を構築する手がかりを得られたことは大きな収穫であった。そう考えるに至ってからは、ときにわずらわしく感じられた学内外での会議や打ち合わせが「良質な行政論」とは何かを考える場となった。様々な立場から公共政策大学院に関わり言説を発して頂いた人達には、深く感謝したい。

本書の原型は、一九九三年に書き終えた東京大学法学部の助手論文であり、Ⅳ章2にその成果を収録している。同論文の執筆には数多くの方々のお世話になった。そして、これを現在の国際的な研究水準に可能な限り近づけるには、その後の一五年にわたってお会いした多くの先生・同僚・友人・学生との交流が不可欠であった。また、晦渋な原論文をできるだけわかりやすい文章へと心がけるようになったのは、二〇〇三年に前著『内閣政治と「大蔵省支配」』の上梓後出会った雑誌編集者・新聞記者の方々の穏やかかつ厳しいコメントのゆえであった。お世話になった方々には心よりお礼申し上げたい。さらに、東京大学出版会の斉藤美潮さんには、なかなか原稿が仕上がらない筆者を、巧みに完成へとリードして頂いた。本書に替わって感謝の意を表する。

最後に、筆者のこれまでの研究生活のある部分を集成するものとなってしまった本書には、ここまで筆者を支えてくれた家族への謝意を記しても許されるであろう。幼い頃より筆者の想像上の分身であった亡兄の霊前に本書を捧げる。

二〇〇九年夏

牧原　出

マ 行

ラ 行

タ　行

ナ　行

ハ　行

索　　引

著者略歴
1967年　愛知県生れ
1990年　東京大学法学部卒業
1993年　東北大学法学部助教授
2006年　東北大学大学院法学研究科教授

主要著書
『行政学の基礎』(共著，岩波書店，1998 年)
『内閣政治と「大蔵省支配」――政治主導の条件」(中央公論新社，2003 年)
『憲政の政治学』(共著，東京大学出版会，2006 年)

行政学叢書 8　行政改革と調整のシステム

2009 年 9 月 28 日　初　版

[検印廃止]

著　者　牧原《まきはら》　出《いづる》

発行所　財団法人　東京大学出版会
代 表 者　長谷川寿一
113-8654 東京都文京区本郷 7 東大構内
電話03-3811-8814・振替00160-6-59964
http://www.utp.or.jp/

印刷所　株式会社理想社
製本所　牧製本印刷株式会社

ISBN 978-4-13-034238-4　Printed in Japan

西尾勝編

行政学叢書 全12巻

四六判・上製カバー装・平均二八〇頁

日本の政治・行政構造を剔抉する、第一線研究者による一人一冊書き下ろし

1 官庁セクショナリズム　今村都南雄　二六〇〇円

2 財政投融資　新藤宗幸　二六〇〇円

3 自治制度　金井利之　二六〇〇円

4 官のシステム　大森彌　二六〇〇円

5 地方分権改革　西尾勝　二六〇〇円

ここに表示された価格はすべて本体価格です．御購入の際には消費税が加算されますので御了承下さい．

6 内閣制度 山口二郎 二六〇〇円
7 国際援助行政 城山英明 二六〇〇円
8 行政改革と調整のシステム 牧原出 二八〇〇円
9 地方財政 田邊國昭
10 道路行政 武藤博己 二六〇〇円
11 公務員制 西尾隆
12 政府・産業関係 廣瀬克哉

ここに表示された価格はすべて本体価格です．御購入の際には消費税が加算されますので御了承下さい．